HAYATIM
VE İMANIM I

"Beni sevenleri ben de severim;
Gayretle arayan beni bulur."
(Özdeyişler 8:17)

HAYATIM
VE İMANIM ı

Dr. Jaerock Lee

URIM
BOOKS

HAYATIM VE İMANIM I

Yazar: Dr. Jaerock Lee
Urim Kitapları tarafından yayınlanmıştır (Temsilci: Kyungtae Noh)
73, Yeouidaebang-ro 22-gil, Dongjak-gu, Seoul, Korea
www.urimbooks.com

İlk kez Seul, Kore'de Urim Kitapları tarafından Kore dilinde basılmıştır 2006.

İlk baskı Mart 2012

Editör: Eunmi Lee
Tasarım: Urim Kitapları Editoryal Büro
Seul, Kore'de Yewon Basımevi tarafından basılmıştır.
Daha çok bilgi için urimbook@hotmail.com

Derin Ruhani Aroma

En kaliteli gül esansının Balkan dağlarında yetişen güllerden çıkarıldığı söylenir. Ancak esansın kalitesi için sadece Balkan dağlarından toplanan güller kullanılması da yetmez, o güllerin en soğuk ve en karanlık saat olan gece ikide toplanması gerekir.

Dr. Jaerock Lee'nin otobiyografisi olan *'Hayatım ve İmanım I'* okuyucularına en kuvvetli ruhani aromayı sağlamaktadır. Bunun sırrı ise onun, hayatta karşısına çıkan her türlü karanlık engel ve hüznü aralayıp Tanrı sevgisini bulmasında gizlidir.

Neden Dr. Lee de diğer genç insanlar gibi parlak bir gelecek hayal ederek geçirmedi zamanını? Bir zamanlar iyi bir üniversiteden mezun olup başarılı bir adam olmayı o da düşünüyordu ama maalesef bu hayallere rağmen hayatı derin umutsuzluklarla başladı. Vücudu hastalıkların izleriyle doluydu. Yakınları tarafından ihtimam göreceğine tam tersi itilip kakılıp aşağılandı. Bu dünyadaki sevginin ne kadar anlamsız ve boş olduğunu anladı. Yoksulluğun ne demek olduğunu, güçsüz bir aile reisi olmanın ne kadar yaralayıcı olduğunu anladı. Hatta iki kere intihara bile teşebbüs etti.

Nefes almakta zorlanarak umutsuzluğun dipsiz kuyularında dolanırken Tanrı ile tanıştı. O zamana kadar bezdirici hayatıyla tek başına mücadele etmişti. Ancak sevgiyle dolu olan her şeye gücü yeten Tanrı onun yardımına koştu, onunla yürümeye başladı. Tanrı onu içinde bulunduğu ümitsizlikten çekip alarak göksel egemenliğin umuduyla doldurdu. 'Tanrı'nın bana verdiği bu olağanüstü lütufu nasıl geri ödeyebilirim?' sorusu, Dr. Lee'nin hayatının odağı haline geldi. Tanrı'nın izin verdiği şeyleri yaptı, yasakladıklarından uzak durdu. Tanrı 'Git' dediği zaman gitti. Tanrı'nın yüce sevgisinin tutsağı oldu, Tanrı'yı memnun etmek hayatının amacı haline geldi.

Elçi Pavlus'un derin sevgisini dile getirdiği itiraf, Peder Dr. Lee'nin de itirafıdır. *"Mesih'in sevgisinden bizi kim ayırabilir? Sıkıntı mı, elem mi, zulüm mü, açlık mı, çıplaklık mı, tehlike mi, kılıç mı? Yazılmış olduğu gibi: "Senin uğruna bütün gün öldürülüyoruz, Kasaplık koyun sayılıyoruz" Ama bizi sevenin aracılığıyla bu durumların hepsinde galiplerden üstünüz. Eminim ki, ne ölüm, ne yaşam, ne melekler, ne yönetimler, ne şimdiki ne gelecek zaman, ne güçler, ne yükseklik, ne derinlik, ne de yaratılmış başka bir şey bizi Rabbimiz Mesih İsa'da olan Tanrı sevgisinden ayırmaya yetecektir."* (Romalılar 8:35-39).

Özdeyişler 8:17'de denildiği gibi *"Beni sevenleri ben de severim; gayretle arayan beni bulur."* Eğer Tanrı'nın isteği buysa, Dr. Lee'nin de yanıtı her koşulda tüm yüreğiyle sadece 'Evet' ve 'Âmin' di. Tanrı onu, kudretiyle donatıp dünyaya bıraktı. Manmin Kilisesi (Tüm Yaratılmışlar), 'Manmin' kelimesinin anlamının ifade ettiği gibi, her milletten insana dua eder. Manmin Kilisesi, Tanrı vergisi her bir görümü bir bir gerçekleştirir ve Kutsal Ruh'un ateşli işlerinin meydana geldiği merkezi bir yer haline gelmiştir.

Peder Dr. Lee'nin kendisi birçok hastalık geçirdiğinden, hastaların acılarını anlar. Kendisi de hor görülüp alaya alındığından, yüreği kırılanların halinden anlar. Yoksulluk çektiğinden, yoksulluğun yükü altında ezilenlerin ıstırabını anlar. Kilisenin binlerce üyesinin onunla yüz yüze görüşme isteğiyle çevresinde toplanmasının nedeni budur.

Peder Dr. Lee'nin hayatı, Tanrı'nın varlığına inanmadan önce ve inandıktan sonra en fazla değişiklik göstermiş hayatlardan biridir. Hayatı, Tanrı'ya tam bir itaat ve sadakatle, nasıl fevkalade ruhani ve maddi meyveler verileceğinin bir göstergesidir.

Hayat tarzı, tüm bu kutsamalara sahip olmanın sırrının, Baba Tanrı nasıl kutsal ise bizlerinde kendimizi kutsallaştırması ve kristal gibi saf hale getirmesi, bazen tıpkı kükreyen bir aslan ama çoğunlukla bir annenin yumuşak ve şefkatli elleri gibi kılmasında yattığını keskin bir dilde anlatır.

Dr. Lee'nin hayatının saldığı temiz koku gibi, umarım bu kitabın okurları da Balkan dağlarında yetişen güllerin aromasından daha derin aromalar yayarlar çevrelerine.

10 Aralık 2006
Dr. Esther K. Chung

Eski Seul Kadın Üniversitesi Başkanı, Seul, Kore
Uluslararası Manmin İlahiyat Fakültesi Başkanı, Seul, Kore
Fahri Profesör, Universidad Nacional de San Antonio Abad del Cusco, Peru

Ateşli Sınamalar ve Güç

'Hayatım ve İmanım I' adlı bu kitap 'Nasıl bir Hristiyan hayatı sürdürmeliyiz?' sorusuna net bir cevap verir. Bu nedenle İsa Mesih'e ve O'nun çarmıhta akıttığı kana inanan herkese hitap eder.

Açıkça söylemek gerekirse Manmin Merkez Kilisesi Pederi Dr. Jaerock Lee benim pek yakından tanımadığım biriydi. *'Hayatım ve İmanım'* adlı kitabı bana meslektaşlarımdan biri vermişti ve okurken gözyaşlarımı tutamadım. Gece uykum kaçtığında okuyor, tamamen etkisi altında kalıyordum.

Hastalıklar, yoksulluk ve ailevi problemler nedeniyle çektiği sıkıntılarını, Eyüp'ün hayatıyla karşılaştırarak gözyaşları içinde okudum. Kitabın içinde yalnız Kore'ye özgü bir hüzün de var. Hastalıkları o kadar ağırdı ki idrar içmeyi bile düşünmüş ve iki kez intihara teşebbüs etmişti. Ben de hayatta pek çok zorluklarla karşılaştım. bu yüzden bu kitabı okurken gözyaşlarımı tutmakta bir hayli zorlandım.

50li ve 60lı yılların sert geçen ilkbahar koşullarını yaşamış olan birçok Koreli vatandaş, pek çok sıkıntı çekti. Bugün bile, kışın ısınma ihtiyacını gideremeyen, günde üç öğün yemek bulamayan insanlar var. Sağlık problemleri olup hastaneye verecek parası olmayanlar var. Sel veya diğer felaketlerden sağ kurtulup geçici barınaklarda hayatlarını sürdürmeye çalışan insanlar var. Biz Koreliler henüz yoksulluk ve ıstırabı tam olarak geride bırakmadık.

Ancak Peder Dr. Jaerock Lee, tüm bu acı ve ıstırapların üstesinden geldikten sonra çok farklı bir hayat sürmeye başlamıştı. Hayatının her aşamasını anlattığı kitabında, süslü ve abartılı kelimelere değil, ama gönlünüze dokunacak içten kelimelere yer vermiştir.

Acaba bunu 'İçtenliğin Aroması' diye çağırabilir miyim? İtirafı, Tanrı'nın açtığı kurtuluş yolunun gerçekliğini kapsar ve sadece İsa Mesih'i yücelterek okuyucunun Tanrı'nın lütuflarını hissetmesini sağlar.

Kim bilir belki de çoğu zaman 'gerçekten iyi kitaplarla' karşılaşmadığım içindir ama bu kitabın beni bu kadar çok etkilemesinin nedeni, Dr. Lee'nin İsa Mesih'le tanıştıktan sonra tüm günahlarından tövbe etmesi, Tanrı'nın çağrısına uyarak peder olmak için ilahiyat fakültesine gitmesi ve hatta bir kömür parçasını bile kurtarmak istemesi, benim ve komşuların yaşamlarında, vücutlarında ki sağlık sorunlarıyla mücadele edenlerin yaşamlarında bir sembolü haline gelmesidir. Bu kitabı okuduktan sonra Hrıstiyan yaşamımın gidiş halini büyük anlamda değiştirmek zorunda kaldım.

Peder Dr. Jaerock Lee'nin hayatının Hıristiyan yaşamı için model oluşturabileceğini düşünüyorum. Kilise vaazlarını dinleyerek kutsallaştığımıza inanırız ama gerçek hayata döndüğümüzde, yine ödünler verip günah işlemeye devam ederiz. Bu davranış, iman hayatımızın içinde bulunduğu kısır bir döngüydü.

'Hayatım ve İmanım I' adlı bu kitap, 'Hristiyan yaşantımızı nasıl sürdürebiliriz?' sorusuna net bir cevap verir. Peder Dr. Jaerock Lee bu kitapla yakararak dua etmemizi tavsiye eder. "Kutsallaşmak ve Tanrı'nın amacına uygun olmak için dua edin,' 'Tanrı'nın gücünü almak için dua edin,' 'Kutsal Ruh'un vereceği armağanları alabilmek için dua edin,' 'Kiliseniz, pederiniz ve diğer din görevlileri için dua edin,' 'Tanrı'nın doğruluğu ve egemenliği için dua edin,' 'Ruhani sevgi için dua edin.' Hayat tecrübelerinden gelen imanının itirafnamesi hepimizin hayatlarına tesir eder.

Kiliseyi kurmasının hemen ertesinde gerçekleşen hastalara şifa dağıtılması, ölmekte olanların ve hatta ölmüş olanları dirilmesi gibi mucizeler, diğer pederlerin onu kıskanmasına neden olmuştu. Ortodoks inançlarına uygun bir ilahiyat fakültesinde okumuş ve onlar tarafından papaz atanmıştı. Peki, niçin bu mezhepten aforoz edildi? Mezhebin izlediği doğruluktan uzak yol ayrıca bu kitapta detaylıca açıklanmıştır.

Verdiği meyveye bakarak gerçek özünü görebiliriz. Günümüzde Kutsal Ruh'un ateşi Manmin Merkez Kilisesinde her hafta yanmakta ve devası olmayan hastalıkların pençesinde olan pek çok insan şifa bulmaktadır. Bu tip çalışmalarla Amerika Birleşik Devletleri, Rusya, Afrika, Orta Doğu, Avrupa ve Latin Amerika'da, milyonlarca kişinin gözleri önünde mucizeler gerçekleştirilmekte, Kore dünyanın 'Misyon Merkezi' haline gelmektedir!

Dünyanın en büyük kiliselerinden biri olan Manmin Merkez

Kilisesini kurduktan sonra bile o sadece dağ duaları ve oruç dualarıyla yaşamını sürdürmektedir. Kızlarının hayatı tehlikede olduğunda ve hatta kendisi aşırı yorgunluk ve bitmek bilmeyen kanamaları nedeniyle ölümün eşiğine geldiğinde dahi, tüm sınamaların üstesinden imanıyla geldi. Her şeye rağmen tüm bu olayların karşısında kendisini ön plana çıkarıp böbürlenmez. Bizim örnek almamız, onun imanıdır.

İsa Mesih'in bir düğün şöleninde suyu şaraba çevirmesi, kanamaları durdurup deri hastalarını iyileştirmesi ve ölü Lazar'ı diriltmesi bile başlı başına birer mucizedir. Öyleyse neden bazıları Peder Dr. Jaerock Lee aracılığıyla ortaya konan Tanrı'nın gücünü ve şifaları eleştiriyor? Bu şifa işlerinden hiç bahsetmeden 100 yıllık Kore Hıristiyanlık tarihinden bahsedebilir miyiz?

Kore dünyada en fazla kilise haçı olan ülkedir. Kore insanların birlikte, yüksek sesle dua edebildikleri, dua ederken vücutlarının titrediği hatta dans etmeye başladığı, kanserli hastaların hastalıklarının iyileştirildiği 'İbadet Dağı' bulunan ve ölülerin diriltildiği bir ülkedir. Peder Dr. Jaerock Lee'nin kitabını okuyunca Kore'nin ne kadar kutsanmış bir ülke olduğunu bir kez daha anladım.

Bugünlerde Peder Dr. Jaerock Lee 'gökler' ile ilgili vaazlar veriyor ve bu vaazların ne zaman biteceğini bilmiyoruz. Bir başkası bu konuyu ele almış olsaydı, birkaç hafta bu mesajı verdikten sonra söyleyecek bir şeyi kalmazdı. Ama Peder Dr. Jaerock Lee günler geçse de, konuyu son derece canlı ve detaylı bir biçimde anlatmaya devam etmektedir. Sanırım bunun nedeni diğer yeteneklerinin yanında onun peygamberlik yeteneğinin de olması ve bu nedenle kelimelerin ağzından ipeğin kozadan çıkması gibi kolaylıkla dökülüyor olmasıdır.

Kral Süleyman'ın Özdeyişler'de kullandığı benzetme gibi, Rev. Dr. Jaerock Lee'nin mesajları yumuşak ve kolay anlaşılabilirdir ve Rab'bin Sözünü tıpkı "gümüş oymalarda ki altın elma" gibi aktırır (25:11). Ateşli sınamalardan geçtikten sonra mucizelerin gücünü gözler önüne serer.

Şubat 2007

Yoorim Han
(Televizyon programı yazarı)

İçindekiler

Bölüm 3
Çağrılışım

Bölüm 4
Tanrı'nın çağrısı

İçindekiler

Bölüm 5
Kilisenin başlangıcı

Bölüm 6
Kilisenin büyümesi ve Testler

Bölüm 7
Tanrı kilisenin sınırlarını genişletti

Bölüm 1

Dilsiz bir bebeğin doğduğunu düşündüler

Annemle babam bana iyilik ve doğruluğu öğretti

"Şey... Bu çocuk dilsiz galiba! Neden ağlamıyor?" Doğduktan hemen sonra ağlamadığım için annemle babam endişelenip beni tokatlamışlar. O zaman bile ağlamayıp tam tersine gülümsemişim. Dilsiz olduğumu düşünen aile fertleri ise çok üzülmüş.

Tanrı'nın lütuflarını deneyim ettikten sonra bebekken neden hiç ağlamadığımı düşündüm. Belki de ruhum Tanrı'nın hizmetkârı olarak kutsanmış bir hayat yaşayacağımı, sayısız canı kurtuluşa sürükleyeceğimi o zamanlardan biliyordu. (Ay takvimine göre) 20 Nisan 1943'te babam Chabeom Lee ile annem Gamjang Cho'nun (3'ü kız, 3'ü erkek 6 çocuğunun) sonuncusu olarak dünyaya geldim. Doğduğum yer Jeollanam-do eyaletine bağlı Muan Goon'da bulunan Haeje Myeon adında küçük bir kasabaydı. Babam Çin klasikleri akademisyeni olan zarif bir insandı, müzik dinlemeyi ve zarafeti çok severdi. Kore'nin Japon egemenliği altında olduğu yıllarda pek çok defa

Japonya'ya iş seyahatlerine gitti ama Kore bağımsızlığını ilan ettikten sonra işi gücü toparlayıp yaşamak için sessiz sakin bir yer aramaya başladı. Ben üç yaşındayken Changsung Goon, Nam Myeon'da bulunan Boon-hyang Ri'ye bağlı Changsung'a taşındık. Burası çok özel bir kasabaydı. Dediklerine göre orada sadece 'Chun' ailesi yaşardı ama benim ailem de pekâlâ rahatlıkla oraya yerleşti.

Babam –çocukluğumdan hatırladığım kadarıyla- tüm dünyayla ilişkisini kesmiş, zamanını evde kitap okuyarak geçiren biriydi. Buna rağmen evimize çok misafir gelirdi. Babam gelen misafirlerle birlikte içki içer, şiirler okur, onlarla Çin klasikleri hakkındaki bilgilerini yarıştırırdı.

Babam hep, benim büyüyünce büyük bir adam olmamı isterdi.

Bana şöyle derdi: "Jaerock, sadakat bir insan için çok önemli. Bir gün yeryüzünde büyük bir adam olmalısın." Tabi ki bütün anne-babalar çocuklarının doğru yetişmesini ve yaptıkları her işte başarılı olmasını isterler. Ancak ben, babamın bana özellikle iyi değerler aşılamaya çalıştığını, annemin de kendini ailesine adamış biri olduğunu hatırlıyorum.

Babam daha beş yaşındayken bana "Bin Çin Karakter" ini öğretmeye başladı. Ayrıca bana ünlü kahramanların hikâyelerini anlatırdı. "Üç Krallık" hikâyesinde efendileri Liu Bei'yi korumak için kendi hayatlarını tehlikeye atan Guan Yu, Zhang Fei ve Zhao Yun'un veya rüzgârlar estiren Zhu Ge Lian'ın hikâyesini dinledikçe heyecandan ellerim terlerdi. Babam bana ayrıca Konfüçyüs ve Mençyus gibi bilge adamların öğretilerini veya büyük adamların dürüstlüklerini anlatırdı. Sona kadar öleceğini bile bile yıkılması kaçınılmaz olan Koryo hanedanına hizmet eden Mongju Jung ve yıkımın eşiğine gelmiş ülkesini felaketten kurtaran Amiral Soonshin Lee'nin öykülerini kaç defa duymuş olursam olayım her seferinde içim titreyerek dinlerdim. Konum ve sadakatlerini, hayatları tehlikede olsa bile hiçbir zaman yitirmeyen büyük adamların bu hikâyeleri, bu genç delikanlının ruhuna işlemişti. Bu öyküler bana, anne ve babama her zaman saygılı davranmayı, doğru yoldan şaşmamayı, gördüğüm her iyiliğin karşılığını ne olursa olsun vermem gerektiğini öğretti.

Milletvekili olma hayali

İlkokula başladığımda hayalim milletvekili olmaktı ve babam beni seçim konuşmalarını dinlemeye götürürdü. Bir seçim kampanyasını izlemek için 10-15 kilometre yürüdüğümüz olurdu. Birlikte eyalet meclisi seçimlerine, genel seçimlere ve başkanlık seçimlerine giderdik. Beni memleketi için büyük işler yapacak büyük bir adam olarak yetiştirmeye çalışıyordu.

O zamanlar Özgürlük Partisi iktidardaydı, konuşma yapan pek çok insan olurdu. Konuşmacıların hepsi de beni çok etkilerdi, bence onların hepsi büyük adamlardı. "Büyüyünce ben de onlar gibi büyük bir adam olacağım." diye düşünürdüm. Konuşmacıların konuşmalarını dinlerken hep milletvekili olma hayali kurardım. Bu hayalim ortaokul yıllarında ve liseye başlayana kadar devam etti. Artık konuşmalara yalnız gidiyor ve adayların konuşmalarını dinliyordum.

Çarpım tablosunu ve Hangul'u (Kore alfabesi) ilkokula başlamadan önce abla ve ağabeylerimden öğrenmiş olduğumdan, okul bana pek ilginç gelmiyordu. Okuldan sonra arkadaşlarımla oynamak benim için daha cazipti. Askercilik, güreş, tekme atmak gibi şiddet içeren oyunlar hoşuma gidiyordu. Kendi yaş grubumdaki arkadaşlarıma göre daha kuvvetliydim ve oyunlarda hep kazanmak istiyordum. Çok gururlu ve çok inatçıydım. Kazanana kadar oyunu bırakmak istemezdim. Sağlıklıydım. İçinde bulunduğumuz maddi zorluklara rağmen annem bana hep pek de ucuz olmayan bitkisel ilaçlardan içirirdi. O zamanlar kırsal bölgede bu tip ilaçlar kullanmak pek de yaygın olmayan bir durumdu. Annemin en küçük çocuğuna olan düşkünlüğü inanılır gibi değildi. Annemle ne zaman el ele dışarı çıksak insanlar, "Ne kadar da zeki bir çocuk bu... Büyük adam olacağı her halinden belli... Ona çok iyi bak!" derlerdi. Bu tip şeyler duymak annemin çok hoşuna giderdi. Onun arada sırada Budist tapınaklarına gidip pirinç aldığını ve tüm aile için dua ettiğini biliyordum.

Annem içtenlikle dua ederdi

Annem akşamları duş alır, beyaz Hanbok (geleneksel Kore giysisi) giyer, bir sürahiye su koyup dışarı çıkar ve yıldızlara dua ederdi. En küçük olduğumdan, annem geri gelene kadar uyanık kalmaya çalışırdım. Bazı geceler gecikirdi ve o zaman kâğıt pencerenin ardında onu izlerken, uyuya kalırdım.

Bir keresinde, "Anne, neden başını eğip bu kadar çok dua ediyorsun?" diye sordum. Bana yanıtı, "Çünkü Büyük Ayı'ya dua ettiğimde, ağabeyin Kore Savaşı'ndan sağ salim evine döndü. Ayrıca sizlerin de bu kadar sağlıklı çocuklar olması benim bu dualarım sayesinde." diye cevap vermişti. Fakat ilerleyen yıllarda çok hastalanıp yıllarca hasta yattığımda iyileşmem için yıldızlara ne kadar dua ettiyse de duaları işe yaramadı. Ama Tanrı'nın gücü sayesinde tamamen iyileştiğimi öğrenir öğrenmez kendiliğinden kiliseye gitmeye başladı. "Buda'ya ve Büyük Ayı'ya oğlumu iyileştirmeleri için çok dua ettim ama ne Buda ne de Büyük Ayı oğlumu iyileştiremedi. Oğlum kilisede iyileştiği için ben de kiliseye gitmeye başlayacağım." Bunu dedikten sonra tüm bibloları atıp sadece Tanrı'ya hizmet eden sadık bir inanan oldu.

Anne-babamın eğitim konusundaki katı tutumu

En küçük çocuk olduğumdan, itaat etmeye meyilliydim ve bu yüzden annemle babam beni bir başka severdi. Hayatın her noktasında disiplin ve eğitimde konusunda da katı tutumları vardı. Kardeşlerime ve bana sadece temel insan ilişkileri değil, genel hâl ve davranışlar, nasıl yürüneceği, nasıl konuşulacağı, nasıl giyinileceği, sofrada nasıl yemek yeneceği, nasıl kaşık tutulacağı, nasıl uyunup nasıl uyanılacağı hakkında da bilgiler verdiler. Ayrıca konuşurken sesimizi yükseltmememizi, karşımızdakinin sözünü kesmememizi, konuşurken bizden büyüklerin gözlerinin içine bakmamamızı, komşularımızı rahatsız etmememizi ve ne kadar fakir olursak olalım kapımızı çalan dilenciyi eli boş göndermememizi de öğütlediler. Bize hep iyi ve sabırlı davranmamızı söylediler. Sanırım annemle babam beni bu şekilde yetiştirdikleri için Tanrı'nın varlığını bilmeden önce bile bilincim beni doğru yönlendirmiş ve insanlar bana hep 'kurallara ihtiyacı olmayan adam' olarak bakmışlardı. Rab'bimize iman ettikten sonra, Tanrı'nın Sözünden gelen her buyruğa kolayca "Âmin" diyebilmemin ve buna göre davranmamın nedenini annemle babamdan aldığım eğitime bağladım.

Çin klasikleri uzmanı olarak babam, fiziksel özelliklere

bakarak karakter tahlili yapılması anlamına gelen fizyonomi ve el falı bakma konularında bilgi sahibiydi. Memleketin başına gelecek olayları önceden tahmin eder, kasabada olacak olayları da önceden bilirdi. Bana hep "Jaerock, sen büyük bir adam olacaksın. Her şey iyi görünüyor da sadece yaşam çizgin biraz kısa, bu yüzden sanırım genç yaşta öleceksin ama hayat çizgine bağlı çok ince bir başka çizgi daha var. Bunu göz önüne alacak olursak otuzunu aşabilirsen birçok kimseye lütuf olacak bir kişi olacaksın."

Babam benim fizyonomimi ve elimi okuduktan sonra çok mutlu olurdu. Onun dediğine göre genç yaşta ölebilirdim ama otuzumu aşacak olursam dünyanın çeşitli yerlerine seyahat edip insanların saygısını kazanan birisi olacaktım. Otuz yaşındayken hastalığım had safhadaydı. Birçok kez ölümün eşiğinden döndüm. Ertesi güne çıkıp çıkamayacağımı bilmediğim birçok gün yaşadım. Bu koşullarda bir gün büyük bir adam olmayı hayal edecek halim yoktu tabi. Genç yaşta ölebileceğimi düşündüğünden babam bana acır, bu yüzden bana iyi şeyler öğretip iyi şeyler vermeye gayret ederdi. Ayrıca annem de kendini tüm ailesine adadı, hem benim hem de tüm aile için çok özverili bir yaşam sürdü.

İlkokuldaki kaza

Çocukken çok sağlıklı bir çocuktum. En küçük çocuk olduğumdan annem beni çok sever; beni, içinde çeşitli bitki özleri bulunan balla beslerdi. Bu yüzden kendi yaş grubumdaki pek çok çocuktan daha kuvvetliydim. Küçük olmama rağmen Kore güreşlerinde tüm madalyaları toplardım, insanlar bana "Güçlü adam" adını takmıştı. Çocuklar peşimde dolaşır, beni liderleri olarak görürdü.

Kore Savaşı zamanında büyüyen çocuklar olarak oyunlarımız genelde şiddet içerirdi. Savaş oyunu, kılıç dövüşü, tekme atmaca, güreş ve 'Sahbi' adında karşı taraf teslim olana kadar boğazını sıkmaya dayanan bir oyun oynardık. Güreşirken çocuklar teslim olduklarını belirtmek için boğulmadan az önce ellerini kaldırırdı. Ben bir keresinde bir türlü teslim olmak istemediğim için nefessiz kalıp bayılmıştım. Rekabet hangi konuda olursa olsun kazanana kadar oyunu bırakmazdım çünkü çok gururlu ve inatçıydım. 4. sınıftayken bir gün ortaokula giden bir çocukla oyun oynarken kaburgalarımı incittim. O zamanlar hastaneye gidecek paramız olmadığından annemler bana bitkisel ilaçlar verip iyileşmemi bekledi. Ancak rahatsızlığım her yaz nüksediyordu. Yan tarafıma giren korkunç sancı nefes almamı ve koşmamı engelliyordu. Bunun belli bir tedavisi olmadığı için babam 'Soju' likörünün içine iki tane zehirli yılan koydu ve sabah akşam bunu içmemi söyledi. Bu şekilde genç yaşta alkolle tanıştım.

Yine 4. sınıftayken okulumuzda bir öğretmen vardı. Lakabı "Deli Öğretmen"di. Okul bahçesinde arkadaşlarımla 'Sabi' adındaki güreş oyununu oynarken öğretmen kavga ettiğimizi sanmış. İkimizi de öğretmenler odasına çağırdı. Bizi azarlayıp tokat atmaya başladı. Sonra birbirimize yirmişer kere tokat atmamızı istedi. Hem o öğretmenden hem de arkadaşımdan tokat yemiştim. Bunun sonucunda yanağım şişti ve kulak zarım patladı. Kulağımda akıntı oldu ve daha sonra işitme kaybı oluştu. Öğretmen okuldan atıldı ama ben bu olayın sonuçlarını hayatım boyunca taşımak zorunda kaldım.

Gençlik Dönemim

İçe dönük ve utangaç bir yapım vardı. 1959 yılında Kwangju şehrinde ortaokulu bitirince liseye başlamak için Seul'a gittim. Seul'da Shingdang Dong, Seongdong Gu'da en büyük ablamın yanında kalıyordum. Lisenin son yılında çok fazla hastalandığımdan devamsızlığım kırk günü aşmıştı. Ben hasta yatakta yatarken tanımadığım biri gelip bana İncil'in mesajını anlattı ve İsa Mesih'e inanmamı istedi. "Amma aptal adam! Bahsettiği Tanrı da neredeymiş? İsa'ya inanacağım yok zaten ama inanacak olsam bile böyle elde İncil'le dolaşılır mı? Ben olsam çok utanırdım." diye düşündüğümü hatırlıyorum.

Etrafta dolaşıp insanlara İsa'yı anlatan kişiler için üzüntü duyardım. Hem yapı olarak içe dönük ve çekingen, hem de ateist olduğumdan "İşte Tanrı'ya inanmamam için bir neden daha... Bu şekilde dolaşıp millete Müjde'yi duyuramam ben." derdim kendi kendime. Çin klasikleri uzmanı olan babam bana "Senin öyle bir yapın var ki gidip kimseden birazcık tuz bile isteyemezsin." derdi.

Lisede

Ortaokulda

Kırsal kesimdeki insanlar yoksul olmasına rağmen tuz çokça ve kolay bulunan bir şeydir. Babamın söylemeye çalıştığı şey aslında benim başkalarını rahatsız edecek yapıda biri olmadığımdı. İlkokuldayken okul aidatıyla ilgili kâğıtları aldığımda, bunları anne ve babama gösterecek cesareti bir türlü kendimde bulamazdım. Son ödeme gününü hep kaçırıp ta öğretmenden bir güzel azar işittikten sonra, annemle babam okula çağırılırdı ve ancak o zaman kâğıdı göstermek zorunda kalırdım. Annem kâğıdı görür görmez parayı hemen verirdi. Her ne kadar annemin parayı hemen vereceğini bilsem de yine de para istemek çok zor gelirdi. İşte bu kadar içe dönük, bu kadar utangaçtım ben. Kişiliğimin bu yönü ileriki yıllarda papazlığımı da etkiledi.

Hafızamı kaybettikten sonraki intihar girişimi

Sağlığımın iyi olmaması nedeniyle çok gün kaybı yaşadığımdan lisede pek başarılı olamadım. Amacım üniversite giriş sınavlarını kazanıp Seul Ulusal Üniversitesinde mühendislik okumaktı. Daha fazla uyanık kalıp ders çalışabilmek için uyarıcı haplar alıyordum. Zaman içinde bu haplara alıştım ve daha fazla almaya başladım. Zamanla bağımlılık belirtileri göstermeye başladım ama hapları da düzenli olarak almam gerekiyordu. Hapları almazsam kendimi çok yorgun hissediyor, derslere yoğunlaşamıyordum. Günde sadece dört saat uyuyup şimdi Lotte alışveriş merkezinin olduğu yerde bulunan Ulusal Kütüphanede her gün ders çalışıyordum. Bu şekilde bir yıl boyunca çalıştıktan sonra Seul Ulusal Üniversitesinde mühendislik bölümünü kazanacağıma dair güvenim oluşmuştu.

Kasım 1962'de üniversite sınavı yaklaşırken hafızamı kaybettim. Derse mola verildiğinde gazete okuyordum ve bir anda o anki Kore başkanı olan Dr. Synman Rhee'nin adı gelmedi aklıma. Dahası o kadar çalışıp ezberlediğim İngilizce kelimeler ve matematik formülleri de çıkmıştı aklımdan. Hiçbir şey hatırlayamıyordum. Bu geçici bir durum değildi. Öğrenmek için o kadar uğraştığım şeyleri hatırlamaya çalışıyor ama en temel bilgileri bile hatırlayamıyordum. Bir süre için dipsiz bir kuyuya düşmekte olduğumu sandım. Gelecek için hiçbir umudum yoktu, depresyonun eşiğindeydim. Böyle içe dönük ve utangaç yapıya rağmen üniversite sınavı için bir yıl çalışmış ama her şeyi bir anda kaybetmiştim.

Benim için yaptıkları o kadar fedakârlıktan, bana verdikleri o kadar destekten sonra ailemin yüzüne nasıl bakacaktım? Yaşamaya devam etmek utanç veriyordu. İntihar etmeye karar verdiğimde her eczaneden Amerikan uyku hapları toplamaya başladım. En kuvvetli ve en etkili olanın onlar olduğu söyleniyordu. O zaman ablamın evinin yanında kiraladığım bir odada kalıyor, yemeklerimi ablamda yiyordum.

Bir gün ablama, "Abla, bu akşam arkadaşlarımda ders çalışacağım. Yani akşam yemeğe yokum, beni beklemeyin." dedim.

Planımdan haberi olmayan ablam peki dedi. Eşyalarımı toplayıp anneme, babama ve kardeşlerime veda mektubu yazdıktan sonra kapıyı içerden kilitledim. Yere battaniye serip bir sürü hap yuttum, yere uzandım. Bir süre kendimdeydim fakat sonra bir anda bilincimi kaybettim. Ama hani bir laf vardır: "Bu dünyadaki ölüm diğer hayatın başlangıcıdır."

Ağabeyimle eniştemin Dongdaemoon çarşısında kumaş dükkânları vardı. Genelde dükkânı akşam saat 10'da kapatır, diğer işleri hallettikten sonra gece yarısı gibi eve gelirlerdi. Fakat nedense o gün eve normalden daha erken dönmek istemişler.

Hatta ağabeyim kendinden yaşça daha büyük olan enişteme

"Ağabey, bence bugün dükkânı erken kapatıp eve erken gidelim." demiş.

O da "Öyle mi? Ben de bugün erken gidelim diyecektim." demiş.

O gün ağabeyim dükkânı erken kapatmış. Normalde eve geldiğinde çalışmamı bölmek istemediğinden bana uğramazdı ama o gün nedense beni görmek istemiş. "Jaerock nerede?" diye sorunca ablam da "Bir arkadaşına gidip ders çalışacağını söyledi." diye cevap vermiş. Ama ağabeyim yine de beni görmek için odama gelmiş. Kapının kilitli olduğunu görünce kötü bir şeyler olduğunu anlamış. Kapıyı kırıp içeri girdiğinde ben neredeyse ceset kadar soğukmuşum. Ağabeyim enişteme "Hastaneye götürüp midesini yıkatırsak iyileşebilir." deyince beni hemen hastaneye götürmüşler ama aldığım hapların sayısı çok fazla olduğu için doktor yaşama şansımın fazla olmadığını söylemiş. Fakat bu olaydan birkaç gün sonra bilincim yerine geldi. Ancak bu intihar girişimi neticesinde kalan hafızamı da yitirdim. Olaydan bir yıl sonra bile hafızam tamamen yerine gelmemişti. Ama bir kez daha sıkı bir şekilde çalışarak Hanyang Üniversitesi Mühendislik fakültesini kazandım.

Evliliğim ve Kaderim

Üniversitedeyken askere çağırıldım ve 29 Ekim 1964'te askere başladım. Askerlik hizmetimin sonuna doğru akrabalarımdan biri beni bir mektup arkadaşıyla tanıştırdı, bu kişi daha sonra karım oldu.

Tüm mirası kaybettim

Mayıs 1967'de askerlik hizmetim bitip terhis oldum. Ancak beni bekleyen umulmadık bir şey vardı. Askere başlamadan önce annemle babam okulun ikinci döneminin harç parasını yollamışlardı. Bu parayı askerliğim bittiğinde faiziyle birlikte geri ödeme koşuluyla bir akrabama borç verdim. Ancak bu akrabam ailevi problemleri nedeniyle anaparayı bile geri ödeyemedi. Ağabeyimle eniştem durumu öğrendi ve bana harç parasını verdiler. Askerliğim bitince şimdi karım olan mektup arkadaşımla tanıştım, ona sırılsıklam âşık olmuştum. Evlenmeye karar verdik.

Karım duru bir su gibi kocaman gözleri olan bir bayandı. Harç parasını aldığımı öğrenince geri vermek üzere benden borç aldı. Borç almıştı ama söz verdiği gibi geri ödeyemedi. Sonuç olarak ikinci dönem için kaydımı yaptıramadım ve birkaç ay beklemek zorunda kaldım. Bu süreyi ailemin yanında geçirmeye karar verdim. Annemle babama "Anne, baba, yakında evleneceğim. O yüzden mirastan payıma düşeni bana şimdiden verirseniz hem düğün masraflarını karşılar, hem de nişanlım kuaför olduğu için geçimimizi sağlayacak kuaför dükkânı açarız. Paranın geri kalanını bankaya koyar, faiz alırım. Okul için burs almaya çalışacağım. Ayrıca mezun olduktan sonra Amerika'ya gidip doktora yapacağım." Planlarımı en ince ayrıntısına kadar annemle babama anlatmış, onları inandırmıştım. Oğullarını dinlemekten ve istemeyerek de olsa parayı vermekten başka çareleri yoktu. Seul'a giderken elimdeki yüklü miktarda parayla geleceğim için planlar yapıyordum. Ancak işler umduğum gibi gitmedi. Nişanlımla Seul'daki istasyonda buluşacaktık ama o gelmedi. Bir hafta onunla görüşemedim.

Ablam arayıp "Annemlerden para aldığını duydum. Bankadan ne kadar faiz alacaksın? Bir arkadaşımın şirketi var. Yatırımını o şirkete yaparsan sana çok faiz verecek. Sana garanti veriyorum, endişelenmene gerek yok." dedi. Ben de saf saf ablamı dinledim. Nişanlımdan da haber çıkmadığı için bir yer kiraladım, paranın kalanını da ablama verdim.

Birkaç gün sonra nişanlım çıkageldi. Ailesi benimle evlenmesine karşı çıkmış, o da bunca zamandır onları ikna etmeye çalışıyormuş. Sonunda uyku hapı alarak intihar etmeye kalkışmış. Hastaneye kaldırılmış, neredeyse ölüyormuş. Hastaneden yeni çıkmış.

Ablam ona verdiğim paradan bana iki aylık faiz verdi, sonra da bir daha ses çıkmadı. Onu arayıp "Abla, yeni dönem için okul harcını yatırmam lazım, lütfen paramı ver." dedim ama cevap alamadım. Yılbaşından sonra ablama gidip okulum için paramı geri vermesini istedim. Tedirgin görünüyordu. "Parayı verdiğim arkadaşımın şirketi var sanıyordum ama meğerse kaçakçıymış. Yakalandı ve şu an hapiste. Paranı geri almama imkân yok!" Mahvolmuştum. "Olamaz böyle bir şey! Daha üniversiteyi bile bitirmedim. Nasıl bir felaket bu böyle?" Ablamın bana verecek parası olmadığı için mirastan payıma düşeni, böyle, bir anda kaybetmiştim. Bir işe girip gece okuluna gitmeye karar verdim. Bir gazetede muhabir olarak işe başladım, nişanlımla Ocak 1968'de evlendik.

İçki içmek konusunda kendime güvenim tamdı.

Evlendikten sonra Mart 1968'de bir Pazar günü evimizde bir parti verdik. Parti için Dongdaemoon'dan kırk şişe viski almıştık, ayrıca arkadaşlarımız da içki getirdi. Aynı gün sabahtan iş arkadaşlarımla, öğleden sonra da Seul'dan arkadaşlarımla buluştum. Parti gece geç saatlere kadar sürdü. Alkole çok dayanıklı olduğumu düşündüğümden, sabahın erken saatlerine rağmen teklif edilen hiçbir bardağı geri çevirmeden hepsini içtim. Takribi yedi şişe viski içmiş olmalıydım. O kadar içki içtiğim için midem bozuldu. Konuklarımızın evden ayrıldığı gecenin geç saatlerinde, güzel bir gün geçirmiş olmanın keyfi ve rahatlığıyla yatağa uzandım.

Birden bire tavan dönmeye başladı. Ampuller ve hemen her şey dönüyordu. İstifra etmeye başladım. O kadar çok istifra ettim ki bağırsaklarım ağzımdan çıkacak sandım. Karım gidip

Gazete muhabiri olarak çalıştığı zamanlarda

eczaneden ilaç aldı ama onları da yutamadan çıkartıyordum. Su bile içemiyordum. Öylesine acı içindeydim. O günden sonra yediğim yemekleri doğru düzgün sindiremez oldum. Midemdeki problemden dolayı gıdaları sindiremiyordum. Bitkisel ilaçlar dâhil her şeyi denedim ama hiçbir şey işe yaramadı. Karım da ben de bir süre sonra düzeleceğimi düşünüyorduk ama zaman geçtikçe durum daha da vahimleşti, vücudum kontrolden çıkmaya başladı.

İyileşme çabaları

İşimi bırakmak zorunda kaldım. Bir sürü ilaç aldım, doğru dürüst bir teşhis konması için sayısız hastaneye gittim. Ülser dışında başka bir hastalık bulamadılar. Durmadan kilo verdiğim için başka problemler de çıkıyordu. Üç ya da dört yıl sonra vücudumda düzgün çalışan organ yok gibiydi. Adeta hastalıklardan oluşan çok katlı bir alışveriş merkezine dönüştüm. İyi geldiği söylenilen her türlü ilacı denedim. Yazları ayak mantarından dolayı kaşıntı ve kışları ise soğuk ısırığından çekiyordum. Tüm vücudumda egzama vardı ve her sabah iltihaplanmaya oluyor, cerahat sertleşiyordu. Ozena (burun iltihabı) yüzünden başımı güçlükle kaldırıyordum. Burnum hep tıkalıydı, hafızam da gittikçe kötüleşiyordu.

Ayrıca bir de lenfatik problemim vardı. İlk başlarda ensemde küçücük olan şişlik zaman içinde büyüyerek üzüm tanesi kadar oldu. Bu yüzden başımı tam olarak yana çeviremiyordum. Hâlihazırda bir sürü ilaç almakta olduğumdan doktor bunun için ayrıca ilaç veremeyeceğini söyledi. Sadece lenfatik sorunla değil ama aynı zamanda aşırı derecede sinir bozukluğu, uykusuzluk, egzama, orta kulak iltihabıyla da uğraşıyordum Bunun yanı sıra mide, ince ve kalın bağırsak gibi iç organlarımda işlevini tam olarak görmüyordu.

Adımı değiştirmeyi bile denedim.

Karım bana bir sürü ilaç aldığı gibi değişik koca karı ilaçları ve bitkisel ilaçlar da denememi istiyordu. Tüm bu çabaları yıllar boyunca sonuç vermeyince o da batıl inançlara döndü. Birisi ona, "Aslında iyileşebilir. Bence içine şeytan girmiş. Şeytan çıkarmayı deneyin." demiş. Bir başkası, "Bir Budist rahip çağırıp şeytanı kovmasını isteyin." Karım gidip birkaç Budist rahiple görüştü ve onların direktifleri doğrultusunda şeytan çıkarmayı denedi. Sonunda ismimizi bile değiştirdik.

Birileri bize ismimizi değiştirirsek kaderimizin de değişeceğini söyledi. Bu bize mantıklı geldi. O zamanlar hükümet binasının yakınlarında pek çok isim değiştirme bürosu vardı. Bir sabah erkenden 'Bongsoo Kim İsim Bürosu'na gittik. Sabahtan gittiğimiz halde öğlen sıra geldi. Oradaki görevli bize, "İsminiz iyi değil. İsminizi değiştirelim." dedi. O andan sonra onun bize taktığı isimleri kullanmaya başladık ama bunun da faydası olmadı.

Hasta bir babanın ıstırabı

İçe dönük yapımdan dolayı gittikçe kötüleşmekte olan fiziksel halimi karımdan bile gizlemeye çalışıyordum. Gittikçe borca batan ailemin bu halini daha fazla oturup seyredemezdim. Bu yüzden oradan oraya gidip iş aramaya başladım. Kulaklarımdaki problemden kaynaklanan işitme bozukluğumdan dolayı telefon kullanamıyordum, bu da iş bulmamı güçleştiriyordu.

Daha bağımsız olabileceğim bir iş yapmalıydım. Sonunda küçük masalar satmaya karar verdim. Ancak utangaç kişiliğimden dolayı sokaklarda "Satılık masa!" diye bağırırken çok zorlanıyordum. İlk birkaç gün pek satış yapamasam da daha sonra kendime güvenim geldi ve işlerim açıldı.

1972 yılında bir gün, yine masa satmaya giderken birden ayağımın uyuştuğunu hissettim, yürümek son derece ıstırap veriyordu. Masaları orada bir dükkâna bırakıp otobüsle eve döndüm. O dakikadan sonra yatalak olmuştum. Sorunun romatoid artrit olduğu anlaşıldı. Yürümek son derece ıstırap veriyordu, sonunda bastonsuz yürüyemez hale geldim. Ancak ruhsal acı fiziksel acıdan bin beterdi. Kulaklarım duymadığı için moralim çok bozuktu. İlkokulda meydana geldiğini daha önce bahsettiğim olay nedeniyle kulak zarımın biri yırtılmıştı. Beş-altı yıldır kullandığım ilaçlardan dolayı öbür kulağımdaki işitme de azalmıştı. Her ne kadar dudak okumaya da çalışsam eğer etraf gürültülüyse insanların ne dediğini bir türlü anlayamıyordum.

Sağır olduğumu aileme bile söyleyemiyordum. Benim 'sakat' olduğumu düşünmelerinden korkuyordum. İnsanlar benimle konuşurken söylediklerini anlamadığım için ya yanlış bir cevap veriyor ya da hiç cevap veremeyip utançtan kıpkırmızı oluyordum. Karım hem benim bakımım hem de borçlarımızın yükü altında eziliyordu. Hep en ucuz yerleri kiraladığımızdan sürekli taşınıyorduk. Ah-hyeong Dong'tan Kimpo'ya, oradan Sando Dong'a, oradan Chongno'ya, oradan da Ddooksum'a taşındık. Bazen iyice çaresiz kaldığımız zamanlar karımın anne babasının ya da kız kardeşinin evinde kalıyorduk. Sonunda bu kadar taşındıktan sonra Keumho Dong adında bir dağ kasabasına yerleştik. Evimiz tuğladan yapılmıştı ve kutu gibiydi. Ön kapıdan bakınca Han Nehri görülebiliyordu.

Kayınvalidem artık hayatta değildi ama zamanında benim için çok gözyaşı dökmüştü. Beni hem hastaneye, hem de akupunktur tedavisi olmam ve bitkisel ilaçlar almam için alternatif doktora götürürdü. Yürüyemediğim için arkadaşlarım beni sırtında dağdan indirir, oradan beni takside bekleyen kayınvalidemle hastaneye giderdik. Dönüşte de sanırım benim için çok üzüldüğünden bana pirinç likörü alırdı. "Oğlum biliyorum ıstırabın var ama al şundan bir yudum da neşen yerine gelsin." derdi.

Karım umutsuzluk içinde

Karım ilaçlarımı ödemek için sağdan soldan borç alıyordu. Borçlarımız çığ gibi büyümüştü. Paraya çok ihtiyacımız olduğunda annesinden ya da kardeşlerinden borç alırdı. Bu parayla diğer borçlarımızın faizini öder, kalanıyla da bana ilaç alırdı. Bir süre sonra karımın ailesi tarafından kötü bir insan olarak görülmeye başladım. Onlara göre iyi bir koca olarak ailemin geçimini sağlayamadığımdan, en sevdikleri küçük kızlarına cehennem azabı çektiriyordum. Hastalıklarım evliliğimizin hemen ertesinde ortaya çıktığından ilk yıllarımızı bile yeni evliler gibi geçirememiştik. Karım tek başına hem para kazanmak hem de ailemize bakmak zorunda kalmıştı. Bu şartlar altında bir de iki tane kız çocuğu yetiştiriyordu. Bir zamanlar kibar ve yumuşak olan kişiliği, hayatın sırtına yüklediği sorumluluklardan dolayı zaman içinde sertleşmişti.

Beş-altı yıl boyunca bir gün sağlığıma kavuşurum ümidiyle bana baktı ama durumum yıllar içinde kötüye gittikçe o da umudunu kaybetmeye başladı. Biraz fevri bir yapısı olduğundan ne zaman bir şeye sinirlense eşyalarını toplayıp anne babasının evine giderdi.

"Benim sevgiye ihtiyacım yok. Şu an ihtiyacımız olan şey para. Git biraz para kazan!" Bazı kişilerden çok yüksek günlük faizlerle borç almıştı. Bu yüzden ne zaman ödeme zamanı gelse ve paramız olmasa evlilikten bıktığını söyleyip ailesinin yanına giderdi. Ancak bu gidişler hiçbir zaman birkaç günden uzun sürmezdi.

Bir gün ablasının da yardımıyla Keumho Dong çarşısında bir büfe açtı. İyi bir aşçı olduğundan çok müşterisi vardı. Sabahın erken saatlerinde işe gider, gece geç saatlerde eve yorgunluktan bitap düşmüş bir vaziyette gelirdi. Borçlarımızı ödeyebilmek için kendini çok zorluyordu. Eve gelip beni hasta vaziyette yatıyor görünce tüm umudunu kaybeder, en ufak şeyden sinirlenirdi. İki kızımız da toplum tarafından dışlanmış çocuklardı. Karım büfeyi açtıktan sonra ben evde büyük kızımız Miyoung'a bakıyordum, küçük kızımız Mikyoung da annemle ağabeyimde kalıyordu.

"Ne kadar da çok babasına benziyor!"

Hasta babasına benzediği için mi böyle söylüyorlardı? İçinde bulunduğumuz durumdan dolayı Mikyoung'a yeterince sevgi bile verememiştik. Ağabeyimin evine gidip onu bir bez parçasıyla oynarken görünce içim parçalanırdı. Ancak hastalığımdan dolayı onu eve getiremiyordum. Bu duruma son derece üzülüyordum. O zaman nevroz hastalığından çektiğimden, en ufak şeyler bile beni çok etkiliyordu. Gururumu incitecek en ufak bir şey söylendiğinde kavga çıkıyor, karım boşanmak istediğini söyleyerek eşyalarını toplayıp ailesinin yanına gidiyordu.

"Bu şekilde nasıl yaşayabiliyorsunuz? Bence ikinizin de iyiliği için boşanmanız iyi olur."

Karımın akrabaları gelip komşuların da duyması için

yüksek sesle bu gibi şeyler söyleyerek beni istemediklerini belli ediyorlardı. Kızgınlık ve utançtan yüzüm kızarırdı. Evi terk etmiş olan karım bir kez gelip şöyle demişti: "Seni görmeye değil kızımı görmeye geldim. İyileşir iyileşmez senden boşanacağım. Şimdi boşanırsam herkes hasta kocamı bıraktığımı düşünür. Bu yüzden şimdi boşanmıyorum senden."

Benliğin Sevgisi Değişir

1972 yılında kendime baktığımda tek gördüğüm, çaresi olmayan hastalıklarla dolu bir vücuttu. Yıllardır kullandığım ilaçlar çok ağır olduğundan artık hiçbir ilaç veya iğne fayda etmiyordu. Annem-babam, kardeşlerim ve diğer akrabalarım parmaklarıyla beni işaret edip, yavaş yavaş benden uzaklaşmaya başladılar. Karım da benden kaçınıyordu. Annem bile benden ümidini kesmişti. O zamanlar 70 yaşında olan annem beni ziyarete gelirdi. Ne zaman ki yatalak oğlunu görür acı içinde gözyaşı dökerdi. Artık benim umutsuz bir vaka olduğumu düşünüyordu.

"Ah, ah! Bir an önce canını teslim etmek senin için en iyisi. Bu şekilde beni de rahatlatmış olursun."

Durumum ne kadar kötüydü ki hayatta beni en çok seven insan olan annem bile onu rahatlatmak için ölmemin iyi olacağını düşünüyordu? Tüm dünya bana sırtını dönse de annemin beni asla bırakmayacağını sanırdım. İnsani sevginin boş olduğunu o an anladım. Şartlar değişince bu sevgi de değişebiliyordu.

Annem bile çektiğim acıları anlamıyorsa bir ağabeyden ne beklenebilirdi? Bir gün ağabeyim içkili bir şekilde yanıma geldi, bana destek olmak istediğini söyledi. Ama söylediği sözler beni rahatlatmak yerine acımı daha da arttırdı.

Başarısız olan ikinci intihar girişimi

Kendimi, çaresizce kanat çırpan ama başarılı olamayan küçük bir kuş gibi hissediyordum. Karım ilk kez eşyalarını toplayıp ailesinin yanına gittiğinde gidip onu geri getirmiştim. Ama bunu bir kez daha yaptığında, ailesinin aşağılamalarına dayanamayacağım için evlerine gitmedim. Ne zaman küçük kızlarımın geleceği aklıma gelse, hayatta kalmanın güçlü arzusu tıpkı bir pınar gibi içimde çağlıyordu. Ancak ne zaman ki gerçekle yüz yüze gelsem, kendimi çok güçsüz hissediyordum. Ölümün gölgesinden kendimi kurtarabilmenin hiçbir yolu olmadığı düşüncesinin içine düşünce, bu sefil hayatı bir an önce sona erdirmek için uyku haplarını tekrar toplamaya başladım. Hastalıklarımla uğraştığım yetmiyormuş gibi karım da bana iyi davranmıyor, aksine beni çok kırıyordu. Yaşamak için tüm isteğimi yitirmiştim. Karımı ailesinin evinden geri getirmektense ölmenin daha iyi olacağını düşünüyordum. Böylece topladığım 20 tane uyku hapını içtim.

Uyku haplarını içtiğim gün karım ailesinin yanındaydı. O gece uykusu kaçmış ve kendini çok huzursuz hissetmiş. Evde bir terslik olduğu fikrini kafasından bir türlü atamamış. İçi bir türlü rahat etmeyince bir taksiye atladığı gibi eve gelmiş ve ölümle pençeleşen beni bulmuştu. Beni hemen hastaneye götürdü, yapılan tedavi sonunda hayata döndüm. "Hayatımı istediğim gibi sona bile erdiremiyorum. Bir daha intihar etmeye kalkışmasam iyi olacak." Hastanede kendime geldikten sonra başarısız iki intihar girişimimi düşünce hayatımı etkileyen çok yüce bir gücün olduğunu anladım. Bir daha intihar etmemeye karar verdim.

Kediler romatoid artrit iyi gelirmiş

Bazen biraz iyileşme gösterdiğimde bastonumla etrafta dolaşırdım. Ama durumum kötü olduğu zamanlar, değil yataktan kalkmak, parmağımı bile kımıldatamazdım. Altımın bile alınması gerekirdi. Bir yerlerde kedilerin romatoid artrite iyi geldiğini duyan karım sırf Dongdaemoon ve Joongbu pazarlarından değil, Sungdong Ku pazarından bile kedi alıp gelir, yemem için onları haşlardı. Ama bazen iyice pişmediği zaman o kadar kötü kokardı ki onu yemektense ölmeyi tercih ederdim.

Karımla annem insanların tavsiye ettikleri her şeyi denemeye çalışırlardı. Çıyan, kırkayak, hatta reçine bile kaynattılar benim için. Köpek ve ayıların safra keselerini yedirdiler. Yılandan yapılmış likör bile içtim. Hastalıklara karşı savaşım sürüyordu. Alman malı cüzam ilaçlarının, zehirli olmakla birlikte cüzamı iyileştirdiği söyleniyordu. Hastalık tüm vücudumu sarmış olduğundan zehirli etkisine bakmadan ilaçları aldım ama sonuç bir felaketti.

On beş gün boyunca dışkı suyu içtim.

Kocakarı ilaçları ve bitkisel ilaçlar dâhil her türlü ilacı kullanmama, batıl inançlara göre bazı tedaviler uygulamama ve hatta şeytan çıkarmayı bile denememe rağmen sağlığım gittikçe kötüleşiyordu.

"Jaerock, kasabaya çok ünlü bir doktor geldi. Bir de ona görünmek ister misin?"

"Tabi neden olmasın? Kaybedecek neyim var ki?" Keumho Dong'daki arkadaşların tavsiyesine uyup doktora muayene oldum. Bana dedi ki, "Hayatta olman bir mucize. Nabzın neredeyse atmıyor. Mucizevi bir şekilde yaşıyorsun. Gençken çok sert sporlar yapmışsın öyle mi? O sırada çok mu dayak yedin? Tüm vücudun ölü kan hücreleri ve ekstravazasyonla dolu. Sağlığın bu nedenle yerinde değil."

"Öyle mi? Ne ilaç kullanmam gerekiyor?"

"Şehir dışında bir tren istasyonunda halka açık tuvaletler var. Dışkıların suyu bu tuvaletlerin dibinde on yıldır birikiyor. Bunu alıp bir bira bardağına koyup on beş gün boyunca günde üç kez içmen gerekiyor. Bunun sonunda ekstravazasyonlar geçecek ve sağlığına kavuşacaksın."

Doktor dışkı suyunu nasıl alacağımı ayrıntılı biçimde anlattı. Tek yapmam gereken bir kabın üstüne filtre olsun diye çam yaprakları yapıştırmak, sonra içine bir taş koyarak bu kabı kuyuya indirmekti. Bu şekilde dışkı suyu kabı dolduracaktı. Bunu içip iyileşirsem doktora yüklü bir miktarda ödeme yapacağıma söz verdim. Karımla ben bu yeni önerinin iyi geleceğini düşünerek sevinç içinde tren istasyonuna gittik. Annem ben anlatırken dışkı suyunun nasıl alınacağını duyduğu için bütün gece boyunca topladığı suyu güzel bir kaba koyup büyük bir özenle bana getirdi.

On beş gün boyunca bir kere bile aksatmadan içtim. İğrenç koku işimi çok zorlaştırsa da sağlığıma kavuşmayı çok istediğimden pipetle içiyor, ardından hemen dişlerimi fırçalayıp annemin verdiği şekeri çiğniyordum. Ancak kokudan kurtuluş yoktu. On beş günün sonunda bunun da iyi gelmediğini anladım.

"Anne, Seul'daki evime gidip orada ölmek istiyorum."

Bölüm 2

Tanrı gerçekten yaşıyor

En son çiçek yaprağı ne zaman düşerse, benim de hayatım o zaman bitecek

Ablamın bana Müjde'yi anlatması

Son umudumuz olan dışkı suyu da işe yaramayınca karımla birlikte büyük bir hayal kırıklığı içinde Seul'a döndük. Artık tek isteğim bir an önce ölmekti, o yüzden tüm gün yatıp boşa akıp giden zamanı izliyordum. Tuğladan yapılmış küçük evimizde bütün gün oturup kitap okuyor, Kore yapımı pirinç likörü içiyordum. Bu küçük, tek odalı evde pirinç likörünün içinde durduğu kap, ilaç kutuları ve ondan bundan ödünç alınmış kitaplar ortalığa dağılmıştı.

Ailemde Tanrı'ya inanan tek kişi ablamdı. Çocukluğunda geçirdiği ateşli bir hastalık sonucunda tek gözü kör olmuştu. Komşu köyden bir gençle evlendi; üç erkek, iki kız çocukları oldu. İnançlı bir hayat sürüyordu. Bir gün biri ona Müjde'yi duyurmuştu ve ablamda o zamandan beri kiliseye gider olmuştu. Annem ve kardeşlerim onun fanatik olduğunu düşünüp kiliseye gitmesinden hoşlanmazlardı. "Çok çalışıp çiftçilik yapıyor, sonra da kazandığın her şeyi kiliseye veriyorsun. Kiliseye gitmek için Pazar günleri çalışmıyorsun. Yoksulluktan asla kurtulamayacaksın. Ne zaman rahat etmeyi düşünüyorsun?" Annem bile ona böyle saldırınca o sadece gülümseyip "Anneciğim, İsa'ya inanmak öylesine sevinç verici! Neden sen de kiliseye gitmiyorsun?" diye yanıtlardı.

Pazar günleri kiliseye gitmek için ev işlerini erkenden bitirirdi. Kiliseye gidince de kürsüyü temizler, orada yapılacak işleri yapardı. Mevsiminde ilk meyveler olgunlaştığında bunları gizlice pederin evine bırakıp kaçar, Tanrı'nın hizmetkârına bu şekilde hizmet etmekten zevk alırdı.

Diriliş törenlerine büyük bir istekle katılır, Tanrı'nın lütufları için dua ederdi. Hatta altın yüzüğünü bile –ki o zamanlar çok değerliydi- kiliseye bağışlamıştı.

"Tanrım, bana altın kadar değerli imanı bahşet. Bana üzerinden ne kadar zaman geçerse geçsin değerini yitirmeyecek altın kadar değerli imanı bahşet."

Çocukluğumdan beri bu ablam en sevdiğim ablam olmuştu. Seul'da öğrenciyken tatillerin neredeyse hepsini onun evinde geçirirdim. Her fırsat bulduğunda bana İncil'den bahsederdi. Hastalandığım zaman benim için çok üzüldü. Kiliseye gitmem konusunda bana sürekli yalvarır, "Kiliseye gidersen Tanrı seni iyileştirir, sağlığına tekrar kavuşursun." deyip dururdu.

"Abla, lütfen saçmalama. Uzay çağında yaşıyoruz artık. Tanrı nerede? Eğer yaşıyorsa lütfen göster bana."

Ablam Tanrı'ya inanmam için çok yalvardıysa da ben inatçı olduğumdan Tanrı'yı bana göstermesini isterdim.

En son çiçek yaprağı ne zaman düşerse benim de hayatım o zaman bitecek.

Kendimi ünlü bir romanın kahramanı gibi hissediyordum. Romanda ki bu kahraman gelecekle ilgili hiçbir umudu olmadan sürekli mutsuz bir hayat sürdürüyordu. Eğer günün birinde şiddetli bir rüzgâr sebebiyle duvar bitkisinin yaprağı düşecek olursa, kendisinin hayatının da o an sona ereceğine inanıyordu. Ben de tıpkı bu böyle yarını için umut beslemeyen sürekli mutsuz bir hayat sürüyordum.

1974 yılının Nisan ayında tüm kırsal bölgeler ve tepeler pembe açelyalar ve sapsarı hor çiçekleriyle dolmuştu. Kokuları dört bir yana yayılıyordu. Ama benim hayatım ise gittikçe soluyor ve her aldığım nefes sanki beni ölüme bir adım daha yaklaştırıyordu.

"Yılın bu zamanında her şey yeniden canlanıyor. Bu son yaprak misali benim hayatım ne zaman son bulacak?"

Kimse beni gördüğüne memnun olmuyordu. Pilav ya da et yiyemiyor ama içki içebiliyordum. Alkol tek arkadaşımdı. Böyle, her günü son günümmüş gibi yaşadığım dönemde alkol bağımlısı oldum. Annemle babam, kardeşlerim beni gittikçe daha az ziyaret eder hale geldiler. Artık kimsenin ziyaretime gelmediği dönemlerde bir gün kapı çalındı. Gelen en sevdiğim ablamdı.

"Abla, Seul'da ne işin var?"

"Burada yapacağım bir şey var."

Tarlada işlerin en yoğun olduğu dönem olduğundan onun gelmesine hem çok şaşırmış, hem de çok sevinmiştim.

Ona rehberlik etmek

"Bana bir iyilik yapar mısın? Uzun zamandır gitmek istediğim bir yer var. Beni oraya götürür müsün?"

"Ne? Ne demek istiyorsun? Doğru dürüst yürüyemediğimi biliyorsun."

"Biliyorum, biliyorum ama çok uzun zamandır bu yere gitmek istiyorum ve senin de benimle gelmeni istiyorum."

İlk başta itiraz ettim, bu hasta halimle hiçbir yere gidemezdim. Ama öylesine içtenlikle rica ediyordu ki sonunda onu istediği yere götürmeye mecbur kaldım.

Ablamın gitmek istediği yer bayan diyakoz Shin-ae Hyun tarafından organize edilen şifa seanslarından biriydi. Bayan Shin-ae Hyun ilahi şifacılığıyla tanınan bir kişiydi. Ablamın ardı arkası gelmeyen duaları ve beni bir şekilde kiliseye götürme isteğinin sonucunda Bayan Shin-ae Hyun ile tanışmış oldum. Ablam, şifa bulmak için Diyakoz Hyun'un kilisesine gitmemi istese, kabul etmeyeceğimi biliyordu. Bir gün dua ederken, benden kendisine eşlik etmemi isteyerek kiliseye gitmemi sağlayacak hikmeti Tanrı'dan aldı.

Tanrı'ya inanmadan önce

Okulda bize Darvin öğretildiği için ben ateisttim. Ruh diye bir şeyin olmadığına kalıbımı basabilirdim. Ancak aslında, ruhumun derinliklerinde Tanrı'nın var olmadığını inkâr edemiyordum. Ölümden sonra yaşam olacağı düşüncesini aklımdan çıkarıp atamıyordum. Yüreğimin derinliklerinde Yaratıcı Tanrı'nın varlığını kabul ediyordum. Şöyle düşündüm: "Tanrı varsa o zaman muhtemelen filmlerde gördüğüm gibi bir cehennem de vardır. Öyleyse benim ölümden sonraki yaşantım nasıl olacak?"

Yüreğimin derinliklerinde Tanrı'nın varlığını inkâr edemediğimden, ölümden sonraki hayatın varlığını da kabul etmem gerekiyordu. İşte bu yüzden Tanrı'ya inanmadan önce bile iyi ve düzgün bir hayat sürdürmeye çalışıyordum.

Şifa bulmak amacıyla kiliseye gitmemi benden istemek yerine, kendisine Hristiyanların toplanacağı bir yere giderken rehberlik etmemi istediğinden ricasını yerini getirdim. 17 Nisan 1974'te ablam sabahleyin erkenden kalkıp hazırlandı, önlerde oturabilmek için erken gitmek istediğini söyledi. Çok uzun bir süredir ilk defa evden çıkacaktım. Keumho Dong'un yokuşlarından aşağı inmek benim için kolay değildi, çok zamanımı aldı. Seodaemoon'a kadar otobüse binip bayan diyakoz Shin-ae Hyun'un kilisesine gittik.

Buradaki herkes aklını mı kaçırmış?

Her iki kulak zarımda da tahribat olmasına rağmen sesleri az da olsa duyabiliyordum. İkinci kat bile tıklım tıklım dolu olduğundan, üçüncü kata çıktık. Engellilere kolaylık olsun diye merdivenlerin bir kısmı meyilli yapılmıştı. Elimde baston olduğundan, ablama yetişmekte zorlanıyordum.

Grup halinde dua ediliyordu. Çevremdeki insanlar ellerini kaldırıp yüksek sesle bağırıyorlardı. Daha önce hiç böyle bir şey görmemiştim ve ne yapacağımı bilmiyordum. Sadece etrafıma bakındım. Diz çökmüş, yukarı kaldırdığı titreyen elleriyle dua etmekte olan ablamı o zaman fark ettim.

Ablam dâhil herkes delirmişti. İçim çekilmiş, yüzüm de kızarmıştı. Buradan bir an önce çıkmak istiyordum ama durmadan gelip arkama oturan insanlar nedeniyle yerimden kımıldayamıyordum. Buradan derhal çıkmalıydım. Ama ne yapabilirdim ki? Ablamı orada öylece bırakıp yalnız başıma eve dönemezdim. Daha önce bırakın bir grubu, tek bir insanın bile böyle dua ettiğini görmediğimden, böyle ellerini sallayıp yakaran insanları görmek beni son derece şaşırtmıştı. Eve tek başıma dönmem söz konusu olmadığından mecburen kaldım. Kaldığıma göre ben de diz çökebilirim diye düşündüm. Diz çöküp gözlerimi kapattım. Birden sırtım terlemeye, terler sırtımdan aşağı akmaya başladı. Mevsimlerden ilkbahardı ama hava çok sıcak değildi. Çok zayıf –neredeyse bir deri, bir kemik- olduğumdan bu şekilde terliyor olmam neredeyse imkânsızdı. Bu o kadar ilginçti ki şöyle düşündüğümü hatırlıyorum: "Herhalde çok utanmış ve şaşırmış olduğum için bu kadar çok terliyorum!"

Ancak belli bir süre sonra Tanrı'nın Kutsal Ruh'un ateşiyle tüm hastalıklarımı dizlerimin üzerine çöker çökmez dağladığını anlayacaktım. Beyaz elbiseler içindeki diyakoz Shin-ae Hyun, uzaktaki kürsüden vaazına tutkuyla devam ediyordu. Hoparlörlerden gelen ses çok yüksek olmasına rağmen ben çok iyi duyamıyordum. Sadece arada sırada bazı kelimeleri anlayabiliyordum. "Bu bayanın anlattığı her şeyi anlayabilsem ne güzel olurdu!" diye düşündüm.

O kadar terledikten sonra yüreğimde bir değişiklik olduğunu fark ettim (aslında Kutsal Ruh bana dokunmuştu). Bayan diyakoz Shin-ae Hyun'un söylediklerini duymak istiyordum. Ablam dedi ki, "Kardeşim, neden sen de diğer insanlar gibi kendin için dua edilmesini rica etmiyorsun?"

Ayinden sonra ablam, heyecandan parlayan bir yüzle dua almam için beni teşvik etti. Ablamın direktifiyle –birkaç kişinin arasına sıkışarak- diyakozun oturdukları yere gittim.

Hoparlörlerden, dualarla şifa bulanların tanıklıklarının sesi duyuluyordu. Konuşmaların içeriğini bölük pörçük de olsa anlayabiliyordum. Bir kadın 'Kutsal Ruh'un ateşini' hissettiğini ve diyakoz Shin-ae Hyun elini ona değdirdiğinde iyileştiğini söylüyordu.

"Dualarla şifa bulduklarını söylüyorlar ama ben hâlâ onlara inanamıyorum."

Bayan diyakoz Shin-ae Hyun, insanlar bir bir önünden geçerken herkesin önce başına, sonra da sırtına bir kez dokundu. O kadar. Herkes gibi benim de başıma ve sırtıma dokundu ve geçip gitti. "İnsanlara bagaj muamelesi yapıyor! Bence tam bir şarlatan." diye düşündüm kendi kendime. Belki de çok fazla insan olduğundan öyle yapıyordu ama herkes için tek tek dua etmiyor, sadece dokunup yolluyordu. Gücenmiştim.

O anda aklıma, ilkokulda başıma gelen bir olay geldi. Jung-eup bölgesinde şifacılığıyla bilinen bir kadın vardı. Toplantılarını yerel gazetede duyurduğundan Jung-eup'a çok insan gelirdi. Kulağından gelen akıntı nedeniyle yeğenim de bu toplantılardan birine katılmıştı. On beş gün sonra kadının bir şarlatan olduğu ortaya çıktı. Kadın tutuklanarak hapse atıldı. Bazı yerel gazeteler bu haberden başka haberler de ürettiler. Acaba bu kadın da Jung-eup'daki kadın gibi insanları kandırıyor muydu? Derin düşünceler içinde kendimi en alt katta buldum.

"Ne garip! Aşağı inerken hiç zorlanmadım, ağrı da hissetmedim."

Duyabiliyorum! Duyabiliyorum!

Ablam, dileğine kavuşmuş gibi mutluydu. Otobüse bindik. Birdenbire gök gürültüsüne benzer çok şiddetli sesler duydum. "Ne garip! Kulaklarımda nasıl oluyor da böyle yüksek sesler duyuyorum?" diye düşündüm.

Keumho çarşısında indiğimde gök gürültüsü durdu. Ablamla vedalaşıp karımın işlettiği büfeye yöneldim. İçlerinde et yemeklerinin de olduğu çok çeşitli yiyecekler vardı. Yemek yerken lokantanın içindeki insanların birbirleriyle konuşmalarını duyabiliyordum. O kadar sevinip heyecanlanmıştım ki elimle masaya vurdum.

"Duyabiliyorum! Duyabiliyorum!"

Şaşırmış karım, "Ne duyuyorsun? Ne duyuyorsun ve nasıl olup birdenbire duymaya başladın?" diye sordu.

"Şu müşterilerin konuşmalarını rahatlıkla duyabiliyorum. Tatlım, karnım çok aç. Bir şeyler yemek istiyorum. Bana biraz pilavla et verir misin?"

"Ne? Hazımsızlıkla kaşıntılar olur yine!"

"İyiyim ben. Yemekleri şimdiden hazmetmiş gibi hissediyorum. Sen merak etme de bana biraz yemek ver."

Karım pilavla eti getirir getirmez çabucak yiyip bitirdim. Normalde azıcık pilav yiyebilirdim. Bu muhteşem bir değişimdi. Yediklerim rahatsızlık vermemişti. Artık hiçbir problemim yoktu.

Bu kesinlikle bir mucize!

Ertesi gün uyanır uyanmaz her zaman yaptığım gibi banyoya gittim. Günlük alışkanlıklarımın ilki bir kibrite biraz pamuk dolayıp kulaklarımın akıntısını temizlemek olurdu. Bunu aceleyle yapmamın sebebi karımın görüp endişelenmesini engellemekti. Kulaklarımı her zaman yaptığım gibi temizlemeye çalıştım ama hiçbir şey yoktu. Temizdiler. Daha da ilginci sabahları kalktığımda kansızlık çekerdim. O kadar kansız olurdum ki bir süre bekleyip gücümü topladıktan sonra banyoya gidebilirdim. Ama o gün fark ettim ki uyanır uyanmaz banyoya gidebilmiştim. Hepsi bu kadar da değildi. İleri derecede artritten ellerimin üzerinde, dirseklerimin iç kısmında, dizlerimde, bileklerimde ve diğer eklemlerimde iltihap olurdu.

"Anlayamıyorum. Ne kadar ilginç!"

Birden kalbim güm güm atmaya başladı. Odaya döndüğümde

hâlâ heyecanlıydım. Giysilerimi çıkarıp vücudumu incelemeye koyuldum. Uyurken, boynumu rahatlıkla çeviremediğim için rahatsız olur, lenfatik şişlikten dolayı hep bir tarafın üzerinde yatmak zorunda kalırdım. Ancak lenf bezlerimdeki üzüm büyüklüğündeki şişlik tamamen yok olmuştu. Dahası henüz hastayken başıma gelen bir olayı hatırladım. Mevsim kıştı, mutfakta hep sıcak su bulundururduk. Her zaman yaptığım gibi sıcak suyu almak için eğilmiştim. Tas anca yarısına kadar doluydu, su fokur fokur kaynıyordu.

Kepçeyi sıcak suya daldırdığımda yüzüme dumanlar geldi. Dumanı engelleyeyim derken üstüme kaynar su döküldü. Kollarım ve göğsüm yanmıştı. Bu yanıklar çirkin izler bıraktığı için tişörtümü pek çıkarmazdım.

Ancak şimdi aynaya baktığımda bu yara izlerinin bile yok olduğunu gördüm! Bu gerçekten inanılmaz bir mucizeydi. Vücudumda artık iyileşmesi gereken hiçbir yer kalmamıştı.

O an, önceki gün başıma gelen bir şeyi düşündüm. Merdivenlerden inip çıkarken hiçbir zorluk çekmiyordum. Kiliseden eve dönerken gök gürültüsüne benzer sesler duymuştum. Karımın dükkânındaki müşterilerin konuşmalarını duyabiliyordum. Sabah kalktığımda artık kansızlık çekmiyordum. Kulaklarım artık akmıyor, dizlerim de ağrımıyordu.

"Tanrı beni gerçekten iyileştirdi mi?"

Kendimin bile inanmakta zorluk çektiği bu gerçekle karşılaştığıma çok şaşırıyordum. Hiç ilaç almamış, ameliyat da olmamış olmama rağmen tüm hastalıklarım iyileşmişti! Her türlü tedaviyi deneyip bir türlü geçiremediğim ondan fazla hastalığım bir anda yok oluvermişti!

"Tanrı gerçekten yaşıyor."

Meğer önceden ne aptalmışım! Şimdi nasıl kuşku duyabilirdim. Dizlerimin üzerine çektim ve ellerimi göğe doğru kaldırdım. "Ah Tanrım. Sen gerçekten yaşıyorsun. Beni nasıl da böyle birden bire iyileştirebildin? Lütfen bu aptal kulunu bağışla. Tanrı'ya inanmamı söyleyen herkese kulaklarımı tıkamıştım. Ama sen gerçekten yaşıyorsun ve beni tamamen iyileştirdin!"

Tüm bunların kuşku içinde bir tesadüf olduğunu düşünmeye çabaladım ama kuşku içimden silinip gitmişti. Sanki uçuyor gibiydim. Ama yine de olanlara inanmakta zorluk çekiyordum. Dua ettiğimi duyan karım şaşkınlık içinde odama geldi.

"Tatlım gelip şu vücuduma bir bak! Tanrı bana şifa verdi!"

Şaşkınlık içinde ki eşim, tüm vücudumu inceledi ve o da tıpkı benim gibi Tanrı'nın iyileştirdiğine inandı. Mutlulukla bana sarıldı ve hıçkıra hıçkıra ağlamaya başladı. Her ikimizde uzun süre ağladık. Tüm üzüntü ve acılar geride kalmıştı, şimdi mutluluk ve şükranla doluyduk.

Bana şifa veren

Kilisede diz çöktüğüm anda Tanrı, Kutsal Ruh'un ateşiyle tüm hastalıklarımı iyileştirmişti. Diyakoz Shin-ae Hyun benim için dua etmeden önce bile, Tanrı çoktan Kutsal Ruh'un ateşiyle bana şifa vermişti. Ben ateisttim, Tanrı'ya iman etmezdim. Tanrı'dan beni iyileştirmesini bile istememişken neden beni iyileştirmişti? Sanırım uzun zaman kurtuluşum için oruç tutup dua eden ablamın dualarının bir karşılığıydı. Bir başka nedeni de, yaşayan Tanrı'yı bir kez tatsam, dünya ile dost olmayacak ve O'na ihanet etmeyecek ama sadece O'nu severek sona kadar O'nun sözüyle yaşayacak oluşumdur.

Boşanma ve karımın geri dönüşü

Üç aylık mutluluk

'Mavi Kuşun Mutluluğu' hikâyesin de olduğu gibi, ben de aileme mavi kuşun mutluluğunun geldiğini hissediyordum. Ailemizdeki en büyük değişiklik, yakınımızda ki kiliseye gidip pazar ayinlerine katılmamız oldu. Tanrı'nın lütfuyla hastalıklarımdan kurtulduğumdan, kendimizi bunun karşılığını ödemek zorunda hissediyorduk.

Ancak büyük bir mali borç içinde olduğumuz ortadaydı ve ayrıca diğer şeylerde pek değişmemişti. Ama biz yine de çok mutlu ve sevinç içindeydik. Hastalıkların verdiği ıstıraptan kurtulduğum için öylesine şükranla doluydum. Sonunda kendi ayaklarımın üzerinde durup çalışabileceğim umudu ve düşüyle dopdoluydum.

Karımla geleceğimiz hakkında konuştuk. Tüm hastalıklardan kurtulduğuma göre artık birkaç ay içinde tekrar çalışmaya başlayabilirdim. Böylece borçlarımı ödeyebilecek ve dükkânımızı genişletebilecektik. El ele verip sıkı bir şekilde çalışarak işletmeyi büyük bir restorana dönüştürebilirdik. İlk olarak dalış elbiseleri diken birinin yanında işe başladım. Bu işte fazla yorulmayıp fiziksel olarak toparlanmayı düşünüyordum. İlk başlarda az çalışmak bile beni çok yoruyordu ama zamanla gücümü topladım. Para kazanmaya ve gelecek hakkında planlar yapmaya başladım. Babamın da doğum günü partisi yaklaşıyordu. Tüm bunlar doksan gün içinde gerçekleşmişti.

Oğlun benim yüzümden mi hastalandı?

10 Temmuz 1974'te babamın doğum günü için tüm aile bir araya geldi. Ben birkaç gün önce gittim, lokantadaki işleri bırakamayan eşim de doğum gününden bir önceki gece geldi.

Çok muhteşem bir dönüş olmasa da ben yine de orada olmaktan çok mutluydum. Hastayken memlekete gittiğim zaman odadan çıkamaz, insanlarla göz göze gelmekten çekinirdim. Sadece ilaç alır, Seul'a geri dönerdim. Komşuların beni sakat olarak nitelendirmesinden endişe duyardım. Şimdi ise tamamen sağlıklı biri olarak çok mutluydum!

"Çaresi olmayan pek çok hastalıktan çektiğimden ölümü bekliyordum ama ablamla birlikte Shin-ae Hyun'un huzurunda şifa buldum." diyerek Tanrı'ya şahitlik ediyordum.

Benimle yollarını kesiştiren ve bana şifa veren Tanrı'nın yakın şahidiydim. Kutsal Kitap'ta Tanrı sözü hakkında kıt bilgi sahibiydim, ama Tanrı'nın gerçekten yaşadığına şahitlik ediyor ve sevincimi kardeşlerim ve anne-babamla paylaşıyordum.

Babamın doğum günü yemeğinden sonra karım Seul'a geri dönmek için eşyalarımızı topluyor ve bende yola çıkmadan önce kardeşlerimle biraz içki içiyordum. O sırada dışarıda bir karmaşa oldu. Bir kapının hızla çarpılışını duydum. Eşim elinde çantası, boşanmak istediğini söyleyerek koşuyordu. Ablam ve gelinlerimizden biri de onu yakalamak içinde peşinden koşuyorlardı. İşte her şey böyle başladı.

"Kızım, biliyorsun, oğlum evlendikten hemen sonra hastalandı, sen de çok çektin. Ama artık bunlar geride kaldı. Birlikte çalışarak güzel günlere yelken açabilirsiniz." Annem, bir zamanlar öleceğini düşündüğü en küçük oğlunun iyileşmesinden duyduğu büyük mutlulukla geliniyle biraz dertleşmek istemiş ve gelinine böyle nasihatlerde bulunmak istemişti. Ama eşim onun söylediklerini yanlış anlamış ve annemin onun yüzünden hastalanıp acı çektiğimi söylediğini sanmış, yüzü solmuştu.

"Oğlunun benim yüzümden hastalandığını mı söylemek istiyorsun? Tamam öyleyse. Ben de bu aileyi terk eder giderim. Boşanırım! Evet, boşanırım!"

"Kardeş, yanlış anladın. Annem öyle demek istemedi."

Karım hemen Seul'a döndü. Evden o şekilde çıkıp gittiği için partinin havası bir anda değişmiş, doğum günü havasından cenaze havasına dönmüştü. Annem çok sinirlenmişti. "Böyle bir kadınla evli olduğun için bunca zamandır iyileşemiyordun. Jaerock, unut her şeyi! Akşam yemeğimizde hazır! Hadi bunun keyfini çıkaralım!"

"Unutmak mı?" dedim. "Nasıl böyle bir şey söylersin? Nasıl unutabilirim?"

Kardeşlerimin beni avutmak için söylediği sözler, durumu daha da kötüleştirmişti. Ağabeylerimin söylediklerine o kadar sinirlenmiştim ki mutfağa gidip bir şişe dolusu Soju'yu kafaya diktim.

Babam böyle bir tepki verdiğim için çok şaşırmıştı. Yetmiş yaşını devirmiş olmasına rağmen görme ve işitme duyuları yerli yerindeydi. Çince kitap ve gazeteleri okuyabiliyordu. Ancak bu olayın neden olduğu şok nedeniyle görme yeteneğini kaybetti. Ölene kadar bir şey göremedi. Bu olay karşısında verdiğim beklenmedik tepki, babam tarafından saygısızlık olarak algılanmıştı. Bu olaydan dolayı hâlâ çok büyük üzüntü duyarım, hayatımın sonuna kadar da duyacağım.

Karımın açısından bakacak olursak, o da yedi yıl boyunca hasta bir kocaya bakmak ve evin geçimini sağlamak zorunda kaldığı için korkunç sıkıntılar çekmişti. Kayınvalidesinin her şeyin onun yüzünden olduğunu söylediğini sanmıştı. Bu sebeple büyük bir hayal kırıklığına uğramış olmalıydı. Yedi yıl boyunca çektiği zorluk ve ıstırapları hatırlamak, o zamanlar rahat rahat konuşabilecek birini bile bulamamak onun sırtına öylesine ağır bir yük yüklemiş olmalıydı ki duygularını bastıramamıştı.

Dört ay süren ıstıraptan sonra

Ertesi gün büyük kızım Miyoung'la Seul'a döndüm. Karım evde yoktu; dükkâna baktım, orada da yoktu. Ertesi gün eve geldi ama tamamen farklı bir insan olmuştu.

Bana "Boşanıyoruz. Boşanma davasını memlekette açmak zorundayız. Benimle gelip belgeleri imzala." dedi. Fikrini değiştirmeye çalıştıysam da başarılı olamadım. Karımın istediği üzerine gidip gerekli belgeleri imzaladım.

Yaşadığımız yer küçük bir kasaba olduğundan haber çabuk yayıldı. Annemle babam için çok üzülüyor, komşulardan da çok utanıyordum. Kaçarcasına Seul'a geri döndüm. Karımın benden gerçekten boşandığına inanamıyordum. Hâlâ karımın eve geri dönmesini beklerken birkaç gün sonra o kendi ailesiyle çıkageldi.

"Artık boşandığınıza göre düğün hediyelerini geri istiyoruz.

Ayrıca dükkân için ödenen depozitoyu da geri alacağız." dediler. Hastalığım esnasında tam on yedi kez taşındığımızdan, doğru dürüst ev eşyamız yoktu. Ama karımla ailesi, olanları da topladılar. Bu davranışlarından dolayı hepsinden nefret etmiştim. Onlar eşyaları toparlarken ben de Keumho Dong çarşısına gidip depozitoyu aldım.

Çarşı çok kalabalıktı. O sırada beş yaşında olan Miyoung neler olup bittiğini anlamıştı. Annesinin eteğine yapıştı. "Anneciğim, gitme. Beni bırakma! Eğer sen gidersen ben ölürüm!" Miyoung ağlayarak annesini takip ediyordu. Koşmaktan ayağından ayakkabıları bile çıkmıştı ama annesi hiç istifini bozmadı.

"Baba, o artık benim annem değil. Ona artık anne demeyeceğim. Onu bir daha eve alma." Yüreği kırılan kızımın ağzından dökülen bu kelimeler buzdan iğneler gibiydi.

O sıralar ben arkadaşlarımla birlikte inşaatlarda çalışıyordum. Karımdan ayrılmış olsam bile Pazar ayinlerini bir kere bile kaçırmadım. Pazar günleri sabah erkenden kiliseye gittiğim için nefesimden anlaşılmasın diye Cumartesi akşamından itibaren içki ve sigara içmezdim. Ancak ayinlere katıldıktan sonra eve geldiğimde içki ve sigarayı tekrar elime alırdım.

Neler söyleyeceğimi bile bilmememe rağmen diz çöküp yüksek sesle dua ettim. "Tanrım biliyorsun değil mi? Ben iyileştim, yeniden para kazanmaya başladım ama şu halimize bak. Lütfen karımı bana geri getir. Ona bir daha hiç sıkıntı vermeyeceğim. Lütfen onun bir an önce dönmesini sağla, mutlu bir aile olmamızı sağla."

Her gün erkenden kahvaltı yapıp Miyoung'u ağabeyimin evine bıraktıktan sonra işe giderdim. İşten dönerken de Miyoung'u alır, eve öyle gelirdim. Bu her gün böyleydi. Sonra Miyoung'u babaannesine yollamak zorunda kaldım. Onu oraya yolladıktan kısa bir süre sonra annem telefon etti. Miyoung'un tüm vücudu yaralarla kaplanmıştı ve hiçbir ilaç iyi gelmiyordu. Yaraları devamlı kanıyordu ve kafa derisine böcekler yumurta bile bırakmıştı. Hastaneye yatırıldı ama pek de iyileşme umudu yoktu. Bilinci yerinde değilken bile Miyoung annesinin adını sayıklıyordu. Ölmeden önce son bir kez annesini görmesine izin vermemi istediler. Resmi olarak boşanmış olduğumuzu bilmediğimden karımın kardeşinin Keumho Dong'daki evine gittim. Neyse ki kayınvalidem de oradaydı, ondan karımı görmek için izin istedim. Ancak bana verdikleri cevap buz gibiydi. "Kızın ölürse bu senin için daha iyi olur, yeniden evlenirsin. Bırak ne hali varsa görsün." Sonuç olarak Miyoung annesini görmedi ama çok zor da olsa hayatta kalmayı başardı.

Evlilik için buluşma

Hayatın gerçeklerinden kaçmak için kendimi içki ve sigaraya verdim. Annemin bir tek lafına bakıp evi terk ettiği için karıma çok kızgındım. Boşanması için onu fişekleyen ailesinden ise nefret ediyordum. Nefretimi unutmak için içki içmem gerekliydi. Bir zamanlar ablama verdiğim parayı onun hatası yüzünden kaybettiğimden, ablama gidip ticarete başlamak için bana biraz para vermesini istedim. Ama bu parayı son kuruşuna kadar barlarda harcadım. Hayatıma devam etmek için ne gücüm, ne de arzum vardı.

Ailem beni kurtarmak için hal çareleri arıyordu. Ablam dedi ki, "Anne, en iyisi yeniden evlendirelim onu. Kendi haline bırakırsak önceki gibi çok kötü olur." Annem bir gün telefon etti. Bana uygun bir hanım bulduğunu söyledi, gelip onunla tanışmamı istedi.

"Karım geri dönecek. Ben asla başka bir kadınla yaşayamam!" dedim. Karıma olan aşkımın hiçbir zaman değişmeyeceğini düşünüyor, başka bir kadınla yaşamayı hayal dahi edemiyordum. "Oğlum, gel bir tanış. Bu benim son umudum!" diye yalvardı annem. Ben de annemin isteğine daha fazla karşı gelemeyip o bayanla bir kez buluşmayı kabul ettim. Niyetim resmi bir sohbet yapıp geri dönmekti. Ancak Tanrı'nın takdiri ilahisi çok derindi.

Bayanla buluşacağımız yere gittiğimde karşımda ideal bir kadın buldum. Hep böyle bir kadının hayalini kurmuştum. Beyaz renkli giysilere bayılırdım, o da iki parçadan oluşan beyaz bir takım giymişti. Upuzun saçları omuzlarına ve sırtına dökülüyordu. Sanki karşımda gerçek biri değil de bir resim vardı. Gözlerime inanamıyordum. Annesi fazla batıl inançlı bir kadın olduğundan, gittiği bir falcı kızının mutluluğu ikinci evliliğini yapan bir adamda bulacağını söylemiş ve annesi de benimle buluşmasını bu yüzden istemişti. Birbirimizden hoşlanmıştık, her iki aile de evlilik için hazırlıklara hemen başladı.

O gün o buluşmaya gidene kadar karımın eve döneceğini düşünüyordum. Başka kadınlara bakmıyordum bile ama artık fikrimi değiştirmiştim. Bu kadar çabuk fikir değiştirdiğim için kendime çok şaşırmıştım. Nikâh tarihi belirlendi, karşılıklı hediyeler verildi. Sonra birden karım çıkageldi. Evleneceğimi duymuş, son bir kez neler hissettiğimi öğrenmek istemişti. Ona olan sevgimin bittiğini ve bu kadınla gerçekten evleneceğimi duyunca çok şaşırmıştı.

Karımı affedişim

O zamana kadar karım, ona olan sevgimin asla

değişmeyeceğine dair kuvvetli bir inanca sahipti. Güzel bir bayanla evleneceğimi duyunca son derece şaşırmıştı. Artık onu sevmediğime yürekten inanmıştı. Ama yine de ertesi sabah tüm eşyalarını alıp geldi. Ben uyuyordum ve evde ayak sesleri duydum. Karım bavullarını alıp eve gelmişti. Ama artık çok geç değil miydi? Başka bir kadına evlenmek için söz verdiğimden eşyalarını dışarı attım. Bavulları bir içeri, bir dışarı taşıyıp dururken, bayağı bir kargaşa yaşanmıştı.

"Ailenin bana karşı davranışlarından son derece rahatsız oldum, kendi aileme karşı da çok utandım. Dahası nikâh tarihini çoktan belirledik, o tarafa ne derim ben?"

"Her iki ailenin de affını isteyeceğim. Bundan sonra senin sözünden çıkmayacağım."

"Seni ben affetsem bile annem, babam ve kardeşlerim asla affetmez!"

Ama o çok inatçıydı.

"Ben onlardan af dilerim."

Çok değişmiş, kuzu gibi olmuştu. Ona olan sevgim çoktan yok olmuştu ama iki kızımı düşündüm. Kendi anneleri tarafından büyütülmeleri onlar için daha iyi olacaktı. Bu yüzden bazı koşullarla onu affetmeyi kabul ettim. Bundan sonra her dediğime kayıtsız şartsız uyacak, tüm ailemden ve akrabalarımdan af dileyecekti. Ayrıca onun ailesinin de gelip benden özür dilemesini istedim. Sonunda eski karımı affettim ve tekrar bir araya geldik. Tüm bunlar o evden ayrıldıktan tam yüz yirmi gün sonra olmuştu.

Evlenmeyi düşündüğüm kadının annesine gidip olanları tüm açıklığıyla anlattım ve anlayış göstermesini istedim. Umulmadık bir şekilde anlayışlı davrandı. Ama bunun Tanrı'nın bir takdiri ilahisi olduğunu çok sonra anlayacaktım.

Karım neden boşanmıştı?

Karım bir yandan hasta kocasına bakıp bir yandan da evin geçimini sağlamaya çalışırken hayattan hiçbir umudu kalmamıştı. Bu esnada onun yumuşak ve saf yüreği gitmiş ve yerine sert bir kişilik gelmişti.

"Dil ölüme de götürebilir yaşama da; konuşmayı seven, dilin meyvesine katlanmak zorundadır." (Özdeyişler 18:21).

"İyi insan ağzından çıkan sözler için ödüllendirilir, ama hainlerin soluduğu zorbalıktır. Dilini tutan canını korur, ama boşboğazın sonu yıkımdır." (Özdeyişler 13:2-3).

Onu gerçekten yürekten sevdiğimi bildiğinden, evi birkaç kez terk etmiş olsa da hep geri dönmüştü. Birbirimizin son derece iyi tanırdık. Eşim, hayattan hiç umudu olmayan kocasını terk etmemiş ama pek çok kez sağlığıma kavuşur kavuşmaz benden boşanacağını dile getirmişti. Bu olumsuz sözleri birikmiş, şeytanın tuzağı haline gelmiş ve sonunda babamın doğum gününde patlak vermişti. Şeytan, ağzımızdan çıkan sözlerle bize suçlama getirir ve adaletin Tanrı'sı da ruhani dünyanın yasalarına göre bunun gerçekleşmesine izin verir. Karım düşüncelerine ve hislerine hâkim olamıyordu ve benden boşandı. Ancak Tanrı bizim bir araya gelmemizi sağladı ve her şeyde iyilik için çalıştı.

Bölüm 3

Çağrılışım

İçten bir Hrıstiyan yaşamının başlangıcı

Diriliş toplantılarının birinde günahkâr olduğumu fark ettim

Rab karımın kuzu gibi olmasını sağlamıştı. Tekrar bir araya geldikten sonra uzun süredir olmadığımız kadar mutlu ve huzurluyduk. Eve geri döndükten sonra herkesi, tüm aileyi memnun etmek için, özür dilercesine elinden gelenin en iyisini yaptı. Ama büyük kızım Miyoung ona asla anne demiyor ve son derece soğuk davranıyordu. Karım, Miyoung'un fikir ve hislerini değiştirebilmek için çok gözyaşı döktü. 25 Kasım 1974'te yeni ev sahibimizin isteği üzerine Oksu Dong'daki Sungdong kilisesinde düzenlenen bir diriliş toplantısına katıldık. Karımla birlikte şafak ayinlerine, gündüz ve gece toplantılarına tüm içtenliğimizle katıldık. Kore Evangelist Kilisesi papazı Byeong-ho Park bu toplantılara konuşmacı olarak katılıyordu. 'Her şeyini ver, dilenci ol' başlıklı bir vaaz veriyordu. Sunabileceği her şeyini verdiğinde Tanrı'nın kendisini bolca kutsadığına tanıklık ediyordu. Her şeyini verip kilisesini kurduğu zaman, her şeyi bilen Tanrı onu bolca kutsamıştı. Karımla birlikte ön sıraların birinde oturuyorduk ve pek çok lütuf aldık. Bu konuşmalardan öğrendiğim şeyler İsa Mesih'in kurtarıcımız olduğu, Kutsal Kitap'ı okumam, içki ve sigarayı bırakmam gerektiğiydi. Ayrıca nasıl dua edileceğini, nasıl ondalık verileceğini ve nasıl şükran sunulacağını, kısaca iyi bir Hıristiyan olmanın temel ilkelerini öğrenmiştim.

Her zaman iyi bir hayat yaşamaya gayret ettiğim için kendimle gurur duyuyordum. İnsanlar beni 'yasaya ihtiyacı olmayan adam' olarak nitelendirirlerdi. Ama Tanrı'nın Sözünün ışığında bir günahkâr olduğumu biliyordum ve gözyaşları içinde tövbe ettim. Son derece utangaç ve içe dönük bir kişiliğim vardı. İnsanların içinde ağlamak, benim için hayal edilemeyecek bir şeydi. Ama Tanrı'nın gücü ve lütfuyla bu mümkün olabildi.

İçten bir Hıristiyan yaşamının başlangıcı

Diriliş toplantılarının son gününde kilisenin inşaatı için para yardımında bulunmaya söz verdim. O zaman yaşadığımız evin kirası 100,000 won'du (yaklaşık 100 dolar). Tanrı'nın benim için yaptıklarından dolayı o kadar memnundum ki varı mı yoğumu ona vermek istiyordum ancak verebilecek fazla bir şeyim yoktu. Pek fazla varlığım olmaması beni çok üzse de kiliseye 300,000 won bağışlamaya söz verdim. Bu konuyu karımla görüştüm, o da 300,000 won vermenin uygun olacağını düşünüyordu. Bu parayı üç ay içinde ödemeye söz verdik.

Söz verdiğimiz gün gittikçe yaklaşıyordu ama bizim hâlâ o kadar paramız yoktu. Bu yüzden kilisenin yapımı için söz verdiğimiz 300,000 won'u yüksek faizli borç alarak ödedik. Tanrı'ya verdiğimiz sözü tutmak çok önemliydi ve dolayısıyla yüksek faize rağmen bu sözümüzü tuttuk. Karımla birlikte diriliş toplantısına katıldığımızdan beri Hıristiyan hayatımız ciddi olarak başlamıştı. Tanrı'nın sözünü öğrendikçe ondalıklarımızı veriyor, şükranlarımızı sunuyorduk. İçkiyi ve sigarayı bırakmıştım ve şafak ayinlerine katılmaya başlamıştık. İnşaat işçisi olarak çalıştığım için çalışmadığım günler sabah erkenden dağlara çıkar, dua ederdim. Yakararak dua etmenin ve oruç tutmanın Tanrı'nın isteği olduğunu kavrayacak yeterli ruhani bilgiye sahip değildim. Ben sadece yüreğimin sesine itaat ediyordum.

Bana yakar da sana yanıt vereyim!

1975 yılında bir sabah erkenden Suwon'daki Chilbo dağına gittim. Bir taşın üzerine bir örtü serdim ve dua etmeye başladım. Birden göklerden gelen bir ses işittim. Çok net ama bir o kadar da otoriter bir ses bana şöyle dedi: *'Luka'da 22. bölüm, 44. ayeti oku!'* Hemen yanımdaki Kutsal Kitap'ı açıp okudum.

"Derin bir acı içinde olan İsa daha hararetle dua etti.
Teri, toprağa düşen kan damlalarına benziyordu."

Tanrı'yı hoşnut eden dualar, kendini adayarak edilen dualardır. Tanrı'nın bana neden bu ayeti işaret ettiğini anlamak için dua ettim, çok kısa bir zamanda da yanıtını aldım.

İsrail çölde olduğu için sıcaklık akşamları belirgin bir şekilde düşer. Ayrıca İsa çarmıha gerildiğinde mevsimlerden ilkbahardı ve o ayda geceleri terlemenin imkânı yoktur. Öyleyse İsa nasıl kendini adayarak dua etmişti ki teri toprağa düşen kandamlaları gibiydi? Kendini öylesine adayarak dua etmiş ve bu nedenle kılcal damarları genişleyerek teninden akan kandamlaları olarak yere düşmüştü. Sessizce dua etmiş olsa böyle bir şey olmazdı.

Yüksek sesle dua etmenin sırrı

Kutsal Kitap'ı okumaya başladıktan sonra hem Eski, hem de Yeni Ahit'te yakararak dua etmemizi öğütleyen ayetler olduğunu gördüm. Ayrıca imanın atalarının da yakararak dualarına yanıt aldıklarını kavramıştım. Yakararak dua etmek Tanrı'nın isteğidir. *"Bana yakar da sana yanıt vereyim; bilmediğin büyük akıl almaz şeyleri sana bildireyim"* (Yeremya 33:3). Yunus, Tanrı'ya itaatsizlik etmiş ve büyük bir balık tarafından yutulmuştu. Ama Yunus 2:2 ayetinde Tanrı'ya yakararak kurtulmuştur. Yuhanna 11:43-44 ayetlerinde İsa yüksek sesle buyurduğunda, ölü Lazar dirilerek çıkmıştır. Oysa Lazar dört gün boyunca elleri ve ayakları sargılı olarak ölü yatıyordu. İster alçak ister yüksek sesli olsun, Lazar zaten ölü olduğundan bunun bir anlamı yoktu. Yakararak dua etmek Tanrı'nın isteği olduğundan İsa yüksek sesle yakardı. Yaratılış 3:17'de şöyle der: *"Karının sözünü dinlediğin ve sana, 'meyvesini yeme' dediğim ağaçtan yediğin için, toprak senin yüzünden lanetlendi; yaşam boyu emek vermeden yiyecek bulamayacaksın."*

Âdem, iyilik ve kötülüğün bilgisini taşıyan ağaçtan yemeden önce, Tanrı'nın onlar için her şeyi sağladığı Cennet Bahçesi'nde bolluk içinde yaşıyorlardı. Ancak Tanrı'nın yasakladığı iyilik ve kötülüğün bilgisini taşıyan ağacın meyvesinden yediği için, günah insanoğluna geldi. Böylece Tanrı ile olan iletişimleri kesildi ve artık alın teri dökerek meyve yemek zorunda kaldılar. Artık istediğimiz ve gereksinim duyduğumuz şeylere ancak alın teri dökerek sahip olabiliriz. Öyleyse insani yetenekle elde edilemeyecek bir şey için Tanrı'ya nasıl ter dökerek yakarmalıyız?

'Kapalı Oda'da dua etmenin ruhani anlamı

Bazılarınız şunu merak edebilir. "İsa bize kapalı odaya gidip sessizce dua etmemizi söyledi, o zaman neden yakararak dua etmeliyiz? Her şeyi bilen Tanrı, sessizce ettiğimiz duaları duymuyor mu? Matta 6:6'da İsa şöyle der: *"Siz ise, dua edeceğiniz zaman odanıza girip kapıyı örtün ve gizlide olan Babanıza dua edin. Gizlilik içinde yapılanı gören Babanız sizi ödüllendirecektir."* Ancak Kutsal Kitap'ın hiçbir yerinde İsa'nın bir odada kapıyı örterek dua ettiğini görürüz. Markos 1:35'e göre İsa kapalı odada değil, sabahın erken saatlerinde ıssız bir yere gidip dua etmiştir. Luka 6:12 O'nun dağlarda dua ettiğinden bahseder.

Daniel, Yeruşalim yönüne bakan penceresini açıp öyle dua eder (Daniel 6:10), Petrus dua etmek için dama çıkar (Elçilerin İşleri 10:9) ve elçi Pavlus, 'uygun bir yer'de dua ederdi. Her birinin özel yerlerde dua etmesinin nedeni, tüm yürekleri ve canlarıyla yakararak dua etmek içindir. Ruhani açıdan "odaya girip kapıyı kapayarak dua etmek", tüm yüreğimizle, yüreklerimizin derinliklerinde dua etmemiz anlamına gelir. Oda, insanın yüreğini simgeler. Odaya gidip kapıyı kapattığımızda, tüm dünyevi diyaloglardan ve dış etkenlerden koparız. Aynı şekilde, dua ettiğimizde de bu dünyayla ilgili tüm düşüncelerden, endişe ve kaygılardan kendimizi soyutlayarak tüm yüreğimizle, tam bir yoğunlaşmayla dua etmemiz gerekir.

Tanrı insanların zayıf yönlerini bilir

İlk başlarda herkes yakararak dua etmekte zorlanır. Ama dua etmeye devam ettikçe, kolayca dua etmemizi sağlayan güç bize yukarıdan verilir ve daha güzel dua etmeye başlarız. Ayrıca Kutsal Ruh'la dolacağımızdan, yeni dillerle konuşma yeteneğini de alırız. Ama sessizce dua ettiğimizde, boş düşüncelerin esaretine girmemiz muhtemeldir ve dünya ile ilgili endişe ve kaygılar bizi ele geçirir. Böylece kendimizi boş düşünceler ve eşimiz, çocuklarımız, kişisel ve mali durumumuzla ilgili endişe ve kaygılarla mücadele eder buluruz. Çabucak yorulur ve uyuyakalırız. Ama tüm yüreğimizle yakararak dua ettiğimizde, aklımıza başka düşüncelerin girmesine fırsat vermez, yorgunluk ve uykuya da yenik düşmeyiz. Böylece dua yaşantımızda zafere koşarız.

Tanrı insanın zayıf yönlerini bildiğinden, zafer kazanmamız için bize yakararak dua etmemizi buyurmuştur. Tanrı'nın bu isteğini kavradıktan sonra öylesine yakararak dua etmeye başladım ki kilisenin pederi etraf şikâyet eder endişesiyle buna bir son vermemi istedi. Peder kilisede olduğu zamanlar, gerçekten istediğim gibi dua edemiyordum. İşte bu yüzden, vakit buldukça 'Dua Dağları' gibi özel yerlere gidiyordum. Bir yanım bu duruma çok üzülüyordu çünkü peder kilisede istediğim gibi dua etmeme izin vermiş olsaydı, düşman şeytan uzaklaştırılabilir ve duanın ateşi kilise üyeleri arasında yayılırdı. Böylece, kilise de çok kısa zaman da büyürdü. Mizaç olarak içe dönük olduğumdan, tepelere çıkar ve sabahın erken saatlerinden akşama kadar yakarırdım.

Tanrı beni mütevazı bir hayata yöneltti

Pazar ayinlerine katılmak için inşaat işini seçtim

Karımın evi terk ettiği dönemde faizli paranın oranı yükselmiş ve mali açıdan daha fazla zorluğa girmiştim. Tanıdığım birinin önerisiyle inşaat işçisi olarak çalışmaya başladım. O kişi çok fazla fiziksel güç harcamadan inşaat sahasında çalışarak kendimi toparlamamı önerdi. Yedi yıl boyunca çektiğim ıstıraptan sonra bir an evvel kendimi toparlamak istiyordum. Bu işi seçmemin bir başka nedeni ise, Pazar günleri özgürce kiliseye gidebilecek olmamdı. Her gün iş olmadığından, zamanım oldukça dua ediyor ve oruç tutuyordum. İş olduğu zaman da işe gidiyordum.

Aldığım borçların faizi gittikçe artıyordu. Ancak Tanrı'yı hoşnut ettiğim takdirde kutsanacağımı biliyordum. Kardeşlerim ticarete başlamam için bana para vermeyi önerdilerse de ben kabul etmedim. Doğru yolu izleyerek her şeye en baştan başlamak istiyordum. Kırsal kesimde, ailenin en küçük çocuğu olarak yetiştiğimden, pek fazla fiziksel güç gerektiren işler yapmam gerekmemişti. Oysa inşaat işçiliği çok fazla dayanıklılık gerektiren bir işti ve bazen gözyaşları bile döküyordum. Elimde ağır yükle ikinci kata çıkmam gerektiğinde bacaklarım titriyor, çoğu zaman düşüyordum. Ama her seferinde kalkıp çalışmaya devam ettim. Bu süre zarfında her işi yapabilecek bir insan haline geldim ve sağlığıma da tekrar kavuştum.

Tuğla döşedim, harç kardım, ayrıca el arabasıyla da malzeme taşıdım. Kış döneminde inşaat yapılmadığı zamanlar, kömür teslimatıyla ilgili bir işte yönetici olarak çalıştım. Ayrıca sular idaresinde de çalıştım. Pek çok deneyimler edindim. Karım da tuzlu istiridye sosu ve yosun sattı, ayrıca inşaatlardan taş topladı. O zamanlar Kutsal Ruh'un rehberliği ile bu kadar çok çalıştığımı fark etmiyordum. Fiziksel olarak çok zor bir işti ama bu deneyim inşaat işçilerinin içinde bulunduğu zor koşulları anlamama yardımcı oldu. Onların yüreklerini anladım. Zaman buldukça, tanrı ile yaşadığım deneyimi onlara aktardım ve müjdeyi onlara duyardım.

1975 yazında üçüncü kızım Soojin doğdu. Onun ana rahmine düşmesi karımla katıldığımız diriliş toplantıları dönemine denk gelmişti. Doğduğunda tıpkı benim gibi, o da hiç ağlamadı. Hep gülen bir yüzü vardı. Altı yaşına kadar onun ağladığını hiç görmedim. Bir süreliğine ben ve eşim, inşaat yapılan bir dağ yamacında taş topladık. O zamanlar Soojin iki aylıktı ve onu bırakabileceğimiz kimsemizde yoktu. Bu yüzden Soojin'i de yanımızda götürür ve bir köşeye açtığımız şemsiyenin altına yatırırdık. Şemsiye tüm güneş ışığını engelleyemiyordu ama o yine de hiç ağlamazdı. Bizim içinde yaşadığımız evlerin de yıkılacağını duyunca o işi yapmaktan vazgeçtik.

Keum-ho Dong ve Oksu Dong arasında, tepelik bir yerde yaşıyorduk. Ev sahibimiz ev yıkılacağı için boşaltılması konusunda hükümetten uyarı aldığını söyledi. O zamanlar aylık kira 100,000 won'du (yaklaşık 100 dolar), kendisine tazminat olarak 150,000 won verildiğini söyledi. Ayrıca yıkılan yerde inşa edilecek apartmanda bir dairenin de kendisine verileceğini ve sattığı takdirde kazancının 400,000 won olacağını söyledi. Evi tamamen elden gideceği için bana para iadesi yapamayacağını söyledi. Ben de onunla fazla tartışmak istemediğimden para istemekten vazgeçtim. Gidecek başka bir yerimde yoktu. Neredeyse sokaklarda çadır kuracak haldeydik. Ancak karım 50,000 won borç buldu. Bu parayla kilisenin yakınlarında küçük bir oda kiraladık. Burası içine güneş bile girmeyen küçük, kötü bir odaydı.

Tanrı'ya yakındıktan sonra oruç tutma ve tamamen tövbe etme

Yeni odaya taşındıktan yaklaşık bir ay sonra yeni bir yıkım haberi geldi. Ev sahibi depozitoyu iade ederek evi boşaltmamızı istedi ama o fiyatta başka bir yer bulmak kolay değildi. Karımla birlikte Bool-kwang Dong'da ucuz bir yer aradık fakat tüm çabalarımız sonuçsuz kalmıştı. Ne öğlen yemeği, ne de akşam yemeği yedik. Eve döndüğümüzde hava neredeyse kararmış olurdu.

"Tanrım, dualarımı nasıl duymazsın? Benim için ayırdığın bir odacık bile yok mu?"

Bir anda kendimi Tanrı'ya sesli yakınırken buldum. Tam

o anda emlâk ofisinin önünden geçiyordum ve bir kere daha şansımı denemeye karar verdim.

"Şu an yeni bir oda ilanı geldi. Hemen taşınabilirsiniz, hatta isterseniz yarın bile taşınabilirsiniz."

"Ne kadar?"

"Sizin için 50,000 won olur."

Odayı görmeye gittik. Burası güzel bir odaydı ve ayrıca yanında bir de dükkân olarak kullanabileceğimiz daha küçük başka bir oda vardı. İşte, hemen ertesi gün taşınabileceğimiz bir oda bizim için hazırdı! Eve geri döndüğümde uzun süre yakararak dua ettim.

"Tanrım, yüreğim neden daha tutarlı olamıyor? Neden bu kadar kötü bir yüreğim var? Beni hasta etmedin, yoksul da bırakmadın ama ben yine de sana yakındım. Eğer bu oda olmasaydı, sokaklarda kalabilirdim. Bana şifa verdiğin için sana şükran sunmalıyken neden yakındım?" Tanrı'ya yakındığım için, yüreğimi paraladım ve gözyaşlarıyla tövbe ettim. Üç günlük oruca başladım çünkü artık her ne koşul altında olursam olayım Tanrı'ya yakınmamaya kararlıydım.

Şabat gününü tutmaktan ödün verilemez

İnşaat işçisi olarak çalışmayı tercih etmemin bir nedeni ise Şabat gününü tutabilmek ve zayıf düşmüş olan vücudumu güçlendirmekle dilediğim gibi dua edebilmekti. O kötü odada yaşadığımız dönemde ablalarımdan biri beni aramıştı. İyi çalışan bir restoran işletiyordu ve ayrıca birde binası vardı. Beni restorana idareci olarak almak, ayrıca karıma da orada iş vermek istiyordu. Yani artık geçim derdimiz kalmayacak, rahat bir şekilde para kazanabilecektik.

"Size iyi bir maaşın yanı sıra kalacak yer de vereceğim. Benim restoranımın işletmesini yapmak ister misin? Ancak ayda iki Pazar günü çalışmak zorunda kalacaksın."

"Üzgünüm abla. Ne olursa olsun Pazar günleri kiliseye gitmem gerekiyor."

Pazar günleri kiliseye gitmek için ablamın teklifini reddettiğimin haberi kısa sürede diğer kardeşlerime ve anneme de ulaştı. Ayda sadece iki Pazar günü çalışmam gerektiği için annem ablamın teklifini geri çevirdiğim için hayal kırıklığına uğramıştı. Diğer kardeşlerim de tüm borçlarımı ödeyip iyi duruma geçeceğim bu teklifi neden kabul etmediğimi bir türlü anlayamıyorlardı.

Tanrı'nın Sözüne göre nasıl yaşarım?

Günahkâr doğayı nasıl söküp atabilirim?

Diriliş toplantılarından sonra, Kutsal Kitap'ı daha dikkatli okumaya başladım. Kutsal Kitap'ı okumaya başlamadan önce yıkanıyor ve üzerime temiz giysiler giyiyordum. Dik bir pozisyonda okuyordum ve okumama Matta'dan başlıyordum. Okurken, 'her türlü kötülükten kaçının,' 'öfkeyi söküp atın,' 'yalan söylemeyin,' 'nefret etmeyin,' 'düşmanınızı bile sevin,' gibi sözler dikkatimi çekiyordu.

Belli bir süre Hıristiyan yaşantısı sürdürdükten sonra, Kutsal Kitap'ta ki sözü ne kadar tuttuğumu kontrol etmek istedim. Eğer Tanrı'nın Sözüne göre uygulamadığım bir şey varsa, bunu not alıyordum. Uygulamadığım bu şeyler için Tanrı'dan bana güç vermesi için dua ediyor ve uygulamaya koyuyordum.

Tanrı'nın sözünü gerçek bir yürekle uygulamaya çabaladığımdan, Tanrı'da bana lütuf gösterdi. Böylece söküp atmam gereken şeyleri söküp atabildim.

"Beni sevenleri ben de severim; gayretle arayan beni bulur." (Özdeyişler 8:17).

"Beni seviyorsanız buyruklarımı yerine getirirsiniz." (Yuhanna 14:15).

"Tanrı'yı sevmek, O'nun buyruklarını yerine getirmek demektir. O'nun buyrukları da ağır değildir." (1 Yuhanna 5:3).

Papaz olduktan sonra, genel olarak günahların ikiye ayrıldığını fark ettim. İlki eylemlerle ortaya dökülen "benliğin işleri" ve diğeri de düşüncemizde işlediğimiz "benliğin şeyleriydi". Benliğin şeyleri zamanla benliğin işlerine dönüşebilirdi.

Her türlü kötülüğü söküp atmaya çabalama

Hasta yatağımda yatarken bazen zaman geçirmek için komşularla Kore kâğıt oyunları oynardım. Tanrı'nın sözünü tam olarak bilmediğimden, Rab'be iman ettikten sonra bile, kumar oynamanın da günah olduğunu bilmiyordum. Bir inanan olmadan evvel çok kazanırdım ama inançlı olduktan sonra ne kadar uğraşırsam uğraşayım kaybetmeye başladım. Tanrı'nın iskambil kâğıtlarıyla kumar oynanmasından hoşnut olmadığını kavradım ve bu alışkanlığı bırakmayı düşündüm. Ama bir gün dayanamayıp on beş gündür çalışarak kazandığım paralarla kumar oynayıp, tüm paramı son kuruşuna kadar kaybettim. Oyun sabaha kadar devam etti, kaybedenler en azından koydukları parayı geri alabilmek için oynuyorlardı. Oyun devam ederken dışarıdan tanıdık bir ses duydum. Kilisenin papazı evlerinde olduğum aileyi ziyarete gelmişti.

Sesini duydum ama oyun oynamaya da devam ettim. Sonunda tüm paramı kaybettim. İlahilerin sesleri kulaklarımı doldurdukça içim acıyordu. Papaz mesajını verdikten sonra gitti. "Papaz geldiğinde ben de tüm aileyle birlikte dualara katılmalıydım. Bundan sonra hangi vicdanla kiliseye gideceğim?" Bu olaydan yüreğimle ıstırapla doldu. Ayinlerde sıkılıyor, dua edemiyordum. Önceleri inşaat işçisi olarak çalışırken bile hayatımdan memnundum ama şimdi ağzımdan tek bir şükran sözcüğü çıkmıyordu. Sadece yüreğimde bir acı vardı. İki hafta geçti. Azap içindeydim. Bir gece pencereyi açıp dışarı baktım. Tooksum'u ve Han nehrini görüyordum. Suya düşen ışıklardan bazıları kırmızı haç şeklindeydi. "Neler oluyor?" Durumun tuhaflığını fark edip tekrar baktım, bu sefer haçlar sıra halinde dizilmişti. "Neden bu ışıklar haç gibi görünüyor?" İşte o an Tanrı'nın lütufu yukarından bana verildi ve evi ziyarete gelen papazla dua etmem gerektiğini hatırladım. Oysa benim aklım fikrim kaybettiğim paradaydı, papaz geldiğinde gizlenip kendimi göstermemiştim. Evde yapılan ayine katılmamıştım. Tövbe ederek ağlamaya başladım. "Tanrım, bir daha kâğıtlara elimi bile sürmeyeceğim." Tamamen tövbe ettikten sonra, Tanrı kaybetmiş olduğum Kutsal Ruh'u bana tekrar verdi. Tanrı'ya karşı işlediğim günah duvarları yıkıldığından, uçuyor gibi hissediyordum. İki hafta çok zor geçti ama dünyaya bakmanın ne kadar korku verici olduğunu tamamen idrak ettim. Böylelikle kumar oynamayı bıraktım.

Düşüncelerde işlenen günahları söküp atmak için dua

Eylemlerle işlenen "benliğin işleri", kararlılıkla nispeten daha kolay söküp atılabilir. Kutsal Kitap'ın bize yapmamamızı söylediklerini yaparak ve yapmamızı söylediklerini yaparak buna bir son verebiliriz. Ama ben iki konuda sıkıntı çekiyordum. Bunlardan biri nefret, diğeri de zinaya eğilimli düşüncelerdi. Bu düşünceler kendi isteğim dışında aklıma geliyor, beni endişelendiriyordu.

O zamanlar intikam almak istediğim çok kişi vardı. Hasta yatağımda yatarken kiramı ödeyebilmek için para istediğim ama bana borç vermeyen kardeşlerimden, bana 'sakat damat' diyen kayınvalidemden, para kazanamadığım için benden hoşlanmayan karımın ailesinden nefret ediyordum. Bu insanlara karşı derin nefret besliyordum. Tek düşünebildiğim şuydu: "Sağlığıma kavuşup çok para kazanacak, onlara günlerini göstereceğim!"

Ama özellikle karımın ailesine karşı içimde bu kadar kin ve nefret beslerken aynı zamanda onları sevmek kolay iş değildi. Bir diğer sıkıntı da zinaya eğilimli düşüncelerdi. İsa, bir kadına şehvetle bakan her adam, zaten yüreğinde o kadınla zina etmiştir. (Matta 5:28) demiştir. Zina yapmadım ama güzel oyuncuların fotoğraflarına baktığımda aklıma hâkim olmam zorlaşıyordu.

Eğer zihinlerimizin günahkâr doğasını fotoğraflarda, filmlerde, internette ya da sokakta gördüğümüz kadınlarla ajite ediyor, bu tip şeylerle çok vakit geçiriyorsak Tanrı'nın nazarında bu da zina değil midir? Kutsal Kitap'ın diğer sözlerini tutabiliyordum ama bu iki konu beni fazlasıyla endişelendiriyordu.

Diriliş toplantısında ki konuşmacı, imanla dua edersek, her şeye yanıt alacağımızı söylemişti. İmanla hiçbir şeyin imkânsız olmadığına inanıyordum. Böylece yüreğimde ki günahkâr doğayı söküp atmak için dua etmeye ve oruç tutmaya başladım.

"Tanrım, lütfen ne tip kadın görürsem göreyim, zinaya eğilimli bir zihin ve hislerden beni uzak tut."

Rab'be iman etmeden önce, evimdeki duvarlara aktrislerin fotoğraflarını asardım. Ama Tanrı'nın sözünü öğrendikten sonra, bu tür şeyleri evimin duvarlarına asmaya bir son vazgeçtim. Zinaya eğilimli zihnin günahkâr doğasını tamamen söküp atana dek dua ettim ve oruç tuttum. Kutsamalarıyla Tanrı'yı yüceltmek istedim. Tanrı vergisi parasal bereketle ihtiyacı olanlara yardım edebilmem için Tanrı'nın beni kilisenin hatırı sayılır kişileri arasına sokmasını istiyordum. Misyonerlik çalışmalarında yardım etmeyi arzuluyor ve bana dilemiş olduklarımı vermesiyle Tanrı'yı yüceltmek istiyordum. Yanında küçük bir dükkân olan eve taşındıktan sonra dükkânda çizgi roman satmaya başladım. Karım kozmetik ürünleri satıyordu, ben de dükkânı tek başıma idare edebiliyordum. Zor durumumu gören kardeşlerim, başka işler yapmam için yardım etmeyi önerdiler ama ben kabul etmedim. "Tanrı beni arındırdıktan sonra kesinlikle kutsayacaktır." İhtiyacımdan dolayı o zaman kardeşlerimden yardım alsaydım, ilerde Tanrı beni mali açıdan kutsasaydı ne diyebilirdim?

Tanrı'nın isteğine göre yaşayabilmek için onların yardımını geri çevirmek zorundaydım. Yardımlarını kabul etsem kardeşlerim kesinlikle bana şöyle derdi: "Tanrı'nın hangi bereketinden bahsediyorsun? İhtiyacın varken sana biz yardım ettiğimiz için ayakta kaldın."

Zinaya eğilimli zihni söküp atmak için üç yıl

Çizgi roman dükkânını işletmek için fazla sermayeye ihtiyaç yoktu. Daha büyük bir dükkâna geçebilmek için üç gün oruç tuttum ve dua ettim. Oruç bittikten sonra Keeumho Dong Tiyatrosu'nun altındaki dükkâna bakmaya gittim. Beğendim ve kontrat imzaladım. Bu yeni dükkânın civarında pek çok bar olduğundan, müşterilerimin çoğu da barlarda çalışan bayanlardı. Bayanlardan biri dükkâna ne zaman gelse yanıma otururdu. O yanıma oturduğunda ben hemen kalkardım. Bir kadın baştan çıkarıcı tavırlar sergilediğinde ondan kaçınırdım. Bu halime tepkileri değişikti. Artık bunlardan fazla etkilenmiyordum.

"Barda çalıştığım için beni küçük mü görüyorsun?"

"Taş mısın sen? Duyguların yok mu senin?"

"Çalıştığım yere gelirsen sana bedava içki veririm."

İnsanın aklını çelici bu ve bunun gibi pek çok şey vardı ama artık etkilenmemeyi öğrenmiştim. Yapılan tüm teklifleri geri çevirdikçe daha da güçleniyordum. Zaman içinde zinaya eğilimli zihnimin günahkâr doğasının tamamen beni terk ettiğini fark ettim. Dua ettiğimden, eylemlerimle bu akıl çelici durumların üstesinden gelebilmek gücüm haline dönüştü ve zinaya eğilimli düşüncelerin kendisi kökünden sökülüp atılıverdi. Zinaya eğilimli düşünceleri söküp atabilmek için duaya başlamamdan tam üç yıl sonra, sonunda yanıt alabilmiştim.

Tek dileğim

Kutsal Kitap'ın sadece tek bir cevabı vardır

Tek içten arzum, Kutsal Kitap'ta ki sözü tam anlamıyla anlayabilmek ve tamamen Söze göre yaşayabilmekti. Dolayısıyla ne zaman bir diriliş toplantısı yapıldığını duysam, Tanrı'nın lütuflarını almak için oraya koşardım.

Kutsal Kitap'ta anlayamadığım pek çok ayet olduğundan, bu toplantılara büyük bir istekle katılırdım. Verilen mesajlarla Tanrı'nın sözünü daha iyi kavrayabildiğim için mutluluk duyuyordum. Ayrıca dua merkezlerinde de toplantılar oluyordu ve bunları da kaçırmamaya özen gösteriyordum.

Anlaşılması güç olan ayetler olduğundan, papaza sorular sorardım. Bazı sorularla ilgili onun da net bir yanıtı yoktu.

"Peder, hangi kitap bana Tanrı'nın isteğini çok daha net ve hızlı öğretir?"

"Kardeşim, madem Kutsal Kitap'ı bu kadar anlamaya

heveslisin, Kutsal Kitap tefsir ve yorum kitaplarından yararlanabilirsin." Bunu duyduğuma çok sevinmiştim. O zamanlar çok borcum olduğundan buna ayıracak tek bir kuruşum dahi yoktu. Yine de Kutsal Kitap'ın tefsir ve yorumunu yapan bir kitap almak için para denkleştirdim. Dağlarda dua etmekle ilgili yorumları okudum ama hâlâ anlaşılması zor kısımlar vardı. Gerçekten de derin anlamları anlayamıyordum ve bu da beni çılgına çeviriyordu. Yorum ve tefsirler, Tanrı'nın sözünün gerçekliğine tanıklık etmiyor ama bazı bölümlerin aslında mitlerden ibaret görüyordu. Ayrıca bazı yorumlar, imanı sarsacak nitelikteydi. Daha sonraları başka yorum ve tefsir kitapları da okudum ama her kitabın yorumu farklıydı. Kutsal Kitap'ın sadece bir cevabı olmalı ama bu yorum ve tefsir kitapları aklımı sadece biraz daha karıştırmaya yaramıştı.

Tanrım, ne olur bana Kutsal Kitap'ta ki sözleri açıkla!

1976 yılı, Tanrı'nın Sözünde ki isteğini anlamayı şevkle istediğim yıl olarak damgasını vurmuştur. Daegu'da düzenlenen diriliş toplantısından dönmekte olan bir başka kilise üyesinden şaşırtıcı bir şey duymuştum.

"Bir papaz iki kere olmak üzere her biri 40 günlük oruç tutmuştu. Ve böylece bir melek belirmiş ve üç yıl boyunca ona Kutsal Kitap'ı öğretmişti." Bu sözleri duyar duymaz kalbim deli gibi çarpmaya başladı, sanki içime bir ateş düşmüştü. Bir meleğin Tanrı'nın sözlerini açıklaması kulağa garip gelebilir ama ben buna inanmıştım. İnanmaya ve dua etmeye meyilli bir yapım vardı. O zamandan beri hiç ara vermeden dua etmeye başladım.

"Tanrım, Kutsal Kitap'ın 66 kitabına da inanıyorum. Kutsal Kitap, Kutsal Ruh'un esinlemesiyle yazılmış Tanrı Sözüdür.

Lütfen bu esenliği bana da tanı ve 66 kitabı bana da açıkla. Veyahut bir meleğin vasıtasıyla bana öğret ya da Rab'bim bana gel ve anlamamı sağla!"

Eğer kutsal metinlerde anlayamadığım yerler varsa, nasıl olur da Tanrı'nın isteğini anlayabilirdim? Ancak Kutsal Kitap'ın gerçek anlamını özümsediğimde, Tanrı'nın isteğine göre yaşayabilirdim. Ancak Tanrı'nın sözünü kavradığımızda, O'nun sözünü tutabiliriz.

Tanrı'nın sözlerinin anlamını doğru anlamak için böylesi istekli olduğumdan, kendimi adayarak dua ediyordum. Tanrı, böylesi çok dua etmeme izin verdi ve oruç tutmam için yüreğime tesir etti. İnşaat işçisi olarak çalıştığım dönemde işim olmadığı zamanlar dağa gidip dua ederdim. Dualarımla Tanrı'dan bana Kutsal Kitap'ı açıklamasını isterdim. Bu böyle yıllarca sürdü.

Tanrı'nın nazik elleri

Birkaç ay içinde dükkânımı nasıl işleteceğimi öğrendim, sahip olduğum imanla kendimi her şeyi yapabilecek gibi hissediyordum. Elimde ki dükkân o zamanlar fazla kâr bırakmıyordu ama fazlasının da beklentisi içinde değildim. Param olmamasına rağmen her şeyi yapabileceğim imanımla işimi büyütmeye karar verdim. "Tanrım, daha iyi bir yere taşınmamı sağla!"

Bu şekilde dua etmeye başladıktan üç gün sonra biri gelip dükkânımı devralmak istediğini söyledi. Onun daha büyük bir dükkânı vardı. Dükkânımı ona 150.000 won (yaklaşık 150 dolar) karşılığında devrettim. Açarken sadece 50.000 won harcama yapmış olduğumdan 100.000 won kâra geçmiştim. Karımla birlikte üç gün daha oruç tuttuktan sonra o civarlarda başka bir dükkâna bakmaya gittik. Çok iyi işleyen bu dükkân depozito ve kira dâhil 500.000 wondu. Elimdeki 100.000 won ile kontrat yaptım, ödemem gereken daha 400.000 won vardı. Bu para o zamanlar benim için büyük paraydı. Kiliseden tanıdığımız iki kişiden borç istemesini karımdan rica ettim ama kabul etmediler. Karım komşulardan 150.000 won borç bulmuştu ama hâlâ 250.000 won eksiğimiz vardı. Mal sahibiyle 250.000 wonu daha sonra faiziyle ödemek üzere anlaşma yaptık.

Kilise üyelerinin birbirleriyle para alışverişi yapmamaları gerekir. İleride Tanrı'nın sözünü ve niçin benim diğer kilise üyelerinden borç para almama engel olduğunu anlayacaktım. Çünkü kilise üyeleri arasında borç verilip alınması Tanrı'nın isteğine aykırıydı. Hatta kan kardeşleri bile para yüzünden düşman birbirlerine düşerler. Ve eğer kilise içersinde birbirimize borç para verir veya alırsak, düşman şeytanın işi kolaylaşır. Bu sebeple, Tanrı bunun yapılmasını istemez. Böylece hizmet süresince kilise üyelerime birbirleriyle para alışverişi yapmamalarını öğrettim. Sözüme itaat etmeyip bu işi yapan kişilerin sınama ve zorlukların içine düştüğünü gördüm. İmanda kardeş olan bizlerin arasında, sevgi borcundan başka hiçbir borç bulunmamalıdır. Dükkândan elde ettiğimiz para ancak faize yetiyor, borcun kendisini ödeyemiyorduk. Şehir merkezinde büyük şirketler gibi faaliyet gösteren birçok kitapçı vardı. Tanrı'ya bana da büyük bir dükkân vermesi için dua ettim.

Mali bereketlerin yoluna yönlendirilme

Keumho Dong çarşısında o zamanlar çok ünlü bir dükkân vardı. Civarın en fazla kâr getiren işyeri olduğu biliniyordu. Bu dükkân kiralığa çıkmıştı ama sadece depozitosu kira hariç bir milyon wondu (bin dolar). O zamanlar bir işçinin günlük kazancı bin beş yüz won, yani on beş dolardı. Bu yüzden bu para benim için çok büyük bir meblağdı. Mal sahibi 950.000 wona indi ama daha fazla inmiyordu. Sonradan öğrendim ki ben onunla konuştuktan sonra yirmi gün boyunca kimse dükkânı görmeye bile gelmemiş. Biri bana mal sahibinin sıkışık olduğunu ve dükkânı bir an önce kiralamak istediğini söyledi. Elimde sadece 500.000 won vardı. Bu kadar parayla dükkânı tutmak imkânsızdı. O gece tüm içtenliğimle dua ettikten sonra ertesi gün mal sahibiyle görüşmeye gittim. Tüm param 500.000 won olduğundan bu parayı teklif ettim. Bir süre düşündükten sonra 550.000'e vermeyi kabul etti.

Ama sonunda kontratı yine 500.000 won üzerinden yaptık. Aylık depozitoyu kirayla birlikte ödemeyi kabul ettim. Böylelikle Keumho Dong çarşısındaki bu dükkâna taşındık. Dükkânı açar açmaz çok sayıda müşterimiz oldu. Pek çok kişi gelip bu dükkânı kendilerinin de istediklerini ama kiralık olduğundan haberleri olmadığını söylediler. Aralarından biri sırf depozito olarak 1.2 milyon won teklif etti. Bir başkası 1.3 milyon won teklif edince bunu karımla görüştüm çünkü bu parayla ev bile satın alabilirdik. Ama Tanrı bizi bu yola soktuktan hemen sonra dükkânı devretmeyi ikimiz de uygun görmedik.

Böylelikle dükkândan elde ettiğimiz gelirle borçlarımızı ödemeyi planlamıştık. İşyerini Temmuz 1977'de açtık. Dükkân Pazar günleri kapalıydı, içki ve sigara içen öğrencileri de içeri almıyorduk. Ailem evde sürekli olarak dua ettiğinden onların sesi dükkândan da duyulabiliyordu. Dükkâna önceki işletmecisinden çok daha müşteri gelmeye başladı. Gündüzleri dükkânda oluyor, geceleri de dua ediyorduk. Günlük programımız böyleydi.

Kutsal Ruh'un sesini ayırt edebilmek için Eğitilme

Osanri Dua evinde

Tıpkı suya hasret bir geyik gibi, Tanrı'nın sözünü anlamaya öylesine ihtiyacım vardı. 1977 yılında Osanri dua evinde bir toplantıya katılmıştım. Tanrı'nın sesini ikinci kez duyuşum orada oldu. Papazın vaazını dinliyordum ve papaz şöyle diyordu: "Tanrı bize ilaç yapmaya yetecek kadar akıl verdiyse o zaman hastaneye gidip ilaçlarımızı almamız da Tanrı'nın isteğidir." Bu duayı 'Âmin' diyerek kabul etmeme imkân yoktu. Bu, her şeyi gücü yeten Tanrı'yla olan deneyimlerimden çok farklıydı. Ayinden sonra dua etmek için ayrılmış odalardan birine girip içtenlikle şöyle yakardım: "Tanrım, ilaç kullanmamız gerçekten senin isteğin mi?"

Aradan ne kadar zaman geçtiğini hatırlamıyorum. Birden Tanrı'nın sesi duydum. Şöyle demişti: *"2 Tarihler kitabının 16. bölümüne bak."* Kutsal Kitap'ı açtım ve bu bölüm İsrail kralı

Asa'yla ilgiliydi. Asa, krallığının ilk yıllarında sadece Tanrı'ya inanmıştı. Sonuç olarak tüm savaşları kazanmış ve ülkesine barış getirmişti. Ama krallığının ilerleyen dönemlerinde Tanrı'ya inanmaktansa, ordulara güvenmeyi seçti. Savaşları kaybetmeye başladı, hatta hata yaptığını söyleyen bir peygamberi bile hapse attırdı. Ve sonra Asa ayaklarından rahatsızlandı. Hastalığı çok ağır olmasına rağmen o, RAB'DEN istemek yerine doktorlara inandı ve iki sene sonra öldü. Bu bölüm sayesinde, Tanrı'nın çocuklarından sağlam bir imanla sadece kendine inanıp güvenmelerini istediğini anladım.

Kutsal Ruh'un sesini duymak için eğitim

Tanrı'nın sesiyle Kutsal Ruh'un sesini birbirinden ayırt etmek gerekir. Benim yaşadığım deneyimlerde Tanrı'nın sesi sadece çok özel şartlarda ortaya çıkmıştır. Tanrı'nın sesini sadece birkaç kez duydum. Öte yandan İsa Mesih'e iman ettiğimizde aldığımız Kutsal Ruh'un sesini, günahlarımızı, benliğin düşüncelerini ve kötülükleri söküp atmak için kendimizi adayarak dua ettiğimizde çok daha net duymaya başlarız..

Kutsal Ruh'un sesini duymaya, Tanrı'yı kabul ettiğim ilk zamanlarda başladım. Bir keresinde kilisedeki ayindeyken, Tanrı bana Kutsal Ruh'un sesini duymam için olanak verdi. Pazar ayininde vaazı dikkatle dinlerken bile içimde karşı konuşması güç bir istek vardı. İçinden kilisedeki papazlardan birine 30.000 won(yaklaşık 30 dolar) para vermek geliyordu. Kararımı vermiştim: "Tanrım, 30.000 wonu bulup o papaza vereceğim."

Bunu ayin sırasında yapmaya karar verdim. Ancak ayin bittikten sonra, aklıma başka düşünceler geldi. Gerçekte 30.000 won benim için büyük paraydı. Eğer param olsa verirdim diye düşündüm. Ama bu parayı nereden bulacaktım? Onun ailenin durumu, benim ailemin durumundan daha iyi gibi görünüyordu. Belki ayin sırasında aklıma bazı fikirler gelmiş olsa bile sonra bunları unutmuştum.

Ertesi gün papazın diyakoz olan kayınvalidesi Keum-ho Dong çarşısında bulunan dükkânıma geldi. "Kızım dün akşam doğum sancıları çekti. Hastaneye gittiğimizde acilen 30.000 wona ihtiyacımız oldu. Parayı bulmakta çok zorlandım. Sonunda zar zor toparlayıp hastaneye yetiştim. Doğumu çok zor oldu." Bunları duyunca şok olmuştum. "Sayın diyakoz, Pazar ayini sırasında Kutsal Ruh bana bunu bildirdi aslında ama ben onu dinlemedim. Benim düşüncem olduğunu sandım. Ama demek doğruymuş."

Hemen tövbe ettim ve bir dahaki sefere böyle bir isteğe itaat edecektim. "Kutsal Ruh'un sesini duydum ama O'na itaat etmedim. Sonuçta da bunlar oldu." Eğer duyduğum sesi dinleseydim 30.000 wonu papazın ailesine verecektim, onlar da bütün gece bu kadar para için sıkıntı çekmeyeceklerdi. Ben de Tanrı'ya itaat ettiğim için bolca kutsanacaktım. Kendi düşüncelerime uyup sese kulak vermediğim için pişmandım. O zamandan sonra bu tarz deneyimlerden geçerek, Kutsal Ruh'un sesiyle kendi iç sesimi birbirinden ayırt etmeyi öğrendim.

İtaatin önemini kavramak

Bu deneyimle ayrıca Tanrı'nın isteğini yerine getirmenin ne kadar önemli olduğunu da anladım. Kilisede gayretle çalışırken bir gün papaz beni çağırdı. "Pazar günü çocuklara öğretmen açığımız var. Sen gelebilir misin?" Cevabım olumsuzdu. "Üzgünüm peder. Çocuklara öğretmenlik yapabileceğimi sanmıyorum. Pazar okuluyla ilgili hiç tecrübem yok. Kendime güvenim biraz yerine geldikten sonra yapabilirim ancak." Papazın dediğini yapmam gerektiğini biliyordum ama kendimi çok yetersiz hissettiğimden isteğini geri çevirdim. Böyle bir şeyin Tanrı'yla aramda bu kadar büyük bir günah duvarı öreceğini tahmin bile edemezdim. İçtenlikle yakardım. "Tanrım, bana konuşma yeteneği bahşet."

O zamanlar, başka bir dilde içtenlikle dua eden insanlar gördüğümde onlara gıpta ederdim. Başka bir dil konuşmak için çok dua ettim ama olmadı. Bir gün, Han Ol San Dua dağına gidersem konuşma konusunda yeteneğimin artacağını duydum. Oraya gidip toplantıya katıldım ama değişen bir şey olmadı. Peder Chun Suk Lee vaazında şaka yollu şöyle dedi: "Benim köpeğim bile başka bir dil konuşuyor. Siz yeni dillerde konuşabilme yeteneğini almadıysanız, köpeğim kadar bile olamadınız demektir." Toplantı bittikten sonra bir köpek kadar bile olamadığımı düşünüp önüme gelen bir taşa tekme attım. Öğle yemeği yemeyip vadiye doğru yürümeye başladım. Yol üstünde bir ağaca tutunup Tanrı'ya bana konuşma yeteneği vermesi için yakardım. Birden hafızamda şimşek gibi bir şey çaktı. Kendime tam güvenim olmasa da, papazın isteğini "evet" diye kabul etmeliydim. İtaatimi gören Tanrı bana yardım elini böylece uzatırdı ama ben itaat etmemiştim.

"Tanrım, pederin sözünü dinlemediğim için beni affet. Bir daha itaatsizlik etmeyeceğim."

Bunun farkına varır varmaz tüm yüreğimle tövbe etmeye başladım. Sonra birden başka dilde konuşmaya başladım. Onca zamandır özlemini çektiğim şey sonunda olmuştu. "Tanrım, sana şükürler olsun." Sonunda itaatin sunular sunmaktan çok daha önemli olduğunu ve itaat ettiğimizde Tanrı'nın nasıl hoşnut olduğunu anlamıştım. Bu deneyimle, içinde bulunduğum durumun gerçekliği ne olursa olsun, hiç düşünmeden koşulsuzca Tanrı'nın isteğine itaat etmeye kendimi programladım. Fakat itaatin ne kadar önemli olduğunu kavramış olan benim itaat etmekte çok zorlanacağım bir başka konu vardı.

Bölüm 4

Tanrı'nın çağrısı

Rab'bim, benim gibi bir insanı nasıl seçebildin?

1978 yılı Mayıs ayında bir gün dua ederken Tanrı'nın sesini duydum.

"Zamanın başlangıcının öncesinden beri seçtiğim hizmetkârım! 3 yıldır arındırıyorum, sen de bir 3 yıl daha kendini söz ile donat!. Seni kullanacağım. Dağları aşarak, nehirleri geçerek, denizleri yararak Müjde'yi duyuracaksın. Seninle birlikte olacağım ve sen tüm uluslara belirti ve harikalarla benim Yaşayan Tanrı olduğumu göstereceksin."

Berrak ve kudretli sesi devam etti:

"Seni zaman başlamadan, annenin karnına düşmeden önce seçtim. Ateşli gözlerimle seni korudum ve bu ana kadar bizzat ben yönlendirdim. Dükkânla karın

ilgilenebilir, sen ise bana hizmet etmeye başla. İkinizin çalıştığından daha fazla para kazanacaksın. Cebinizden para, sofranızdan yiyecek eksik olmayacak. Muhtaç olanlara yardım edeceksin. Seni en kötü duruma düşüren de Tanrı'ydı, bugünlere getiren de O. Bugünden sonra da sana rehberlik etmeye devam edecek. Seni kötü hallere neden düşürdüğümü anlayacaksın. Gücümle seni en yüksek noktalara getireceğim. Sen beni ailenden, çocuklarından, hatta karından bile çok sevdin. Sen sadece beni sevdin. Bu yüzden ben de sana çok daha fazlasını vereceğim."

Tüm bunları Kutsal Ruh'un verdiği bütünlük ve ilhamla dinleyip 'Âmin' diyerek kabul ettim ama bir kere daha düşününce ne kadar muhteşem bir şey olduğunu anladım. O zamana kadar benim hayalim, benim yaşadığım hastalık ve sefaleti yaşayanlara yardımcı olacak bir ihtiyar olmaktı. Yani bu zamana kadar yanlış bir şey mi dilemiştim? Çok borcum vardı ve günlük giderleri karşılamak hâlâ kolay değildi. Hafızam da çok kuvvetli değildi. Bu hafızayla nasıl ilahiyat okuluna giderim? Aileme ne olacaktı? Bu gibi endişeler kafamda devamlı dönüp duruyordu. İçinde bulunduğum durumda itaat edemezdim ama bu sözlere itaatsizlik de edemezdim. Tek düşündüğüm, "Eğer bu senin isteğinse Sesini bana bir kez daha duyur." demek oldu.

Bu meseleyi karımla konuştuktan sonra dükkânın işletmesini tamamen ona devrettim. "Tanrı'nın sesini duyma konusunda yanılmış olabilir miyim? İşler iyice sarpa sarabilir mi?" Tanrı'nın sesini duyduğumdan şüphe etmeye başlamıştım. Tekrar dua etmeye başladım. "Tanrım, ben kilise ihtiyarı olmak için dua edip duruyordum ama sen, benim sana hizmet etmemi istiyorsun! Ben o kadar içe dönük bir insanım ki insanların karşısına çıkıp vaaz verirken kendimi düşünemiyorum bile. Zaten yaşlandım da. Hafızam yeterince güçlü değil, sınanmak için de uygun biri olduğumu sanmıyorum." Tüm bu kısıtlamalarla bile Tanrı benden ona hizmet etmemi istemişse ondan şunu istedim: "Lütfen sesini bir kez daha duymama izin ver."

Bundan sonra yine ibadethanelere giderek Tanrı'nın sesini duymayı bekledim. Tam bir hafta dua ettim ama bir şey duymadım. Peygamber özelliklerine haiz oldukları söylenen iki papaza gittim ama onlar da bana tam bir cevap veremediler. Papaz olarak kendisine hizmet etmemi gerçekten Tanrı'nın isteyip istemediğini öğrenmek için dağlarda kah bu dua evi, kah diğeri dolanıp durdum. Üç ay sonunda neredeyse ümitsizlik içinde eve dönecektim. Cumartesi günü peder dükkâna gelip beni ziyaret etti. Vaazı vekâleten benim vermem gerekiyordu ama bunu yapacak özgüvenim yoktu. Ona gerçeği söyledim. "Peder, aylardır ettiğim duanın cevabını alamadım. Pazar ayininde vaaz verebileceğimi sanmıyorum." O da bana şöyle cevap verdi: "Diyakoz, öyle bile olsa vaazı vermen lazım."

Tanrı'nın sesini duymak

Peder vekâleten vaaz vermem gerektiğini söylemişti ama ben buna yürekten 'Âmin' diyemedim. O gün işimizi bitirdikten sonra dükkânı kapatıp eve gittik. Hava yağmurlu olduğundan karımla birlikte, kiliseye gitmek yerine evde dua etmeye karar verdik. Gece yarısı olduğunda yere bir örtü serip dizlerimizin üzerine çöktük ve dua etmeye başladık. Dua ederken gözlerim kapalıydı ama bir anda hayalimde bir görüm belirdi, sanki tavan açılmış, gökten yağan ışıklar evi doldurmuştu.

Sanki çatı tamamen kalkmış, evin tavanı açılmıştı. Tıpkı

Kutsal Kitap'ın Vahiy bölümünde anlatıldığı gibi, gürül gürül akan suların sesine benzeyen bir ses bana şöyle dedi: "Yarın vekâleten vaazı ver." Bu bir cevaptı evet ama benim Rab'bin hizmetkârı olmakla ilgili ettiğim duaların bir yanıtı değildi. Bu sefer duyduğum ses sıcak, rahat, otoriterdi, karşı gelinmesi zordu. Sevgi ve görkemli bir nezaket doluydu.

O sesi hâlâ çok net hissediyorum ama bunu kelimelerle anlatmak çok zor. Bu sesi duyunca tüm umutsuzluklar kar gibi eriyip yok oldu. Benliğin tüm düşünceleri yitip gitti, içim Kutsal Ruh'la doldu. O kadar Kutsal Ruh'la dolmuştum ki bedenim pamuk kadar hafiflemişti. Kendimi uçabilecek gibi hissediyordum. Eğer istesem çatıdan bile uçup gidebileceğimi düşünmüştüm. Mutluluk, şükran ve memnuniyet duyguları kalbimin en ücra köşelerini bile doldurmuştu. Rab yeryüzüne tekrar geldiğinde hava da alınmak böyle bir şey olsa gerek diye düşündüm. Gözlerimi açtığımda ışık gitmiş, tavan da aynı yerindeydi.

Yanımda oturmakta olan karım sesi duymadığını söyledi ama o da Kutsal Ruh'la dolmuştu ve benim ışıkları görüp sesi duyduğumu anlamıştı. Tüm gece boyunca Tanrı'ya övgüler dizdik ve dualarımızla O'nu yücelttik.

Kutsal Ruh'la dolmak

Ertesi gün sabahın erken saatlerinde kiliseye gidip ayin için ortalığı kontrol ettim. Ayini benim yönetmem gerekiyordu. Oturuyor olmama rağmen, önceki gecenin etkisiyle bedenim sanki uçuyor gibiydi. Ne muhteşem bir şeydi bu! Mikrofonda duaları okumaya başladığım andan itibaren dudaklarım sanki benim dudaklarım değildi. Kutsal Ruh tüm kalbimi ve düşüncelerimi ele geçirmişti. Kutsal Ruh'un ilhamıyla, dua esnasında titredim. Dualar beynime sel gibi doluyor, istesem de buna engel olamıyordum.

Duanın, ayine gelmiş olanları azarlar gibi ağzımdan çıkması beni bile şaşırtmıştı: "Tanrı'dan ondalıklarını kaçıranların vay haline! Sizi Tanrı'ya şükretmeyen inatçı kişiler! Tanrı'ya inandığınızı söylüyorsunuz ama inancınız boş!"

Dua ettiğim on dakika boyunca kendimi güçlükle kontrol edebildim. O zamanlar dualar üç dakikadan uzun sürerse cemaatten homurtular yükselirdi. Duadan sonra yerime döndüm ama pederin yüzüne bakamıyordum. Ne yapacağımı şaşırmıştım. Tek düşünebildiğim şuydu: "Nasıl olur da bir diyakoz kilisenin tüm cemaatini paylamaya cesaret edebilir?"

Ama ayin biter bitmez peder yanıma gelip, "Vaazını beni çok etkiledi." dedi. O genellikle bu tür yorumlar yapan biri değildi; bense çok utanıyor, bir an önce sessizce oradan ayrılmak istiyordum. Pek çok insan teşekkür etmek için yolumu kesti: "Diyakoz, Kutsal Ruh'la dopdoluydunuz. Vaazınız beni çok etkiledi."

Sadece itaatle

Tanrı'nın beni hizmetkârı olarak seçtiğine artık tamamen ikna olmuştum. Şunu söyledim: "Tanrım, beni hizmetkârın olarak seçtin, ben de bu yolda ilerleyeceğim. Ama sen de ilahiyat okulu, hafıza gücüm gibi endişe duyduğum şeyleri hallet."

Otuz altı yaşındaydım ve Tanrı'nın beni hizmetkârı olarak seçtiğine emindim. Eve beş dakika mesafede küçük bir oda tutarak yalnız yaşamaya başladım. Oruç tutup dikkatle Kutsal Kitap'ı okuyor, Tanrı'ya bana güçlü ve etkin bir hafıza vermesi için dua ediyordum. Arzu ve tutkularıyla benliği çarmıha germeyi istiyordum. Tanrı'nın bir hizmetkârı olarak, sadece O'nun sözüne uygun yaşamaya karar vermiştim. Kendimi ailemden soyutlamam kolay değildi ama tüm bunları Kutsal Ruh'un rehberliğinde yapıyordum. O zamanlar gitmekte olduğum Oksu Dong Kilisesi'ndeki pedere danıştım. Sung-Kyul (kutsallık) İlahiyat Fakültesi'ne girmeye karar vermiş, bu nedenle giriş imtihanı için çalışmaya başladım.

Sonunda sınav zamanı gelip çattı. Ben sadece Kutsal Kitap'la ilgili olan soruları cevapladım. Cevaplardan tam olarak emin olmadığım için diğer bölümleri boş bıraktım. Sadece adımı yazıp boş kâğıtlar verdim. Mülakatta dekan, Kutsal Kitap ile ilgili kısımlar dışında neden boş kâğıt verdiğimi sordu. Ona hafızamı kaybetmeme neden olan olaylar zincirinden bahsettim.

"Hafızan yerinde olmadan nasıl papaz olacaksın?" diye sordu.

"Beni Tanrı bu yöne yöneltti." diye cevapladım.

"Kutsal Kitap ile ilgili olan bölümden, en yüksek not olan 100'ü aldın!" dedi.

Kutsal Kitap sınavından tam 100 alan tek kişi bendim. Tam puan aldığım için okula girmeye hak kazandım. Endişelerim yersiz çıkmış, ilahiyat fakültesine girmeye hak kazanmıştım.

Tanrı ne ekersek onu biçmemize müsaade eder

İlahiyat fakültesinde hayat

Tanrı'nın hizmetkârları diğer insanlardan çok farklı bir hayat sürmek zorundadır. Ama ilahiyat fakültesindeki arkadaşlarım dünyevi zevklerle fazla ilgileniyorlardı. Derslerden sonra kaffelerde buluşup havadan sudan konuşurlardı. Dini tatillerde dua edip Kutsal Kitap okuyacaklarına neler yapacaklarından bahsederlerdi. Onlara bu tip şeylerle zaman harcamaktansa dua etmeye konsantre olmalarını söylesem de beni dinleyen olmadı. Sonuçta yalnız kalmış, sınıf arkadaşlarımdan soyutlanmıştım.

1979 yılında ilahiyat fakültesine başladığımda 37 yaşındaydım. Fakülteye başladığım ilk yıldan itibaren, açacağım kilisenin adını bana bildirmesi için Tanrı'ya dua ettim. Kız kardeşim de bana kilise açarken yardım edeceğini söylemişti. Yer bakıyorduk ama uygun bir yer bulamamıştık.

Göksel Egemenlik için biriktirerek Tanrı'yı hoşnut etmek

Tanrı'nın ne ekersem onu biçmeme izin verdiğine ve eylemlerime göre bana geri ödeyeceğine inanıyordum. Bu yüzden göksel egemenlik için birikim yapıyordum. İnşaat işçisi olarak çalışırken bile ne zaman diriliş toplantılarında lütuf alsam, tüm yüreğimle şükranlarımı sunardım. O an için param yoksa belli bir zaman içinde Tanrı'ya vereceğime dair söz verirdim. Böylece söz verdiğim gibi tüm sunularımı verdim. Param olmasa bile borç alarak yine de Tanrı'ya verdiğim sözü tuttum.

Tanrı'nın huzuruna hiçbir zaman eli boş çıkmadım. Sürekli gelirim olduğu zaman bunun onda birinden fazlasını ondalık olarak verdim. Bazen ise onda ikisini ya da üçünü verirdim. Hiçbir zaman Tanrı'ya verdiğim bu paraları israf olarak düşünmedim ve hesabını tutmadım.

Bir gün peder beni evde ziyarete geldi. Ekonomik durumumuzun ne olduğunu, ne kadar borcumuz olduğunu bilmiyordu. Kilisenin inşaatı için bağış oranımızı arttırıp artıramayacağımızı sordu. 'Âmin. Tabi ki artırırız.' Diyerek pederin önerisini mutlulukla kabul ettik. Borç içinde olmamıza rağmen pederin önerisini geri çevirmeyerek daha fazla borç aldık. Bu şekilde gökler için birikim yaptığımızı düşünüyorduk. Zamanı geldiğinde de Tanrı bize nimetlerinin kapıları sonuna kadar açtı.

Küçük işletmelerde bile Tanrı'nın isteklerini izlemek

Dükkânıma devamlı kitap getiren biri vardı. Dükkânın Pazar günleri kapalı olduğuna bir türlü inanamıyor, bu nedenle iflas edeceğimizi düşünüyordu. Küçük bir dükkân olmasına rağmen Tanrı bizden hoşnuttu, pazar ayinlerinde bağış ve sunularımızı verdiğimizden bizi kutsuyordu.

Dükkân sabahtan gecenin geç saatlerine kadar hep dolu olurdu. Haberler çevreye yayılınca insanlar bizden bir şeyler öğrenmek için gelir oldu. Ancak dükkânın Pazar günleri neden açık olmadığını ve dükkânı neden bu şekilde işlettiğimizi merak ediyorlardı. Cinsel içerikli yayın bulundurmaz, sigara içilmesine izin vermezdik. Bu şekilde güzel ve sağlıklı bir ortam yaratmıştık. Üniversiteli gençlerin bizi tercih etmesinin nedeni buydu.

İşletmenin başarısının sırrı neydi? Bu sorunun cevabı pazar günleri kiliseye gitmek için dükkânı kapatmamız ve bu nedenle Tanrı tarafından kutsanmamızdı. Kim sorarsa aynı cevabı veriyorduk ama inançlı olmayanların bunu anlaması çok zordu. Bu şekilde birçok insana Hıristiyanlıkla ilgili bilgiler verdik. Onlar daha sonra kiliseyi açtığımda benimle gelip kilisenin öncelikli üyeleri oldular.

Dükkânı açtıktan birkaç ay sonra, aslında bizim için çok fazla olan borçları ödeyebilmiştik. Bunlar ben ilahiyat fakültesine başlamadan önceydi. Borcumuzu tamamen ödediğimiz için kiliseye dilediğimiz miktarda bağış yapabilirdik. Muhtaç ailelere yardımcı olmaya çalıştık. Fakültede düzenlenen pikniklere birçok kereler yiyecek götürdüm. Pazar günleri koro üyelerine yemekler verdik. Muhtaç durumdaki fakülte öğrencilerine yardım ettik. Kendimiz kiralık bir evde oturuyor olmamıza rağmen, özellikle bayramlarda karıma tüm şehirdeki yoksulları düşünmesini söylerdim. Bayram yemeği bile yiyemeyecek kadar yoksul ailelere, inançlı olmasalar bile pirinç ve diğer yiyeceklerden verirdik. Bizim maddi durumumuz da çok iyi değildi ama tüm bunları inancımızdan yapardık. Biz bu şekilde davrandıkça Tanrı ertesi gün, diğer günlerden daha fazla kazanç verirdi bize.

Tanrı beni 200 günlük gece boyu dua nöbetinde uyandırdı

Rab'be iman ettikten sonra hiçbir koşulda dünyaya ödün vermemeye çalıştım. Tanrı'nın sözlerini anlamak için elimden geleni yapıyor, her kurala uymaya çalışıyordum. İlahiyat fakültesine gittiğim dört yıl boyunca geceleri dua eder, çoğu zaman da oruç tutardım. Tatillerde eşyalarımı toplayıp dua etmek için dağlara giderdim. Tatillerimin çoğunu dağlardaki dua evlerinde geçirirdim. Diğer zamanlarda da bütün gece süren dua seansları yapardım. Gece yarısından sabah dörde kadar dua eder, bu zaman içinde bir dakika bile geç kalmazdım.

Dua ettikten sonra odama gelip saat beşte yatar, yedide kalkardım. O zamanlar ilkokula giden kızım Miyoung saat yediyi yirmi geçe kahvaltımı getirirdi. Kahvaltıdan sonra öğle yemeğimi yanıma alıp okula giderdim. Dersler bitip eve gelince ödev yapmaya başlardım. Bazen de dükkânla ilgilenmem gerekirdi. Yapılacak çok şey vardı. Uzun süre bu şekilde yaşadığım için bir süre sonra yorgun düştüm. Beşte yatıp yedide kalkmak kolay değildi ama beni bir gün Tanrı uyandırdı.

Kahvaltı getiren kızımın sesini duydum: "Baba!"

"Sen misin Miyoung?" Kızımın sesini duyduğuma emindim. Kapıyı açtım ama orada kimse yoktu. Etrafa bakındımsa da kimseyi göremedim. Kalkıp yüzümü yıkayıp aradan yirmi dakika geçtikten sonra Miyoung geldi. Ertesi gün saat yedide yine Miyoung'un sesini duyduğumu sandım. Yine kapıyı açtım ama kimse yoktu. O an Tanrı'nın beni bir melek aracılığıyla uyandırdığını anladım.

Bu böyle devam ettiği sürece konuyla ilgili hassasiyetim azaldı. Sonunda 'Baba!" diyen sesi duyduğumda bile kalkamaz hale geldim. Sonra Tanrı başka bir metot kullandı. Kapının önünde ayak sesleri duymaya başladım. Ama kapıyı açıp baktığımda kimseyi göremedim. Tüm bunlar saat tam yedide olmuştu. Yüz günlük gece dualarının doksanıncı gününde kayınpederimin öldüğü haberi geldi. Karımla birlikte ailesinin Mokpo'daki evlerine gittim. Orada gece yarısından sabah dörde kadar dua ettik. Cenazeden sonra eve döndük, gece dualarına kaldığım yerden devam ettim ama içime sinmiyordu. Tanrı'yı hoşnut edemediğimi düşünüyordum. Bu nedenle yüz günlük yeni bir dua dönemine başladım ve bitirdim. Böylece iki yüz günlük gece boyu dua dönemini tamamladım.

O parayı çöpe at

Ailem, Tanrı'nın sözünden asla çıkmayacağımı bilirdi. Bir Pazar günü ayinden sonra karımla üç kızım yiyecek bir şey almak istedi.

"Çocuklar acıkmış. Atıştırmalık yiyecekler alabilir miyiz?" derken yüzümün ifadesini de okumaya çalışıyordu.

"Kızlar, gerçekten bir şeyler yemek istiyor musunuz?" diye sordum.

"Evet!" diye yanıtladı hepsi bir ağızdan.

Kızlar günlerden Pazar olmasına rağmen sadece bir kereliğine izin vereceğimi düşünüyorlardı. Çekmeceden para getirmelerini söyledim. Yiyecek almak için para getirdiler.

"Şimdi gidip bu parayı tuvalete atın." dedim onlara. Birkaç yüz wonu (bugünün parasıyla birkaç bin won veya birkaç dolar) tuvalete atıp geldiler.

"Bunu neden yaptırdığımı biliyor musunuz?"

"Evet, biliyoruz." diye cevapladılar.

"Pazar şabat günüdür. Tanrı alışveriş yapmamızı istemez. Tanrı'nın buyruğuna karşı mı geleceksiniz? Yemek yeme isteğine karşı gelemezseniz, bu iki, daha sonra da üç katına çıkar. Tanrı bundan hiç hoşnut olmaz. Yiyecek almayı aklınızdan geçirmekle bile Şabat gününe karşı geldiniz, günah işlediniz. Aklından geçirmekle gidip yapmak aynı şeydir. Bu yüzden parayı tuvalete atmanızı istedim." Sonra kızlarımın üçü birden bana gelip bu olayın kalplerinde çok özel bir yeri olduğunu ve onları imana yönelttiğini söylediler.

İnsanlar doluşuyor

Dükkân işlek bir caddenin köşesinde olduğundan sadece müşteriler değil kilise cemaatinden kişiler ve papazlar da uğrardı. İlahiyat fakültesine devam ederken bazı diyakozlar danışmak için benden randevu talep ettiler. Bazı imanlıların kilisede kredi birliği gibi bir topluluk kurduğunu anlattılar. Onlara bu gruba katılmamalarını aşağıdaki gibi anlattım.

"İsa Tanrı'nın tapınağının dua evi olduğunu söylemiş ve tapınakta mal satanları azarlamıştır. Kilise dâhilinde maddi kazanç getirecek davranışlarda bulunmak doğru değildir. Tanrı bizlere sevgi dışında hiçbir borcumuz olmamasını söyler. Dolayısıyla para işlerini kiliseye karıştırmamalıyız. Eğer ilişkilerinizde para meseleleri olursa, şeytan tesirlerine başlar ve kilisede sorunlar yaşar."

Bu kredi birliği daha sonra pek çok sorun çıkarıp kiliseyi zor bir duruma soktu. Kilisemi açtığımda hangi niyetle olursa olsun her türlü alım satımı yasakladım. Cemaat üyelerine birbirleri arasında mal alışverişi yapmamalarını öğütledim. Bana danışmış kişilerle ilgili haberler yayıldığından insanlar benden bu hizmeti almak için sıraya girdi. Saçsız başına peşkir bağlamış bir kadın da geldi. Ama dualarımı aldıktan birkaç ay sonra saçları yeniden çıkmaya başladı ve başındaki peşkiri çıkardı.

Bir keresinde durmadan falcılara giden, şabat günü kurallarını tam olarak yerine getirmeyen bir inanan vardı. Bir trafik kazası geçirince bana geldi. Kazadan sonra çok ağrıları olduğundan kendisi için dua etmemi istedi. Tüm yüreğimle onun için dua ettikten sonra acısının dindiğini, iyileştiğini söyledi.

Şabat gününü hakkıyla yerine getirirsek Tanrı'nın ruhani otoritesini kabul etmiş oluruz. Tanrı o hafta sizi tüm kazalardan korur. Ama şabat gününü tam olarak yerine getirmezseniz adaletin Tanrı'sı sizi koruyamaz. Bu kişi, falcılara giderek ruhani zina yapmıştı. Tanrı bundan nefret ederdi.

Beni ziyarete gelen kişilere Tanrı'nın sözüyle iman aşılamaya çalıştım. Bir peder dağdaki dua evlerinden birine yaptığı ziyaret ertesinde bana uğradı. Bu ziyaretinden sonra tüm sorularının cevabını bulduğunu, çok mutlu olduğunu, problemlerinin çözüldüğünü söyledi. O kadar çok kişiye danışmanlık yapıyordum ki bazen fakülteye gitmeye vaktim olmuyordu. Evdeyken de danışmanlık veya dua etmemi isteyen kişiler evin etrafında birikiyorlardı. İşte bu yüzden tatillerde yanıma birkaç eşyamı alarak dağlara giderdim. Bir ilahiyat fakültesi öğrencisi olarak Tanrı'nın sözleri ve dualar üzerinde yoğunlaşmak için insanlardan uzaklaşmam gerekiyordu.

Ruh'un İlhamıyla çok oruç tutma

Düşüncelerimizdeki günahları bile söküp atabiliriz

1979 yılının ağustos ayında, ilahiyat fakültesindeki birinci yılımın yaz tatilinde benim gittiğim kilisenin papazıyla birlikte, Canaan Ziraat Okulu'nun papazlarının da katıldığı bir yaz okuluna gittim. Bir fıskiyeden masmavi gökyüzüne doğru sular fışkırıyordu. Papazları birbirleriyle konuşurken duydum. Onları dünyevi şeylerden bahsederken görmek beni şaşırtmıştı. O zamanlar tüm papazların Tanrı gibi kutsal olduklarını sanırdım. Şunun gibi şeyler söylediklerini duydum:

"Her ne kadar papaz da olsak, zinaya eğilimli zihnin günahkar doğası konusunda bir şey yapmamız pek mümkün olmaz. Bu nedenle, benim görüş ve düşünceme göre bunlar günah değildir."

"Çok doğru." diye karşılık verdi diğeri. "Ancak eylemler günah sayılabilir. Bir düşünce günah sayılamaz."

Bu duyduklarıma çok şaşırmıştım çünkü ben daha ilahiyat fakültesine girmeden önce, dualar ve oruç sayesinde zinaya eğilimli düşünceleri söküp atabilmiştim. Günahın esas kaynağı sökülüp atıldığından, düşman şeytan ve iblis bu tür düşünceleri zihnime sokamazdı. Tutamayacağımızı bile bile Tanrı hiç On Buyruk'ta zina etmememizi ister miydi?

Dua ve oruç sayesinde bu düşünceleri söküp atacağımıza inanıyorlarsa neden böyle söylüyorlardı? İsa, bir kadına şehvetle bakan her adam, yüreğinde o kadınla zina etmiş olur demiştir. Ayrıca, inanan için hiçbir şeyin imkânsız olmadığını da söylemiştir. Dolayısıyla kanımızı dökme pahasına günahlarımızla mücadele ederek onları söküp atabiliriz.

İlahiyat fakültesindeki öğrenciler bu konuyu hocalarını açtığında, onlara erkeklerin bu gibi şeyleri düşünmeyi engellenemeyeceği söylenmiş ve salt düşüncenin günah sayılmadığı da eklenmişti. Ben de, Tanrı'nın lütuf ve gücünü alarak inanlılara bu tip düşüncelerini söküp atabileceklerini öğretmeye karar verdim.

"Tanrım, sana şükürler olsun. Eğer yüreğimizden zinaya eğilimli düşünceleri söküp atamayacağımızı daha önce duymuş olsaydım, bu günahı işlemeye devam edecektim. Ama sen benim dua etmeme, sözüne kulak vermeme izin verdin. Ettiğim dualar, tuttuğum oruçla zinaya eğilimli düşünceleri söküp atmamı sağladın. Sana şükürler olsun."

Orucun Tanrı'nın isteği olduğunu öğrendim

İlahiyat fakültesine girdikten sonra da 3 günlük, 7 günlük, 15 günlük ve 21 günlük oruçlarıma devam ettim. Oysa yeni bir imalıyken, niçin oruç tutmak gerektiğini bile bilmiyordum.

Ama sadece Kutsal Ruh'un rehberliğini izleyerek oruç tutardım. Diyakoz olduğumda neden oruç tutulması gerektiğini ve orucun faydalarını öğrendim. İçimde gerçeğe aykırı düşünceler olduğunu fark ettiğimde, bunları söküp atmak için 3 günlük, 5 günlük ve 7 günlük oruçlar tutmaya başladım. Örneğin yalan söylediğimi fark ettiğimde hemen 3 günlük oruç tutardım. Oruç tutmak kolay bir şey olmadığından yalan söylemeyi hemen bırakırdım.

Oruç tuttuktan sonra telafi gıdaları almak önemlidir. Bir süre oruç tuttuktan sonra telafi gıdaları yemek gerekir. Bunlar yulaf lapası, pirinç çorbası veya yulaf ezmesi gibi şeylerdir. Kaç gün oruç tutulduysa o kadar gün bu yiyecekler yenilmelidir. Tuttuğum oruçlar sonucunda katı gıdalar yiyebildiğim pek fazla gün kalmıyordu. Yemek yediğim gün kadar oruç tutuyordum. Oruç tutmayı, hayatımda katıldığım ilk diriliş toplantısında öğrenmiştim ama telafi gıdaları hakkında bilgim yoktu. Neden oruç tutmam gerektiğini bilmiyordum ama Kutsal Ruh'un rehberliğinde yedi günlük oruç tutmaya karar verdim ve yanıma bir battaniye ve Kutsal Kitap'ı alarak Chung-gye dağına gittim.

Dua merkezinin civarında tek kişilik 'dua odaları' vardı. Odanın içi çok rutubetliydi, yerlerdeki ahşapların üzerinde delikler ve yerde gezinen böcekler vardı. Yüksek sesle dua ederek yedi günlük orucumu bitirdim. Dağdan inerken bacaklarım titriyordu ama orucu tamamladığım için mutluydum. Otobüs durağına geldiğimde bir seyyar satıcıdan çörek alıp eve gittim.

"Tatlım, bana yiyecek bir şeyler verir misin?"

Karım benim için yemek hazırlamıştı, ben de ona dua ettim. "Emin ol bu yemek çok iyi gelecek." İki tabak pilav yedim. Midem için zor olmalıydı ama gayet iyi sindirdim. Bir süre sonra Osanri Dua Evinin Paju, Kyeong-gi Do'da kurulduğunu öğrendim. Oraya da gidip oruç tutup dua ettim. Üç günlük oruç sırasında katıldığım bir toplantıda 'telafi gıdaları' yemek gerektiğini öğrendim. Papaz yulaf lapası, çorba ve sebze gibi hafif gıdalar yememiz gerektiğini söylüyordu. Ama benim bu konuda başka fikirlerim vardı.

Oruç tuttuktan sonra eve geldiğimde "Şifa olsun" diyerek yediğim normal pilavdan sonra yüzümde şişlikler ve vücudumda başka fiziksel problemler ortaya çıkmıştı. Hemen diz çöküp dua etmeye başladım. Sonra Kutsal Ruh'un sesini duydum.

"Telafi gıdaları hakkında bilgin olmadığı zaman senin imanına bakıyordum ama şimdi öğrenmene rağmen kibrin yüzünden itaat etmedin." Öğrendiklerime itaat etmediğim için tövbe ettim ve hemen yeni bir oruca başladım.

Oruçla duanın faydaları

Oruçla dua, dualarımıza yanıt almamızda önemli bir yer tutar ve pek çok faydası da vardır. Öncelikle, oruç tutmak ve ertesinde bedenimizi itaat eder kılmadan belli bir süre telafi gıdaları yemek oldukça zordur. Oruç tuttukça benlikten uzaklaşır ve kendimizi kontrol edecek gücü toplarız. Ruhlarımız daha aktif olur ve ruhun insanları olarak gelişiriz. Ayrıca midemiz de fiziksel açıdan dinlenir, bu da sağlık için çok faydalıdır. Zihnimiz berraklaşır. Dolayısıyla hem bedene gem ruhen çok faydalıdır. Ruhumuz aktifleştikçe, bütünüyle Kutsal Ruh'la doluruz. Böylece Tanrı'dan güç alabiliriz. Kendimizi adayarak ettiğimiz dualar sayesinde problemlerimize çözüm bulur, hatta gelecekte oluşacak sınamaları bile önleyebiliriz. Tanrı her şeyin iyi olması için çabalar.

Yemek yediğim süre kadar oruç tutuyordum ama oruç tutmaya karar verdikten sonra hiçbir zaman fikrimi değiştirmedim. Tanrı huzurunda verdiğimiz sözü tutarsak onun güvenini kazanabiliriz. Dua ve oruç neticesinde sorunlarımıza çözüm buldukça imanımız güçlenir, ayrıca güç ve cesaret kazanırız. Tüm bunlar Hıristiyan yaşantısı ve imanda zafer dolu bir hayat sürmenin kestirme yoludur.

Oruç, Tanrı'nın isteği ve Tanrı'nın doğruluğu ve egemenliğini gerçekleştirmenin en iyi yollarından da biridir.

Oruçla dua etmenin şekli

Oruç tutarken vücuda sudan başka hiçbir şeyin girmemesi gerekir. Oruç "Ölürsem öleyim." tarzı bir kararlılık gerektirir. Bu nedenle çok iyi düşünmeden on günden fazla sürecek oruç tutmaya niyet etmemeli, Kutsal Ruh'un rehberliğinde Tanrı'nın buyruğunu yerine getirmeliyiz.

Yeşaya 58:6 ayeti şöyle der: *"Benim istediğim oruç, Haksız yere zincire, boyunduruğa vurulanları salıvermek, Ezilenleri özgürlüğe kavuşturmak, Her türlü boyunduruğu kırmak değil mi?"* Burada "zincirden" kasıt, Tanrı'nın sözünden uzaklaşmanın sebep olduğu tüm sorunları kapsar. Kısaca, Tanrı'yı hoşnut eden bir oruç sunarsak, Sorunlarımızı çözüme kavuşturabiliriz. Ama bazı insanlar kendi düşüncelerinin çerçevesinde kırk günlük oruç tutup sorunlarla yüzleşirler çünkü Tanrı'nın koruması altında olmazlar. Öyleyse Tanrı'nın nazarında Tanrı'yı hoşnut eden oruç nasıl bir oruçtur?

İlk olarak, değişmeyen bir yürekle oruç tutmalıyız

Kaç gün oruç tutmaya niyetlendiysek işin yarısında bunu değiştirmemeliyiz. Zor geldiği için orucun yarısında bırakmamalı ya da oruca ara vermemeliyiz. Elinizde olmayan nedenlerle orucu bırakmak zorunda kalırsanız tekrar başladığınızda en başından başlamalısınız ki Tanrı'ya vermiş olduğunuz sözü yerine getirin. Tanrı'ya vermiş olduğunuz sözü şu veya bu nedenle değiştirirseniz Tanrı size nasıl güvensin, sizi nasıl sevsin? Tanrı huzurunda ne söz verdiysek onu yerine getirmeliyiz. Bu yolla dayanıklılığımız artar, Tanrı nezdinde güvenilir oluruz. Böyle yaparak ayrıca Tanrı'nın isteğini de yerine getirmiş oluruz.

İkinci olarak, oruç tutarken yakararak dua etmeliyiz

Bazı insanlar oruç tutarken zamanlarını dua ederek geçirmek yerine uyumayı tercih ederler. Bu şekilde oruç tutmanın hiçbir faydası yoktur. Ancak yakararak dua ettiğimiz takdirde, Tanrı'nın lütuf ve gücünü alabiliriz. Böyle yaparsak Tanrı ayrıca dualarımızın karşılığını verecek ve bizi kutsayacaktır.

Tıpkı günde üç kere yemek yediğimiz gibi oruç tuttuğumuz sürede de günde üç kere dua etmeliyiz. Ancak bu şekilde Kutsal Ruh ile dolabilmek için yukarıdan ruhani gıda ve yaşayan suyu alır ve düşman şeytanı uzaklaştırırız. Daha uzun süreli oruçlarda Ruhani ekmeği Tanrı'dan almak için günde beş kere dua etmemiz gerekir. Oruç sadece dışarı dönük bir hareket olarak kalmamalıdır. Yüreklerimizi paraladığımızda ve yüreğimizin derinliklerinden dua ettiğimizde, Tanrı bize lütfeder ve gücünü gönderir (Yoel 2:12-13).

Üçüncü olarak, kendimizi eğlenceye kapamalıyız.

Yeşaya 58:3'te şöyle der: *"Oruç tuttuğumuzu neden görmüyor, İsteklerimizi denetlediğimizi neden farketmiyorsun?* *'Bakın, oruç tuttuğunuz gün keyfinize bakıyor, İşçilerinizi eziyorsunuz'"* Orucunuz süresince televizyon izler, sinirlenir, başkalarına eziyet ederseniz Tanrı orucunuzu hoşnutlukla karşılamaz, dualarınız kabul olmaz. Bu nedenle eğlenceden, gereksiz konuşmalardan veya yanlış olan hareketlerden uzak durmalıyız. Ancak bu tür bir yaklaşımla Tanrı hoşnut olabilir.

Dördüncü olarak, önce Tanrı'nın egemenliği ve doğruluğu için dua etmeliyiz

Kişisel arzularımız için aç gözlülükle dua edersek Tanrı dualarımızı kabul etmez. Bunun neticesinde de sorunlarımız hallolmaz. Böyle olursa oruç sadece vücudunuza zarar verir, bu yüzden çok dikkatli olunmalıdır. Şan, şöhret, dünyevi otorite ya da bilgi için değil, ama sadece kutsallaşmak ve Tanrı'nın kullanımı için doğru kaplar haline gelmek için dua etmeliyiz. Daha çok canı kurtarmak, Tanrı'nın gücünü ve Kutsal Ruh'un armağanlarını daha çok almak için dua etmeliyiz. Tanrı'nın egemenliği ve doğruluğu, kiliselerin rahipleri için dua ettiğimizde, Tanrı dualarımızı sevinçle kabul edecektir.

Beşinci olarak ruhani sevgiyle dua etmeliyiz.

Yeşaya 58:7 şöyle der: *"Yiyeceğinizi açla paylaşmak değil mi? Barınaksız yoksulları evinize alır, Çıplak gördüğünüzü giydirir, Yakınlarınızdan yardımınızı esirgemezseniz"* Tanrı, çocukları kendisine dua etmek için yemek yemeyi kestiğinde şefkatle endişe duyar. İyilikle davranır ve başkalarını severlerse, Tanrı'nın gözünde nasıl de sevimli olurlar? O zaman orucu sevinçle kabul eder, dualarına da hızla cevap verir.

Altıncı olarak, telafi gıdalarını muhakkak almalıyız

Orucu tamamlamak için, oruç bittikten sonra oruç tutulan gün sayısı kadar gün telafi gıdası yenilmesi gerekir. Telafi gıdası yersek kendi kontrolümüzü sağlayabiliriz. Bunun bedenimize zararı değil, ama faydası vardır. Ayrıca ruhumuz da daha berrak bir görüşe sahip olacaktır.

Bazıları şöyle der: "Benim midem sağlam, o yüzden telafi gıdasına ihtiyacım yok." Ama bu çok yanlış bir düşüncedir. Telafi gıdası yediğimizde Tanrı, zayıf mideleri güçlendirir ve bu dönemde küçük rahatsızlıkları da iyileştirir.

Orucumuzu tamamladıktan sonra telafi gıdası almazsak enerjimiz azalır, vücudumuz zarar görür ve başka sorunlar da yaşayabiliriz. Bu telafi döneminde ayrıca bedenen çok fazla yorulacak iş ve egzersizler yapmaktan da kaçınmalıyız. Ayrıca oruçtan sonra bir testte olabileceğinden oruç sırasında bunun için de dua etmekte fayda vardır.

Uygun telafi gıdaları

Telafi döneminde çok fazla yemek yersek yüzümüzde şişlikler olur, çok yemek ayrıca mide için de iyi değildir, bu yüzden çok dikkatli olunması gerekir. Normalde günde üç öğün yemek yeriz ama telafi döneminde yulaf ezmesi gibi hafif yiyecekler yendiği için bunlardan dört öğün yiyebiliriz.

Et, yumurta, ekmek, gazlı içecekler ve yağlı, baharatlı, tuzlu ve ekşi gıdalardan uzak durmalıyız. Hem monosodyum glutamat ihtiva eden hem de baharatlı yiyecekler tüketmemeliyiz. Sebze yemek en iyisidir.

Üç günlük oruçtan sonra pirinç lapası yenilebilir ama daha uzun süren oruçlardan sonra mide yeni doğan bir bebeğin midesi gibidir. Bu yüzden en azından iki gün boyunca neredeyse su gibi pirinç lapası yemeliyiz. Bu, günde dört kere tüketilmelidir. Belki günde yine dört kere elma suyu da içilebilir.

İlk üç ya da dört günden sonra daha yoğun pirinç lapası yenilebilir. Daha sonra lapanın içine pirinç tozu veya haşlanmış tatlı kabağı da eklenebilir, miktar da arttırılmalıdır. Ara öğünlerde monosodyum glutamat ihtiva eden gıdalardan ve etten uzak durulmalıdır. Eğer canımız çok et istiyorsa az tuzlanmış balık yenilebilir.

Ayrıca sebze çorbaları da çok iyidir. Susam tanelerinin kabuğu ayıklanıp lapaya ilave edilebilir. Telafi dönemini bu şekilde geçirirsek enerji düzeyimiz artar, daha sağlıklı olduğumuzu hissederiz.

Kutsal Ruh'un rehberliği için dua etmek

Ben çok içe kapanık biriydim. Yanımda birisi olduğu zaman yüksek sesle dua edemezdim. Bu yüzden geceleri, tek başıma dua ederdim. Dua etmeye başladıktan yaklaşık otuz dakika Tanrı ile derin iletişim kurabileceğim Kutsal Ruh'un ilhamını bütünüyle alırdım. Bazen o kadar fazla ilham gelirdi ki başka bir dilde şarkı söyler, bazen de Kutsal Ruh, Haleluya'yı söylerken dans ederdim.

Genelde kilisemin papazı, diğer papazlar, kilise ihtiyarları, kilisenin ve diğer canların canlanması, diğer kiliseler, ülkem ve ulusum için dua ederdim. Duamın sonuna doğru da ailem ve işim için kısaca dua ederdim. Zamanım oldukça dua toplantılarına ve şafak ayinlerine katılırdım. Daha sonraları dağlara gitmeye başladım. Öğle yemeği yemeyi bile zaman kaybı olarak gördüğümden, yanıma bir örtü alıp sabah erkenden dağlara gider, yemek bile yemezdim.

Akşamları dua merkezinde yemek yer, orada yapılan toplantıya katılırdım. Oruç tutmak için içimde çok kuvvetli istek varsa akşam da yemek yemezdim.

"Bunun gibi, Ruh da güçsüzlüğümüzde bize yardım eder. Ne için dua etmemiz gerektiğini bilmeyiz, ama Ruh`un kendisi, sözle anlatılamaz iniltilerle bizim için aracılık eder. Yürekleri araştıran Tanrı, Ruh`un düşüncesinin ne olduğunu bilir. Çünkü Ruh, Tanrı`nın isteği uyarınca kutsallar için aracılık eder"(Romalılar 8:26-27).

O zamanlar Kutsal Ruh'un ne olduğunu bile bilmiyor, sadece O'nun rehberliğinde dua ediyordum. Tanrı yüreklere bakar. Kutsal Ruh benim içimde dua ettiğinden ben de onun verdiği ilhamla dua ediyordum.

Tanrı'nın eli kiliseyi açmaya yardım ediyor

İmanın sınamalarının üstesinden gelmek

Tanrı beni ve ailemi imanın sınamalarından geçirerek daha güçlü imanımız olmasını sağladı. En küçük kızım Soojin altı yaşındaydı. Sene 1980'di. Sokakta ablasıyla yürürken liseli çocuklar top oynuyormuş. Çocuklardan biri topu tutmak için bir anda dönünce Soojin'e çarpmış. Soojin düşmüş, başını betona çarpmış ve bilincini kaybetmiş. O çocuğun anne babası gelip Soojin'i hastaneye götürmüşler.

Karım bunu öğrenip hastaneye gitmiş. O hastanedeki doktorlar Soojin'in daha büyük bir hastaneye götürülmesi gerektiğini söylemişler. Doktor ayrıca beyninde hasar olduğunu, bu hasardan dolayı zihinsel faaliyetlerinde problem olabileceğini söylemiş. Ameliyat bile olsa büyük ihtimalle zihinsel engelli olacağını söylemişler.

O sırada ben dükkândaydım, Soojin'in bilinçsiz

konuşmalarını duydum. Dualarla iyileşeceğine inandığımdan onu daha büyük bir hastaneye götürmek yerine eve getirdim.

O çocuğun annesi ne yapacağını bilemiyordu. Gündelikçi olarak çalışıyor, bizim gibi o da maddi sıkıntılar çekiyordu. Ona rahat olmasını söyledikten sonra ellerimi Soojin'in üzerine koyup dua etmeye başladım. Karımla birlikte tüm gece dua etmemize rağmen Soojin ertesi gün de uyanmadı. Çarşamba günü, ilahiyat fakültesine gitmek için evden çıkarken Soojin konuştu: "Baba, bugün kiliseye gideceğimiz gün değil mi?" Sonunda kendine gelmişti.

"Tanrım, sana şükürler olsun! Dualarımı kabul edip Soojin'i iyileştirdin." Okuldan eve döndüğümde Soojin Çarşamba ayinlerine katılmak için kiliseye gitmişti.

Ortanca kızıma kamyon çarptı

1981 yılında ortanca kızım Mikyung trafik kazası geçirdi. Mikyung otobüsten inmiş, karşıdan karşıya geçiyormuş. Kamyon şoförü onu görmeyip çarpmış. Mikyung yere yığılmış, başına insanlar toplanmış. Kamyon şoförü onu alıp hastaneye götürmüş.

Karım hastaneye gittiğinde Mikyung'un yüzü o kadar şişmişti ki sanki iki çenesi varmış gibi görünüyordu. Ağzının içi parçalanmıştı. Berbat bir vaziyetteydi. Doktorlar hastaneye yatması gerektiğini söyledilerse de karım onu eve getirdi. Mikyung'un her yeri kan içindeydi, gözlerini açamıyordu. Yüzü, yara bereden berbat bir haldeydi.

Yemek yiyemiyordu. Sadece biraz süt ve pipetle çorba içebiliyordu. Ağzını açıp baktığımda gördüğüm manzara anlatılır gibi değildi. Elimi Mikyung'un üzerine koyup büyük bir kararlılıkla dua etmeye başladım. O haline rağmen okula gitmeye devam etti. Öğretmeni onu görünce şok olmuş ve hastaneye gitmesi gerektiğini söylemiş. Karımla birlikte o gece oruç tutup dua ettik. Mikyung okula gitmeye devam etti. Bir gün sonra yüzü mavimsi bir renge dönüştü ve beş gün sonra ise yaraların kabukları dökülüp tamamen iyileşti. Ağzı normal haline geldi, şişlikler indi. Ağzının içi de tamamen iyileşip temizlendi.

O yıl yaz tatilinde Mikyung'un öğretmeninden bir mektup aldık. Mikyung'un tıbbi müdahale görmeden nasıl iyileştiğine şahit olduğunu, Tanrı'nın var ve yaşıyor olduğunu ve gücünün her şeye yeteceğine inandığını söylüyordu. Mektubunu, bu olaydan sonra sürekli kiliseye gideceğini söyleyerek bitirdi.

En büyük kızımız, karım tövbe ettikten sonra iyileşti

1981 yılında en büyük kızım Miyoung ilkokula gidiyordu. Yaz tatilinde Osanri dua evinde bir oruç duasına katılmıştım. Duadan sonra eve döndüğümde Miyoung'u tüm vücudu çıbanlarla kaplı buldum. Kene ısırığından kurdeşen olmuş derisi neredeyse ağaç kabuğu gibi kalındı, bu kalın derinin altı da olduğu gibi enfeksiyon kapmıştı. Cildindeki yarıklardan akıntılar geliyordu. Tam anlamıyla korkunç bir haldeydi. Azıcık hareketiyle bile her yeri kanadığından odanın bir köşesinde oturuyordu.

Karım Tanrı'nın onu iyileştireceğine iman ettiğinden ne bir merhem sürmüş ne de onu hastaneye götürmüştü. Miyoung için dua ettim ama iyileşmiyordu. Ertesi gün de dualara devam ettim ama değişen bir şey olmadı.

"Bakın, RAB'bin eli kurtaramayacak kadar kısa,

kulağı duyamayacak kadar sağır değildir. Ama suçlarınız sizi Tanrı'nızdan ayırdı. Günahlarınızdan ötürü O'nun yüzünü göremez, sesinizi işittiremez oldunuz." (Yeşaya 59:1-2).

Kendime bakıp tövbe etmemi gerektiren bir şeyler aradım ama aklıma bir şey gelmedi. Miyoung'un hiç kötü davranışlarda bulunmadığına emindim, o çok terbiyeli bir çocuktu. Karım, çok meşgul olduğundan şafak ayininde tembellik ettiğini söyleyip bu nedenle tövbe etti. Karım tövbe ettikten sonra Miyoung için yeniden dua ettim ve Tanrı bu sefer gücünü gösterdi. Ağır kurdeşen ve altındaki enfeksiyondan sapsarı olan deri bir gecede beyaza döndü, yara kabukları düştü. Miyoung tatil bitmeden tamamen iyileşmişti.

Tüm yüreğimizle Tanrı'ya güvendiğimizde, bizlerin zorlukla yüzleşmesine müsaade etmez. Tanrı nasıl Eyüp'ü çıbanlardan arındırıp onu mükemmel bir insan haline getirdiyse, ailemizin de imanını, iman sınamasıyla büyütüyordu. Tanrı'nın bu sevgisi için şükranlarımızı sunduk. Kiliseyi açmadan imanda daha da büyüyelim diye Tanrı, kızların vasıtasıyla sınamalara müsaade etmişti.

Ne yapmalıyım?

Her iş de Tanrı'ya teslim oldum ve O'nun isteğini yerine getirmekten hep sevinç duydum. Kutsal Kitap'ı okurken Davut'un her konuda Tanrı'ya güvenmesi bana çok dokunmuştu.

"Bundan sonra Davut RA'be, 'Yahuda kentlerinden birine gideyim mi?' diye sordu. RAB, 'Git' dedi. Davut,

'Nereye gideyim?' diye sorunca, RAB, 'Hevron'a' diye karşılık verdi." (2 Samuel 2:1).

"Davut RAB'be danıştı: 'Filistliler'e saldırayım mı? Onları elime teslim edecek misin?' RAB, Davut'a, 'Saldır' dedi, 'Onları kesinlikle eline teslim edeceğim.'" (2 Samuel 5:19).

Davut, en ufak şey olsa bile her şeyi Tanrı'ya soruyordu. Tıpkı küçük çocukların her şeyi anne-babasına sorması gibi, Davut'ta Tanrı'ya soruyor ve O'nun tarafından yönlendiriliyordu. Davut ne zaman Tanrı'ya sorsa, tıpkı cömert bir baba gibi Tanrı ona ne yapması gerektiğini söylüyordu. Ben de tıpkı Davut gibi her konuda Tanrı'nın isteğini sordum ve Tanrı, net bir şekilde Kutsal Ruh'un sesini duymamı sağladı.

Kırk günlük oruç

1981 yılının kış sömestr tatilinde, ilahiyat fakültesinin ikinci sınıfındaydım ve Tanrı, kırk günlük oruç tutmam için yüreğime tesir etti. Dua merkezine giderken, yanıma Kutsal Kitap, bir ilahi kitabı ve birkaç vaaz kitabı aldım. Tam evden ayrılmak üzereyken Kutsal Ruh'un sesini çok net bir şekilde işittim.

"Kırk günlük oruç süresinde Kutsal Kitap ve ilahi kitap dışında ne bir başka kitap al ne de oku!"

Çantamı açıp Kutsal Kitap ve ilahi kitap dışındaki tüm kitapları çıkardım. Osanri dua evine gittim. Tatil olduğundan binlerce inanan oradaydı. O günler son altmış yılın en soğuk günleriydi. Dua merkezinde ki tüm resmi dua hizmetlerine katıldım ve bunun yanı sıra kendime şafak, öğleden sonra ve gece 11 olmak üzere dua zamanı tayin ettim. Dua odasına gidip diz çöktüğümde, soğuktan buz kesmiş gibi hissediyordum. Ama bir gün dahi olsa hiç aksatmadan yakararak duamı ettim.

Dua odası sanki buz tutmuştu ve odanın kendisi sanki koca bir buz küpüydü. İlk otuz-kırk dakikalık mücadeleden sonra Tanrı bana lütfetti ve bende birkaç saat boyunca yakararak dua edebildim. Yeni bir inanan olduğumdan, beş günlük, yedi günlük, on beş ve yirmi günlük oruçlar tutuyordum. Sık sık oruç tutuyor ve aynı anda okula devam ediyordum. Tanrı'nın yardımıyla kırk günlük orucun zor bile olmayacağını düşünüyordum. Tanrı'nın egemenliği ve doğruluğu için, bana sözünü açıklaması için dua ediyordum. Beni bir hizmetkârı olarak seçmişti ama bunu kendi kendime yapacak gücüm yoktu. Kendisine hizmet edebilecek gücü bana vermesi için dua ettim. Bunların yanı sıra kendi kilisemi açmak içinde dua ettim ve Tanrı bana dünya misyonunu gerçekleştirecek bir kilisenin hayalini verdi.

"Hastalık ve yoksulluktan ıstırap çeken bir çok can var. Kilisen ihtiyacı olanlara yardımcı olsun, insanların ruhunu ve bedenine şifa dağıtsın, müjdenin tüm dünyaya duyurulmasına tanık olsun ve dünya misyonunu gerçekleştirsin. Kilisen yükselsin ve aydınlatsın. Seni ben seçtim, başından sonuna kadar sana rehberlik edeceğim. Bunu yapacaksın, bunu yapabilirsin, kiliseni açacaksın."

Kendim de çok uzun süre hastalıklardan azap çektiğimden, bu durumda olan kişilerin halinden anlıyordum. İnanmayanların içine iman tohumunu ekmek, hastalara şifa vermek, günahla dolu bu dünyada insanları birbirlerine bağlayan adaletsizlik zincirini biraz olsun gevşetebilmek için Tanrı'nın yüce ve sınırsız gücünü alabilmek için dua ettim:

"Tanrım, bana öyle bir güç ver ki insanlar gölgeme veya giysilerime dokununca şifa bulsun ve söz ile buyurduğumda düşman şeytan uzaklaşabilsin."

Kendimi böylesine adayarak dua ettiğim bir zaman, Tanrı'nın bana şeytanı def edebilme yetkisini vereceğine dair vaadini aldım. Oysa benim hayalim, müjdeyi duyurmak için Tanrı'dan daha çok güç almak, Tanrı'yı bilmeyenlerin, yeryüzünün hastalıklarından, sefaletinden ve kaygılarından ıstırap çekenlerin yüreklerine iman tohumunu ekmek ve dünyanın dört bir köşesine müjdeyi duyuracak bir kiliseyi kurmaktı. Dünya misyonu hayalini başarmak için, Tanrı'nın sınırsız gücünü almalıydım. Bu yüzden Musa, Yeşu, İlyas, Elişa, Petrus ve Pavlus gibi Tanrı tarafından tanınan ve sevilen bu Tanrı adamlarının sahip olduğu güce sahip olmaya özlem duyuyor ve bunun için dua ediyordum.

Ayrıca Tanrı'nın hizmetkârı olmak için sadece güç ve otorite değil, ama ayrıca Kutsal Ruh'un on iki meyvesini de istiyordum. Ancak altıncı günden sonra Tanrı benden çekildi. Bana yardım etmediğinden, düşman şeytan beni rahatsız etmeye başladı. Yedinci ve sekizinci günler geçince el ve ayaklarımda kramplar ve baş dönmesi oldu. Delirdiğimi sanıyor, geceleri uyuyamıyordum. Aklımı oynatmamak için kendime hâkim olmaya çalıştım. Rüyamda birisi bana zorla pirinç yedirdi. Uyandıktan sonra böyle bir rüya gördüğüm için tövbe ettim.

Tanrı'yı küçük düşüreceğimi düşündüğümden vazgeçmek

istedim ama o an bıraksam en baştan başlamam gerekirdi. Böylece her gün çektiğim acılarla baş etmeye çalıştım.

Dokuz gün sonra bu belirtiler yok oldu. Yirminci günün sonunda artık Kutsal Kitap okuyacak bile gücüm yoktu, bu nedenle bir papazın yazdığı vaaz kitabını satın aldım. Birkaç bölüm okuduktan sonra daha fazla okuyacak gücüm kalmadı. Dua odasına gittim ama yakararak dua edebilecek gücü alamadım. Dua edebilmek için bayağı bir mücadele verdim. "Tanrım, bana yakararak dua edecek gücü ver" diye dua ettim.

Ne kadar zaman geçtiğini bilmiyordum, ama ben böyle mücadele ederken sanki yüreğimin kapısı tıklandı: *"Sana Kutsal Kitap ve ilahi kitaptan başka bir kitap yanına alma ve okuma demiştim. Neden bir insanın yazdığı kitabı okudun?"*

Bu sesi duyunca kendime geldim ve şöyle dedim: "Tanrım, bunun o kadar büyük bir kabahat olduğunu bilmiyordum, ama itaatsizlik ettim. Lütfen beni bağışla!" Kutsal Kitap'ı okumak o an için zor geldiğinden başka bir şey okuyabilirim diye düşünmüştüm. Bunun bir itaatsizlik olduğunu fark etmiş ve tamamen tövbe etmiştim. Bundan sonra gücüm yerine geldi ve tekrar dua etmeye başladım.

Yirmi sekizinci günde bir deri, bir kemik kalmıştım. Vücut ağırlığım çok düşmüştü. Otuzuncu günde bağırsaklarım kuruyup birbirine yapışmıştı. Su bile içemiyordum, hazımsızlık çektiğimi düşünüyordum. Birazcık su içsem geri geliyordu. Kurumuş kan istifra ettim. Sanırım midemde bazı damarlar çatlamıştı, kurumuş kan çıkarmam bu yüzdendi.

Otuz ikinci günde, o zamanlar ilkokula giden en büyük kızım beni görmeye geldi. Başkalarıyla aynı odayı paylaşıyordum ve istifra etmemden dolayı rahatsız olacaklarını düşünerek kızımla birlikte evime döndüm. Evin yakınlarında kiraladığım odada orucuma devam ettim. Bu, kendi irademe verdiğim büyük bir mücadeleydi. Otuz dokuzuncu günün akşamı saat on birde bir mucize oldu ve tüm ağrılarım yitip gitti. Tanrı yukarıdan bana güç verdi. Tekrar eski gücüme kavuştum. Banyo yapıp giysilerimi değiştirdim. Gece yarısı şükran duası edip orucu bitirdim.

Yavrusunu eğiten bir kartal gibi

Sonraları Tanrı'nın kırk günlük orucumda beni neden yalnız bıraktığını merak ettim. O zamana kadar Tanrı bana yardım ettiği, benim yanımda olduğu için tüm oruçları sorunsuz bitirmiştim. Bu yüzden Tanrı'ya neden kendi gücümle, kendi başıma oruç tutmak zorunda kaldığımı sordum. Tanrı beni şöyle cevapladı.

"Ben seni terk etmedim, seni eğitmek için yaptım bunu. Benim sana verdiğim güçle bitirdiğin oruçla, kendi iradeni ve kuvvetini kullanarak bitirdiğin orucu karşılaştırırsan arada kazandığın gücün ne büyük olduğunu göreceksin."

Gücümü ve dayanıklılığımı anca kendi irademle bitirdiğim oruç sonunda kazanabilir, bu sayede zorlukların üstesinden gelebilirdim. Bu sözleri duyar duymaz aklıma Yasa'nın Tekrarı 32:11-12 geldi.

"Yuvasında yavrularını uçmaya kışkırtan, onların üzerinde kanat çırpan bir kartal gibi, kanatlarını gerip onları aldı ve onları kanatları üzerinde taşıdı. Ona yalnız RAB yol gösterdi, yanında yabancı ilah yoktu."

Kartallar yüksek tepelere yuva kurarlar. Yavrular biraz büyüyünce anne kartal onları yavaşça yuvadan iter. Yavru kartallar düşerken içgüdüsel olarak kanatlarını çırpar. Bu eğitimden geçen kartallar hayat yarışında başarılı olur, göklerde özgürce uçabilirler. Anne kartalın yavrularını geçirdiği eğitimden beni geçiren sevgi Tanrı'sı için gözyaşlarımı tutamadım.

Bölüm 5

Kilisenin başlangıcı

Üç yıl boyunca Tanrı'nın sözüyle hazırlanma

Seni ben arındırdım

'Üç yılın' ne anlama geldiğini düşündüm. 9 Temmuz 1974'te, babamın doğum gününde karımla boşanma sürecimizi başlatan olay yaşanmıştı. 10 Temmuz 1977'de ise Keumho Dong çarşısında dükkân açıp ekonomik istikrara kavuşmuştuk. Tüm bunlar tam üç yıl sürdü, ne bir gün eksik, ne bir gün fazla. İlahiyat fakültesi dört yıl sürdüğünden, üç yıl boyunca kendimi Tanrı'nın sözü ile hazırladıktan sonra, Tanrı'nın neden 'belirti ve harikaları' izlemem için benimle birlikte olacağını söylediğini anlamamıştım. Ama kısa süre sonra bu sözlerin de ne anlama geldiğini anladım. 1982 Şubatında Masan'daki Ilman Kilisesi papazının isteğiyle bir diriliş toplantısında konuşma yaptım. O tarihte ilahiyat fakültesine girmemin üzerinden tam üç yıl geçmişti. Kilisenin ileri gelenlerinden biri bana şöyle demişti:

"Peder, lütfen kiliseme gelip diriliş toplantısında vaaz verin."

"Benim henüz peder olarak atamam bile yapılmadı, ben fakültede öğrenciyim. Diriliş toplantısında nasıl konuşabilirim ki? Lütfen bu işi başkasından isteyin."

"Hayır. Ben bu diriliş toplantısı için çoktandır dua ediyordum ve Tanrı aklıma sizi getirdi. Bu toplantıda konuşmanız Tanrı'nın isteğidir."

"O zaman dua edip size cevabı bildireceğim."

Henüz öğrenci olduğum ve bu da vaaz vereceğim ilk toplantı olacağından kendime güvenim tam değildi. Osanri dua evinde üç günlük bir oruç tutarak kendime güvenimi topladım. Eve geldikten sonra dizlerimin üzerine çöküp diriliş toplantısında vereceğim vaazın hazırlıkları için dua ettim. O anda Tanrı bana, şafak ayinleri de dâhil olmak üzere on bir tane mesajı, okuma parçalarıyla birlikte çok net bir şekilde, tüm detaylarıyla bildirdi. Tanrı'dan gelen bu mesaj bana daha önce okuduğum bir kitabı hatırlattı. "Bu kitabı daha önce okudun, onu örnek ver." Çok etkilenmiştim. Tanrı için hiçbir şeyin imkânsız olmadığını bir kere daha anladım. Her vaazın giriş bölümünden sonuç bölümüne kadar tüm hazırlıklarını yaptım. Tanrı'nın lütfuyla tüm toplantıları başarıyla tamamladım. Kilisenin tüm üyeleri, çok etkilendiklerini bildirerek bana teşekkür etti. Pek çoğu daha önce hiç deneyim etmedikleri Yaşam Sözü olduğunu dile getirdiler. Vaazım ruhlarını değiştirdi ve sorunları çözüldü.

Bu toplantıdan sonra daha pek çok kilise diriliş toplantılara davet edildim. Her seferinde Kutsal Ruh, fırıl fırıl dönen güçlü bir rüzgâr gibi, konuşmalarımı Tanrı'nın belirti ve harikalarının işleriyle izledi. Tanrı beni hizmetkârı olarak seçtiğinde *"Üç yıl,"* demişti. *"Sözle üç yılda hazırlan."*

Başarılı bir kilise için

İlahiyat fakültesinin son sınıfına geldiğimizde sınıf arkadaşlarım da kilise kurmak için hazırlıklar yapıyorlardı. Kiliselerle ilgili konferanslara katılıp araştırmalar yaparak kilise kurulması konusunda bilgi sahibi olmaya çalışıyorlardı. Bana tavsiyelerde bulundular. "Peder, sürekli olarak dağlarda oruç tutup dua ederek nasıl kuvvetli bir kilise kurabilirsiniz? Daha fazla bilgi edinmek için neden bize katılmıyorsunuz?" Tabi ki onların çalışmalarının da faydası vardı ama benim düşüncelerim farklıydı.

Ben insanların yöntemlerinden ziyade, Tanrı'nın Kutsal Kitap'ta anlattığı yöntemleri öğrenmek istiyordum. Kutsal Kitap'ı okudukça Petrus ve Pavlus gibi imanın babalarının, buldukları her fırsatta dua ettiklerini gördüm. Kutsal Kitap üzerinde tefekkürlere dalarak Tanrı'nın sözünü kavradım ve coşkuyla müjdeyi duyurdum.

Elçilerin İşleri 8:26'dan itibaren Kutsal Ruh'un önderliğinde Filipus çöllere gitti. Bu sırada Etiyopya kraliçesi Kandaki'nin vezirlerinden biri, kraliçenin tüm hazinelerinden sorumlu olan Etiyopyalı bir hadım, ülkesine dönmekteydi. Hadım Yeşaya peygamberin metinlerini okuyarak Tanrı'nın sözünü anlamaya çalışıyordu. Bunun üzerine Filipus ona İsa'yı anlattı ve onu vaftiz etti. Ayrıca Pavlus Müjde'yi Asya'da da duyurmak istiyordu ama Kutsal Ruh onun Asya'da değil, Makedonya'da Müjde'yi duyurmaya yönlendirdi. (Elçilerin İşleri 16:6-10)

Söz üzerinde tefekkür etmenin ortaya koyduğu, Tanrı'nın bizzat kendisinin hizmetkârlarına rehberlik edip onları yönlendirdiğiydi. Başarılı bir kilise için Tanrı'yla derin bir iletişim kurmanın ve O'nun isteğini izlemenin son derece önemli olduğunu öğrendim. Bu nedenle bulduğum her fırsatta dua ederek Tanrı sözünü ruhsal olarak özümsemeye çalıştım.

Karım insanlara sevgiyle yaklaşıyor

1982 yılı Mart ayında 40 günlük orucum ve telafi gıdaları yediğim dönemin sonunda, yeni akademik yıl başladı. Yeni yılda, gittiğim kilisede çekirdek gruplar yeniden yapılandırılıyordu. Karım grubun servis başkanı, bayan diyakoz Aeja Ahn ise grup lideri olmuştu. Grubumuzda beş kişi vardı. Nisan'da bu sayı yirmi beşe çıktı.

Karım tüm gayretiyle Hıristiyanlığı öğretiyor, gelen kişilerle ilgileniyordu. Ayrıca her gün evde bayan diyakoz Aeja Ahn ile dua etmek için de zaman ayırıyordu. Bu dualarla ailevi sorunlara çözümler bulunuyor, aile üyelerine Hıristiyanlık anlatılarak büyük bir sevap işleniyordu. Dahası, karım çok güzel yemek yaptığından her toplantıda gelenlere çok lezzetli yemekler ikram ediyordu.

Pazar sabahı kızlarımızı evlere yollayıp "Bugün kiliseye gitme günü. Lütfen saat ona kadar bizim eve gelin." dedirtiyorduk. Eğer insanlar saat ona kadar gelmedilerse kızlar bir kere daha gidip kapılarını çalıyor, birlikte kiliseye gitmek için neredeyse yalvarıyorlardı. Bazıları kızların ısrarına dayanamayıp gelirdi. Böylece Pazar günleri bizim grubumuzla kiliseye gelen yaklaşık otuz kişi oluyordu. Karım bu insanlara sevgiyle yaklaşıp onlarla tek tek ilgilenerek papaz karısı olmak için bir nevi kendini eğitiyordu.

Sadece yedi dolarla

Müthiş bir şey oldu

Mart'ta ilahiyat fakültesi son sınıfa başladığımda, her zaman müşteri kaynayan dükkânımıza kimse uğramaz oldu. Dükkân tamamen boşalmıştı. Önce geriye şöyle bir bakıp Tanrı ile aramıza günah duvarı örüp örmediğimize baktım ama ertesi gün her şeyin yoluna gireceğini umdum. Ama değişen bir şey yoktu. Karımla birlikte Tanrı'ya yakardıksa da cevap alamadık. Gelirimiz kesildiğinden dükkânın kirası, verdiğimiz depozitodan kesildi. Sonradan, bunun Tanrı'nın takdiri ilahisi olduğunu anladık. 25 Temmuz'da kilise kurmak için çalışmalara başlamak üzere dükkânı kapattık. Bu arada tüm depozito tükenmişti. Tüm vergileri de ödedikten sonra cebimizde sadece yedi dolar kaldı. Tanrı bu dünyada kazandığımız her şeyi sıfırlamış, bizi kiliseyi sadece yedi dolarla açmak zorunda bırakmıştı.

Hasta olup kiliseye gelen insanlar

"Miyoung'un annesi neden hep mutlu?"

Hayatımın bir döneminde ölmeyi beklerken, Hıristiyan inanışını benimseyen karım hastalıklarımın bir bir iyileştiğine şahit olmuştu. Artık hep mutlu ve sevinç içindeydi. Ertesi gün yiyecek bir şeyimiz olmasa bile yine de şükranla doluyduk. Bulaşıkları yıkarken ya da başka işler yaparken bile hep ilahi okurdu. Her tanıştığı kişiye Yaşayan Tanrı ile tanışmasını anlatır ve Müjde'yi duyururdu. Günlerini Kutsal Ruh'la dopdolu geçirirdi.

Kilise açılmadan önce ailemiz hakkındaki haberler çevreye yayıldı, birçok kişi onlar için dua etmemi ister oldu. 1982 yılının Nisan ayında bir inanan ziyaretime geldi. O kadar zayıftı ki neredeyse bir deri, bir kemikti. Doğuştan gelen kalp rahatsızlığı nedeniyle yürümekte zorluk çekiyordu.

"Peder, doğum yaptıktan üç gün sonra vücudum şişti ve durumum kötüleşti. Bebeğimi bile kaldıramaz hale geldim."

"İmanla duayı al. Tanrı sana şifa verecektir."

Bir kere dua ettikten sonra kalp rahatsızlığı düzeldi. Kendisi kilisemiz cemaatinden bayan diyakoz Seong Ja Kim'dir. Başka bir gün dükkâna orta yaşlı bir kadın geldi. Ailem hakkında söylenenleri duyup beni görmek istediğini söyledi. Yirmi yaşından büyük bir kızı vardı ve kızının kalça kemiği yerinden çıkmıştı. Kızın bacaklarının biri uzun, biri kısa olduğundan düzgün yürüyemiyordu. Ağrıları o kadar artmıştı ki ancak morfinle tedavi edilebiliyordu. Fakat artık morfine de bağışıklık sağladığından o da fayda etmiyordu. Kuvvetli ağrı kesiciler de ağrısını dindirmiyordu. Onların evinde bir ayin düzenledim. Kutsal Ruh'un önderliğinde yirmi bir gün onlar için dua ettim.

O zamanlar gündüzleri okula gidip geceleri de dua ettiğim

için çok fazla vaktim yoktu ama yine de onlara Tanrı sözünü anlattım ve yirmi bir gün onlar için dua ettim. Kız yavaş yavaş inanmaya başladı, aldığı ilaçların hepsini bıraktı. Sadece Tanrı'ya inanmaya başladı. Yirminci günde ağrıları kesildi. Ertesi gün şu itirafta bulundu:

"Peder, bu çok eski bir ev, bodrumda ve tavan arasında fareler dolaşıyor. Devamlı ses çıkarıyorlar. Geceleri yatak odalarımıza bile geliyorlar. Onlardan çok rahatsız oluyordum. Ama dün gece bir rüya gördüm ve sabah kalktığımda inanılmaz bir şey oldu!"

Farelerden kurtulmak için fare zehri koymak dâhil ne denedilerse faydası olmamıştı. Özellikle de bu kız ağrılarından dolayı çok rahatsız oluyordu. Geceleri farelerin çıkardığı gürültüden uyuyamıyordu. Ancak geceleyin rüyasında benim dua ettiğimi görmüş, bunun üzerine fareler gruplar halinde evi terk etmeye başlamış, en sonunda da çok büyük bir tanesi evden çıkıp gitmiş. Ondan sonra da kızın tüm ağrıları dinmiş, gerçekte de tavan arasındaki tüm fareler yok olmuştu. Bu kardeşimiz başına gelen bu olaydan o kadar çok etkilenmişti ki duygularını gizleyemiyordu. Birkaç gün sonra bu genç kızın annesi tekrar beni görmeye geldi. "Peder, kızım ölüyor! Lütfen gelip onun için dua edin!"

Evlerine gittiğimde vakit gece yarısıydı. Kız yerde acılar içinde kıvranıyordu. Üç günlük oruç tutmuş ama oruçtan sonra telafi gıdaları yiyeceğine kızarmış tavuk yemişti. Akut hazımsızlık çekiyordu. Kutsal Ruh'un ilhamıyla eğilip elimi karnına koyduğumda midesindeki bir kemiği net bir şekilde görebiliyordum. Bir süre sonra kemik erimeye başladı. Dua biter bitmez midesinde ne varsa çıkardı. Derin bir nefes aldı ve yüzünün rengi normale döndü.

Temiz bir kap olmak

Her türlü kötü düşünceden kurtulmak ve Tanrı'nın buyruklarını yerine getirmek için sık sık oruç tutardım. Kutsal Ruh'un dokuz hediyesini almıştım, onun gücünü gösterebiliyordum. Tanrı'nın sözünü anlayabilmek için yedi yıl dua ettikten sonra Tanrı bana bir kadın kâhin yolladı. 1982 yılının Nisan ayında karımın Hıristiyanlık öğrettiği kadınlardan biri bana gelip şöyle dedi:

"Peder, gecenin bir yarısında biri üç kez adımı söyledi, gözlerimi açtım. Gözlerimi açık tutmamı zorlaştıran parlak ışıklar arasında Tanrı belirdi ve bana şöyle dedi: 'Seni seçiyorum, herkes bunu bilsin, seni tüm dünyadaki tanığım ilan ediyorum.' Peder, bunun ne anlama geldiğini bilemiyorum."

O zamanlar bu hanım Yaratılış ve Matta'nın ne olduğunu bilmiyordu. Mide rahatsızlığı dualar sayesinde iyileşmişti. Kilise kurmak için dua toplantıları düzenlediğimiz dönemde Tanrı'nın sözünün onun dudaklarından dökülmesi beni çok etkilemişti çünkü bunlar Tanrı beni hizmetkârı olarak seçtiğinde söylediği sözlerdi.

"Kutsal Ruh'un on iki hediyesini istememiş miydin? İşte ben sana onları verdim, şimdi şükran duası et."

Ayrıca Tanrı kehanet yoluyla bana sadece benim bilebileceğim şeylerden bahsetmişti. Bunların bazılarından karımın bile haberi yoktu. Böylelikle Tanrı'nın bana peygamberlik yeteneği verdiğini anladım. Duyduklarımın Tanrı sözü olduğuna Tanrı beni tamamen inandırmıştı. O zamana kadar ben, Ruh'un on iki armağanıyla, 1 Korintliler 12. bölümde geçen dokuz ruhsal armağanın yanı sıra görüm, ilahi görüş ve sevgi armağanlarını da almak için dua ediyordum.

Peygamberlik nedir?

Kutsal Kitap, Tanrı'nın sesini duyabileceğimiz çeşitli yöntemlerden bahseder. Seslerden biri bizzat Tanrı'nın sesidir, diğeri ise Kutsal Ruh'un sesidir. Ayrıca Tanrı bazen insan kılığına girmiş bir melek vasıtasıyla da bizimle konuşabilir.

"RA'bin eli üzerimdeydi, Ruhu'yla beni dışarı çıkardı, kemiklerle dolu bir ovanın ortasına koydu. Beni onların arasında her yöne dolaştırdı. Ovada her yere yayılmış, tamamen kurumuş pek çok kemik vardı. RAB, 'İnsanoğlu, bu kemikler canlanabilir mi?' diye sordu. Ben, 'Sen bilirsin, ey Egemen RAB' diye yanıtladım. Bunun üzerine, 'Bu kemikler üzerine peygamberlik et' dedi, 'Onlara de ki, 'Kuru kemikler, RA'bin sözünü dinleyin! Egemen RAB bu kemiklere şöyle diyor: İçinize ruh koyacağım, canlanacaksınız. Size kaslar verecek, üzerinizde et oluşturacağım, sizi deriyle kaplayacağım. İçinize ruh koyacağım, canlanacaksınız. O zaman benim RAB olduğumu anlayacaksınız.' Böylece bana verilen buyruk uyarınca peygamberlik ettim. Ben peygamberlik

ederken bir gürültü oldu, bir takırtı duyuldu. Kemikler birbirleriyle birleşiyordu." (Hezekiel 37:1-7).

"İsa'ya tanıklık peygamberlik ruhunun özüdür." (Vahiy 19:10).

Peygamberlik başkası adına konuşmaktır. Peygamberler arasında insanlar adına konuşanlar da vardır, Tanrı adına konuşanlar da... Kutsal Kitap'ın Hezekiel bölümün 37. bölümün de gördüğümüz gibi, Tanrı'nın Ruh'u Hezekiel ile birlikteydi. Tanrı onun ağzından konuşmaya başlamıştır. Tanrı, bir insanın ağzından konuşuyor olduğundan cümleler emir kipindeydi. Peygamberlik insanlar tarafından değil, Kutsal Ruh aracılığıyla Tanrı tarafından bizzat yapılır. Kutsal Ruh bir insana Tanrı'nın isteğini ileten çalışır. Bu nedenle söylenen sözler Tanrı'nın sözleri ve onun garantisi altındadır. Öyleyse peygamberliğin ruhu nedir?

Kutsal Ruh vasıtasıyla gerçeği konuşuyorsanız, gerçeğin ta kendisi olan İsa'ya tanıklık ediyorsunuz demektir. Dolayısıyla Kutsal Ruh'la gerçeği konuşan insan aracılığıyla İsa'nın ruhuna tanıklık edildiğinden, bu kişi peygamberlik yapıyor demektir. Peygamberliğin ruhu budur. Nasıl Hezekiel Tanrı sözüne itaat edip peygamberlik yaptıysa, Tanrı'nın sözüne peygamberlik eden bir kişiden çeşitli vahiyler alabiliriz.

Matta 11:27'de söylediği gibi, İsa bizlerinde vahiy almasını istemektedir. *"Babam her şeyi bana emanet etti. Oğul'u, Baba'dan başka kimse tanımaz. Baba'yı da Oğul'dan ve Oğul'un O'nu tanıtmak istediği kişilerden başkası tanımaz"*

Ayrıca elçi Pavlus da 2 Korintliler 12:1'de *"Yararlı olmasa da övünmek gereklidir. Şimdi görümlere ve Rab'bin vahiylerine geleyim."* demektedir.

Tanrı'nın vahiylerini elçi Pavlus gibi alabilirsek Tanrı'yı tamamen anlayabilir ve hatta olacakları da önceden bilebiliriz. Ve ancak olacakları önceden bilerek Rab'bin yeniden gelişine hazır olabiliriz.

Kilisenin açılışı için alınan yanıt

Seni aforoz etmek istiyorlar

Kilisenin açılışı için hazırlıklar yaparken pek çok dua toplantıları düzenledik. Bayan diyakoz Aeja Ahn'ın evinde şifa toplantısı yaptık. Bu toplantıya büyük bir kalabalık geldi. İkinci dua toplantısı bizim dükkânda yapıldı. Kırık olan kolu alçıya alınmış biri geldi, alçıyı çıkarıp gitti. Hamile kalamayan bir kadın için dua edildi. Bir süre sonra duyduğuma göre kadın hamile kalmıştı. Üçüncü toplantı dağda yapıldı. Bu toplantıya kırktan fazla insan katıldı. Bunların bazıları ilahiyat öğrencisi ve papazlardı. Katılımcılardan biri omurgasından ameliyat olmuş ama problemi nüksetmişti.

Durumunun kritik olduğu söyleniyordu ama o, ısrarla bu toplantıya gelmek istemişti. Birisi onu güçlükle taşıyarak toplantıya getirmişti, ben de baştan sona onun için dua ettim. Toplantı bittiğinde kadın tamamen iyileşmiş, dağdan kendisi inmişti!

Dördüncü toplantı da dağda gerçekleştirildi. Bu toplantıya pek çok ilahiyat öğrencisi katıldı. Tanrı'nın sözü üzerimize gelmişti.

"Bu toplantıdan sonra sana bir sınav uygulanacak. Endişelenme, sadece bana inanmaya ve dua etmeye devam et. Seni kutsayacağım."

Bundan kısa bir süre sonra bir sınavdan geçirildim. 1982 yılının Haziran ayında final imtihanlarına girdikten sonra eve geldim. Hocalardan biri peşimden eve kadar gelmişti. Bunun normal olmadığını biliyordum. Bana şunları söyledi: "Dağlara gidip pek çok defalar dua ettim, bu yüzden ruhani dünyayla ilgili bilgim var. Senin ruhsal derinliğin var ve pek çok ruhsal hediyeyle donatıldığını da biliyorum. Bir kilise açmak üzere olduğun için Şeytan seninle uğraşıyor. Peder, sanırım bu kilise açma işini ertelesiniz iyi olacak. Bugün profesörler toplantı düzenledi. Sizi kovmayı düşünüyorlar. Sizin öyle bir insan olmadığınızı biliyorum fakat..."

Şeytanın işleri kilisenin açılışını engelliyor

Danışmanımın anlattıklarını tüm detaylarıyla dinleyince hem onun, hem de kilisedeki pederin benim hakkımda yanlış düşüncelere kapıldıklarını anladım. "Peder, dağlardaki dua toplantıları sırasında Mesih olduğunuzu söylediniz mi? Yanınızda bir kadın götürüp diğer papazları ellemesine izin verdiniz mi?"

"Ben hiçbir zamana Mesih olduğumu söylemedim. Ve hiçbir kadının da diğer papazları ellemesine izin vermedim."

Toplantılarda dua ettiğim sırada pek çok şifa olayı da gerçekleştiğinden bunu çekemeyen sınıf arkadaşlarımdan biri hakkımda doğru olmayan suçlamalarda bulunarak bir rapor hazırlamıştı. "Peder Jaerock Lee'nin yaptığı bazı şeyler grup içinde bölünmelere ve ayrılmalara yol açıyor. Mesih olduğunu iddia ediyor."

Hiçbir doğruluğu olmayan bu dedikodular süratli bir şekilde yayılmıştı. Dahası, bu rivayetleri duyan, dört yıldır bana ders veren profesörlerim ne cevap vereceğimi bile dinlemeden beni kovmayı düşünüyorlardı. Ne var ki ben masumiyetimi kanıtlamak için gidip kimseyle özellikle konuşmadım. Çok zor bir durumdaydım ama Tanrı'ya dua ettiğimde o bana şükranlarımı sunmamı, o kişiler için de sevgiyle dua etmemi söyledi.

Eylül ayında yeni dönem başladı. Okula gittiğimde sınıf arkadaşlarımın benimle ilgili olarak tartıştıklarını duydum. Beni yalan yere suçlayan arkadaşımızın tövbe etmek için o dönem kaydını yaptırmadığını söylediler. Ben de onun ziyaretine giderek okula gelmesini çünkü ona karşı dargınlık ve kırgınlık gibi duygularım olmadığını söyledim. Tanrı öyle bir yönlendirmişti ki tüm sorunlar kolayca halloldu. Beni yalan yere suçlayan kişi bile ışığa çıkarılmıştı. Kiliseyi açtıktan ve açılış seremonisini düzenledikten sonra beni yanlış anlayan profesörlerim de dâhil pek çok kişi geldi ve kutlamaları beraber yaptık. Mezuniyet için kilisede profesörlere şükran partisi düzenledik.

Cevap geldi: 'Manmin, Tüm Yaratılanlar' Kilisesi

İlahiyat fakültesine ileri yaşta gittiğim için kiliseyi bir an önce kurmak istiyordum. Fakülteye başladığım ilk yıldan itibaren kilisenin adı için dua ederdim ancak o zamana kadar cevap alamamıştım. Beklediğim cevap kilise açılmadan hemen önce geldi.

"Kiliseye Manmin adını ver. Zamanı gelip hacca gittiğinde neden bu adı verdiğimi anlayacaksın."

1989 yılında Kutsal Topraklara hacca gittim. İsa Getsemani'de çarmıhın takdiri ilahisini gerçekleştirmek ve tüm insanlarla ulusları kurtarmak için, teri kandamlalarına dönüşüp yere akana kadar dua etmişti. Burada Hıristiyan dünyasının birliğini temsil eden "Church of All Nations" (Tüm Milletlerin Kilisesi)'ni büyük bir huşu içinde gezdim. Tanrı, İsa Mesih'i insanları ve ulusları kurtarmak için bir kefaret sunusu olarak göndermişti. Tanrı son günlerde takdiri ilahisini tamamlamak ve Müjde'nin kutsallığıyla dünya misyonunu gerçekleştirmek ister. Dolayısıyla kilisemize tüm yaratılanlar anlamına gelen 'Manmin' adını vermiştir.

İlk başlarda kilisemize sadece 'Manmin Kilisesi' diyorduk ama sonra şubelerimiz olacağını düşünerek 'Manmin Merkez Kilisesi' adını aldık.

Neden zor olan yolu seçiyorsun?

"Peder, neden kilise kurmak istiyorsunuz? Kilise kurmanın güçlüklerini biliyor musunuz?" "Yıllarca sadece yulaf ezmesi yiyeceksiniz. Çocuklarınızın eğitim görmesini istemiyor musunuz? Günümüzde inanlıları toplamak ne kadar zor bilmiyor musunuz?" Öğütler şöyle devam ediyordu, "Ayrıca inançlıların ne kadar itaatsiz olabildiklerinden haberiniz var mı? Gelin bu kilisede birlikte çalışalım." "Peder, kilise kurarsanız çok fazla gözyaşı dökersiniz."

Kiliseyi kurmaya çalıştığım aşamalarda beni durdurmak isteyen çok kişi oldu. Birçok yeni kilisenin bu tür problemler yaşadığı bir gerçekti. Bazı papazlar bina ve tesisler için kredi alarak kilise açıyorlardı. Ancak kilise istedikleri gibi büyüyemeyince borçlarla baş başa kalırlardı. Pek çoğu çaresizlik içinde ortalıkta dolaşırdı. Ben her şeye gücü yeten Tanrı'ya inandığımdan içimde en ufak bir kuşku yoktu. Bana bu tür tavsiye verenleri utandırmamak için yüzlerine bir şey söylemedim. Sadece kendi kendime, "Kiliseyi açınca hiçbir sorun olmayacak, bolluk içinde yaşayacağız. Birçok cana yardım edeceğim, böylelikle de kilise kısa zamanda büyüyecek. Sonra hep birlikte Tanrı'yı yücelteceğiz diye düşündüm.

Tanrı'nın Filipililer kitabı 4:13'te söylediği söze inanıyordum. *"Beni güçlendirenin aracılığıyla her şeyi yapabilirim."* Matta 9:29'da İsa, '(işlerin) imanımıza göre olacağını' söyler. Ayrıca yine Matta 13:8'de 'ne ekersek Tanrı'nın bize otuz, altmış veya yüz katını vereceği' söylenir. Musa'yla elçi Pavlus gibi Tanrı'nın sevgili hizmetkârlarına bakarsanız, Tanrı onlarla birlikte olduğundan, insanlara tanrılar gibi göründüklerini görürsünüz (Mısırdan çıkış 7:1; Elçilerin İşleri 14:11).

Tanrı bizimleyse imkânsız diye bir şey yoktur. Ben buna inanırım. Ayrıca bir hizmetkârı olarak Tanrı sözüne konsantre olur, dua edip O'nun isteğini izlersem, Tanrı'nın her soruma cevap vereceğine, kilise, kilise çalışanları ve ekonomik sorunlar gibi konuları halledeceğine inanırım. İçimde onun verdiği güçle her istediğimi yapabileceğime inandığımdan görümlerim vardı. Bu görüm ve rüyalar için detaylı olarak dua ettim ve sesli olarak da itirafta bulundum.

Kutsal Ruh'un rehberliğine itaat

1982 Mayıs'ında Tanrı bana kiliseyi havalar çok sıcak olduğunda açacağımı söyledi ve beni Seul'un daha önce hiç duymadığım Shindaebang, Dongjak bölgesine yönlendirdi. Bölgeyi tanımadığım için oraya nasıl gidildiğini çevremdekilere sordum. O zamanlar o bölge fazla gelişmiş olmadığından pek fazla bina ve trafik yoktu. Sadece seksen üç metrekarelik bir yer vardı. Buranın aylık kirası yüz elli bin won (yüz elli dolar), depozitosu da üç milyon won (üç bin dolar)dı. Mal sahibiyle kontratı imzalarken kirayı yüz yirmi bin won'a düşürdü.

Kilisenin açılışı için Tanrı parayı hazırladı

Tanrı, bayan diyakoz Aeja Ahn aracılığıyla kilise için gerekli olan parayı bize sağladı. Aeja Ahn günde yaklaşık beş saat dua ederdi. Geçirdiği bir trafik kazası sonucunda oğlu üç milyon won tazminat almıştı. Kilise inşaatına bağış olarak bu parayı sunmak istedi ama onun inançsız kocası parayı başka bir şeye harcadığından yüreği acıyla dağlanmıştı. Ancak o ne olursa olsun inşaat için bu üç milyon won'u vermesi gerektiğini düşünüyordu. Bu arada ailemle tanışıp kiliseyi açarken bana katıldı.

Kocasının mobilya işleri pek iyi gitmediğinden evleri için ipotek almışlardı. Borçlarını ödeyemezlerse evleri çok ucuz bir fiyata satılacaktı. Evi yirmi milyondan satışa çıkardılar ama ilgilenen olmadı. Fiyatı on beş milyon won'a düşürdüler ama hâlâ kimse ilgilenmiyordu. Bu arada Samgak dağında dua ederken bayan diyakoz Aeja Ahn Tanrı'nın sözünü duydu:

"Üç günlük oruca niyetlenip evini satışa çıkar. İstediğin fiyatı koy, ben sana yardım edeceğim. Arttırılan fiyattan üç milyon won'u kiliseye ver."

Evlerini satışa çıkardılar fakat kaç zamandır düşük fiyatla bile alıcı çıkmadığından fiyatı yükseltirlerse emlakçıların kendilerine güleceğini düşündüler. Bayan diyakoz Aeja Ahn dikkatlice düşünerek evin fiyatını on sekiz milyon won'a çıkardı. Emlakçı kulaklarına inanamıyordu.

Emlak ofisinden eve giderken biri ona takılıp evi görmek istediğini söyledi. Evi çok beğendiğini söyleyen adam on sekiz milyondan kontratı imzaladı. Bayan diyakoz eğer daha fazla inanç gösterse yirmi milyon won'a satabileceği için üzüntü duydu. Tanrı, uzun süredir satılmayan evlerinin satılmasını sağlayarak onlara yardım etmişti. Böylelikle hem borçları ödendi, hem de kiliseye istediği gibi üç milyon won verebildi.

İnsanlara güvendiği için yürekten tövbe etmek

Kilise kurmak için hazırlıklarımı yaparken çevremdeki en az kırk kişinin kilise açıldığında da yanımda yer almasını bekliyordum. Beni tanıdıkları, sevdikleri için açılıştan itibaren kiliseye geleceklerini sanıyordum. Ama gerçekler farklıydı. 25 Temmuz 1982'de açılış ayinini düzenledik ama geleceğini sandığım kişilerden hiçbiri açılışa gelmedi. Geleceklerine söz veren kız kardeşlerimin gelmediğini görünce onları Tanrı'nın durdurduğuna inandım. Tanrı kardeşlerime güvenmememi istiyordu. Şöyle dua ettim: "Tanrım, akrabalarıma güvenme arzusu içinde olduğumu bana fark ettirdiğin için şükürler olsun. İnsanlara güvenmeye çalıştığım için lütfen beni bağışla. Senin isteğini şimdi anlıyorum. Bundan sonra hiçbir şekilde insanlara değil, sadece sana güveneceğim ve her şeyi duayla halletmeye çalışacağım."

Açılış servisinden sonra hâlâ insanlardan beklenti içinde olduğumu görüp tövbe ettim. Tanrı'nın kiliseme cemaat yollaması için dua ettim ve kilisem her hafta inanlılarla doldu taştı.

Sıfırdan başlamak

Dokuz yetişkin, dört çocuk

Açılışı yaptığımızda bina henüz tamamlanmamıştı. Pencerelerin çerçeveleri, kürsü ve yer döşemesi yoktu. İçersi çorak toprak gibiydi. Odayı perdeyle ortadan ikiye böldük. Perdenin bir tarafı ailem için, diğer tarafı da tapınak ve dua odası olarak kullanılıyordu. Benim ailemle birlikte açılışta dokuz yetişkin ve dört çocuk vardı. Yani benim ailem haricinde sadece birkaç kişi gelmişti. 'İman en büyük hazinedir.' başlıklı vaazı verdim. Manmin Merkez Kilisesi sıfırdan başlamıştı. Daha yeni açıldığı için çok masraf vardı ama hiç paramız yoktu. Ama ben ne akrabalarımdan, ne de başkalarından borç aldım. Sadece Tanrı'ya dua ettim. Yiyeceğimiz olmadığında Tanrı bir şekilde, birileri vasıtasıyla bize yemek verdi. Tüm yaz boyunca en sevdiğim meyve olan karpuzu bile yiyebildim.

Günde beş-altı saat hep birlikte dua etmek

Açılış servisinden sonra haftalık bağışlar otuz-kırk bin won'u bulsa da bunlarla kirayı bile karşılayamıyordum. Beş-altı inanan her gün bir araya gelip güneşin altında dua ederlerdi. Kilisenin üyeleri olmadığı için onlarla ilgilenmek üzere ziyaretlerine gitmem gerekmezdi. Dua odalarında dua ederken terden sırılsıklam olurduk. Yeremya 33:3'te şöyle denir: *"Bana yakar da seni yanıtlayayım, bilmediğin büyük, akıl almaz şeyleri sana bildireyim."* Tanrı'ya yakardıkça, Tanrı'da inançlı insanları kiliseye yönlendirdi ve gereksinim içinde olduğumuz şeyleri bize verdi.

"Tanrım, bize mikrofon ver"

Bir hafta dua ettikten sonra mikrofonumuz oldu. Ertesi hafta telefon için dua ettik, telefonumuz oldu. O zamanlar kilisenin fazla üyesi olmadığından Tanrı Cuma gecesi dualarımızı yerine getiriyordu. Cuma ayinlerine katılan diğer kilise üyeleri de Tanrı'nın lütuflarını aldılar ve kilise için gerekli şeyleri getirdiler. Bu şekilde perde, kürsü, piyano, elektrikli vantilatörler ve hatta üzerinde haç olan küçük bir çan kulesi bile geldi. Açılıştan iki ay sonra ihtiyacımız olan her şeye sahiptik.

Kutsal Kitap'ın Elçilerin İşleri bölümünde Tanrı'nın hizmetkârlarının Tanrı'nın sözüne ve dualara konsantre olmaları gerektiği söylenir. Ben de kilisenin tamirat işlerini cemaate bırakarak kendimi Tanrı sözü ve dua etmeye verdim. O zamanlar Tanrı sözünü tamamen bilmediğim için bildiklerimi Kutsal Ruh'un ilhamıyla Cuma ve Pazar günü ayinlerinde vaaz olarak anlatıyordum.

Ayrıca konuşma yeteneğim oldukça kıttı. Buna rağmen vaazlarımı dinleyenler yaşam ve iman sahibi oldular çünkü mesajlarım saf ve ruhani mesajlardı. Ayrıca Sözün peşi sıra gelen şeyler ve eylemlerde vardı. Cemaat sözü uyguladıkça imanları da büyüdü ve dualarına yanıt almaya başladılar. Açılış tarihinden itibaren Rabbim her hafta bize yeni inanlılar yolladı. Cumaları tüm gece süren ayinlerde Tanrı'nın mucizelerinin yerine geldiğini görenlerin imanları kat be kat büyüdü.

Yanıt Kutsal Kitap'ta bulmak

İlk kiliseler bizzat İsa tarafından eğitilen elçiler tarafından açıldığından Rab'bin isteğini izlediler. Tanrı onlardan hoşnuttu ve kurtulanları cemaatlerine kattı. Bu ilk kiliseleri kendime model olarak aldım. Tanrı'nın gözünde makbul olan kilise büyük bina ve büyük cemaate sahip olanlardan değil, ama bu ilk kiliselere benzeyenlerdir. Tanrı'nın isteği peşi sıra ilk kiliselerin örneğinde ilerlersek, kilisemizi sürekli canlı tutarak kutsar.

"Herkesi bir korku sarmıştı. Elçilerin aracılığıyla birçok belirtiler ve harikalar yapılıyordu. İmanlıların tümü bir arada bulunuyor, her şeyi ortaklaşa kullanıyorlardı. Mallarını mülklerini satıyor ve bunun parasını herkese ihtiyacına göre dağıtıyorlardı. Her gün tapınakta toplanmaya devam eden imanlılar, kendi evlerinde de ekmek bölüp içten bir sevinç ve sadelikle yemek yiyor ve Tanrı'yı övüyorlardı. Tüm halkın beğenisini kazanmışlardı. Rab de her gün yeni kurtulanları topluluğa katıyordu." (Elçilerin İşleri 2:43-47)

Tapınakta her gün toplanan ilk kiliseleri örnek alarak biz de her gün dua toplantıları yapıyor, Tanrı sözünü yaymaya çalışıyor, sevgi ekmeğini, yani diğer adıyla Tanrı sözünü paylaşıp uyguluyorduk. (Yuhanna 6:48). Tanrı her gün bizimleydi, bize belirti ve harikalar gösteriyordu. Her hafta aramıza yeni insanlar katıldığı için kilise çok çabuk büyüdü.

Sadece Tanrı sözüne güvenmek

Kilise açıldıktan sonra her kuruşu biriktirmek zorundaydık. Ama ben kutsanmanın sırrının Luka 6:38'de denildiği gibi olduğunu biliyordum: *"Sizde olanı verin, size verilecek. İyice bastırılmış, silkelenmiş ve taşmış, dolu bir ölçekle kucağınıza boşaltılacak. Hangi ölçekle ölçerseniz, size de aynı ölçek uygulanacak."* Bu sözlere dayanarak ihtiyacı olanlara yardım etmeye çalıştım.

O zamanlar kilisemizde on ilahiyat fakültesi öğrencisi vardı. Tapınağımızın 120.000 won (yaklaşık 120 dolar) olan aylık kirasını ödemekte bile zorlanıyorduk. Kilise açıldıktan kısa bir süre sonra yapılan bağışların içinden bir kısmını Tanrı'nın bize verdiği imanla kendi mezhebimize mensup başka kiliselere yolladık. Kuruluş servisinden sonra her üye, kendi mezhebimizle ilgili dini okul açmak için bir milyon won (bin dolar) bağışta bulunacağına söz vermişti. Elimizden gelenin en iyisini yaparak Tanrı sözünden yola çıkıp başkalarına yardımcı olmaya çalışan bir kilise haline geliyorduk.

Kiliseyi açarken Kutsal Kitap'tan model olarak alabileceğim bir yer düşünürken Elçilerin İşleri bölümünde bahsedilen kiliseyi örnek aldım.

"Sizler belirtiler ve harikalar görmedikçe iman etmeyeceksiniz"

Kuruluş Servisi

Kuruluş servisinin zamanı konusunda dua ettiğimde Tanrı bana şunu söyledi: "Açılış servisini tüm ekinler olgunlaştıktan sonra, ilk don olmadan önce yap." Böylece 10 Ekim 1982'de kuruluş servisini yaptığımızda yüz üyemiz vardı. Açılıştan beri Tanrı bize pek çok üye yollamıştı, tapınağımız dar bile geliyordu. Cumaları tüm gece süren ayinlerinde elli metrekarelik yer yüz kişiye az geldiğinden dua odalarında ve hatta merdivenlerde bile insan oluyordu. Kuruluş servisinden sonra bodrum katını da kiralamaya karar verdik.

Noel kutlamaları için dua ettiğimde, Tanrı bize İncil'le ilgili tiyatro oyunu oynayacak çok yetenekli kişiler yolladı, Noel'imiz çok güzel geçti. Tanrı'nın yolladığı kişilerden biri çiçek düzenlemesinde çok başarılıydı, biri de dansçıydı. Dansçı olan Pazar okulunda bazı dans ve el hareketleri öğretti. Kısa süre içinde

Kuruluş Hizmeti

cemaat üyeleri aktivitelere kendiliklerinden hazırlanabilecek hale geldi. O zamanlar, şafak ayinleri dâhil haftada ondan fazla vaaz veriyordum. Aynı zamanda da okula devam ediyordum. Geceleri de dua etmemize rağmen sabah saat dörtte şafak ayinlerini ben yönetirdim. Hastalıkların iyileştirildiğine dair haberler kulaktan kulağa yayıldıkça tüm ülkeden iyileşme ümidiyle insanlar gelir, ben de günde birkaç defa onlar için dua ederdim.

Bir ailede yaşanan değişiklik

İsa kabul etmeden önce Bay Youngsuk Kim çok fazla içki

içen biriydi. Bir türlü geçmek bilmeyen öksürük hâsıl olunca, hastaneye gitti. Kendisine tüberküloz teşhisi kondu. Ameliyat olması ve bir yıldan fazla süreyle dinlenmesi gerekiyordu ama tüm bunlar için parası yoktu.

Karısında ise doğumdan sonra mesane yangısı oluşmuştu. O kadar acı çekiyordu ki intihara bile kalkıştı, ama çok şükür ki başarılı olamadı. Ekim 1982'de kilisemizin adını duymuş olan Youngsuk Kim gelip üye oldu. On günlük oruç tutmaya niyet etti, şafak ayinlerine katıldı. Son derece yüksek ateşi vardı ve devamlı öksürüyordu. İyileşen diğer insanları görünce iyileşeceğine dair sağlam bir iman oluştu. Ben de onun için sık sık dua ettim. Onuncu günde ateşi düştü, öksürükler kesildi. Hastaneye kontrol için gittiğinde tüberkülozun geçtiğini söylediler. Hastalığı Kutsal Ruh'un ateşiyle tamamen iyileşmişti. Bundan sonra karısı da kiliseye katıldı, onun da mesane yangısı iyileşti. Kızlarının da sağlığı yerine geldi. Youngsuk Kim, Tanrı'nın lütuflarına şükran duygularıyla ilahiyat okumaya başladı. Şu anda papaz olarak çalışıyor.

Kutsal Kitap'ın mucizevî belirtileriyle cuma gecesi ayinleri

Cuma gecesi ayinlerine tüm ülkeden insanlar geliyordu. Bu ayinler bir tür, mezhepler arası servis haline gelmişti. Küçük tapınağımız insanlarla dolup taşıyordu. Kutsal Ruh'un ateşi çok sıcak olduğundan tavanda su damlaları birikiyordu. Katılanlar Tanrı'yı övüp ona dua ettikçe saat akşam on birde başlayan servis altıya kadar sürüyordu. Hasta insanların gelip bir gece içinde güle oynaya ayağa kalktığını gören insanlar kiliseye akın ediyordu.

Hastaneye gidip öleceği, iyileşemeyeceği söylenen kişiler kiliseye gelir gelmez iyileşir, kiliseye bastonla giren hoplayıp zıplayarak çıkardı. Görmeyenler görmeye, duymayanlar duymaya başlar, bebeği olmayanlar hamile kalırdı. Bir keresinde kırık eliyle gelen biri dua okunduktan sonra elini kullanabilmeye başlamıştı.

İyileşen lösemi hastası

Bir defasında çok soluk yüzlü bir kadın benden dua etmemi istedi. Doktoru ona sadece on beş günü daha olduğunu söylemişti. Burada anlatacaklarım onun hayat hikâyesidir. Pazar okulundan bu yana Hrıstiyan bir yaşam sürüyordu. Aradan bir süre geçtikten sonra inancı olmayan birinden evlenme teklifi almış ve kadın ancak inancı olan biriyle evlenebileceğini söylediğinden adam da kiliseye kaydını yaptırıp bir süre kiliseye gelmişti.

Kadın kocasının iyi bir Hıristiyan yaşamı süreceğini düşünürken birkaç ay sonra kayınvalidesi onu Budizm'e inanması için zorlamıştı. "Bizim ailemiz nesillerdir Budizm'e inanan bir ailedir. Senin de Budizm'e inanman gerekir." Kadın kayınvalidesinin dediklerini yapmayınca kocası da annesiyle birlik olup kadının kiliseye gelmesini yasaklamıştı. Kadına şiddet uygulamış, zulmetmişlerdi. Ailedeki her problemden onu suçlu tutmuşlardı.

Evden de defalarca atılmasına rağmen o dayanmıştı. Ama kocası bir başka kadınla ilişkiye girince artık daha fazla dayanamayıp kiliseye gelmeyi kesti. Kiliseye gelmesi gerektiğini bilip de gelemediği için çaresizlik içindeydi. Lösemi hastalığına yakalandı.

Kadın artık kiliseye gelmemesine rağmen kocası ilişkisine ve onu dövmeye devam ediyordu.

Hastalığı olmasına rağmen kocası ve kayınvalidesi ona karşı soğuk davranıyorlar, hastaneye bile götürmüyorlardı.

Hastanede hastalığını iyileşmeyeceği haberini aldıktan sonra kilisemizin adını duyduğu için, Tanrı'ya tutunmanın son umudu olarak benim dualarımı istedi. Tanrı bu kadını iyileştirdi. Bir süre sonra beni görmeye geldiğinde çok sağlıklı görünüyordu ve evine geri döndü.

İki değişik tür belirti

İsa hastaları iyileştirmiş, ölüleri diriltmişti. Hizmeti süresince pek çok mucizeler gerçekleştirdi. Dedi ki, *"Sizler belirtiler ve harikalar görmedikçe iman etmeyeceksiniz."* (Yuhanna 4:48). Harika, havanın durumunu hızla değiştiren bir Tanrı işidir. Yeşu zamanında Givon'da bir savaş yaptılar ve güneş göğün ortasında durdu (Yeşu 10:13). Yeşaya zamanında güneşin gölgesi on basamak kısaldı (2 Krallar 20:11). Üç yıldızbilimci, Beytlehem'e hareket eden bir yıldızı seyretmeye gittiler (Matta 2).

İşaretler, geride görünür iz ve kanıt bırakan Tanrı işleridir. İşaretlerin işlemesinde Baba Tanrı bazen bizzat rol oynar. Bu işaretler Eski Ahit zamanlarında da olmuş ve bir tanesi Vahiy 15:1'e kaydedilmiştir. Markos 13:22'de şöyle der: *"Çünkü sahte Mesihler, sahte peygamberler türeyecek; bunlar, belirtiler ve harikalar yapacaklar. Öyle ki, ellerinden gelse seçilmiş olanları saptıracaklar."* Burada "ellerinden gelse" ibaresi, gerçekte bunun imkânsız olduğunu belirtmek için kullanılmıştır. Kısaca, sahte peygamberlerin belirtiler ortaya koyma gücü yoktur ama "ellerinden gelseydi" insanları aldatmak için bunu kullanır ve hatta seçilmişler bile saptırılabilirdi. Baba Tanrı'nın belirtilerine örnekler, Mısır'da On Bela (Yasa Kitabı 6:22) ve göğe yükselen alevlerdir (Hakimler 13:19-20).

Bir başka tür belirti de Rab'le Kutsal Ruh'un birlikte çalışarak arkada bir iz bırakmaları şeklinde gerçekleşir. Bunlar genelde Yeni Anlaşma'da görülebilir. İsa'nın işaretlerine örnekler suyu şaraba çevirmesi, hastaları iyileştirip ölüleri diriltmesi, görmeyenleri görür, işitmeyenleri işitir, dilsizleri konuşur hale getirmesidir. Bu işler insanların yapabileceği işler değildir (Yuhanna 6:2). İsa, tanrı'nın sözünü duyurduktan sonra belirtiler ortaya koydu ki, bu belirtilere tanık olanlar, Tanrı'nın sözünün mutlak gerçek olduğuna inansınlar. Tabi ki bu belirtileri görmeden inanmak en iyisidir, ama görmeden gerçek bir imana sahip olmak kolay değildir. Günahı çok olan kişiler inatçı olur, onların bir gerçek imana sahip olması daha güçtür. Bugün, müjdeyi duyurmak ve canları kurtarmak için, belirti ve harikaları izlemek çok daha faydalı ve etkindir.

Bu işaretler inananlara eşlik edecek

Bazı inanlılar, Kutsal Kitap'ta bahsedilen belirtilerin bugün bile meydana geldiğine ya inanmaz ya da bunu garip bulurlar. Bazıları da kuşkuyla şöyle düşünür: "İmanla dua ettim, neden Tanrı'nın işleri yerine gelmedi?"

İsa kesinlikle şöyle söylemiştir: *"İman edenlerle birlikte görülecek belirtiler şunlardır: benim adımla cinleri kovacaklar, yeni diller konuşacaklar, yılanları elleriyle tutacaklar. Öldürücü bir zehir içseler bile, zarar görmeyecekler. Ellerini hastaların üzerine koyacaklar ve hastalar iyileşecek"* (Markos

16:17-18). Burada 'iman edenler', mükemmel bir ruhani imana sahip olan kişilerdir. Romalılar 12.3'te imanın ölçüsü olduğundan bahsedilir. Tıpkı bir tohumun gelişmesi, yeşermesi, büyümesi, çiçek açması ve meyve vermesi gibi... İçimize iman tohumunu ektikten sonra ona ne kadar özen gösterirsek o da o yönde büyüyecektir. Bu nedenle herkesin iman ölçüsü farklıdır. Tanrı sözünü uyguladığımız ve yüreklerimizi gerçek yüreklere dönüştürdüğümüz ölçüde, Tanrı bize göklerden ruhani imanı verecektir (İbraniler 10:22). Bu nedenle İsa'nın yüreğini yansıtan mükemmel bir imana sahip olursak, bu belirtiler bizlere de eşlik eder.

Yani, Mesih İsa'nın adıyla cinleri kovar ve yeni diller konuşmaya başlarız. Ruhani açıdan 'yılanları elleriyle toplamak' demek, şeytanın işlerini Tanrı'nın sözüyle alt etmek anlamına gelir. Ayrıca mükemmel bir iman seviyesine ulaşan kişiler, hastalık ve mikroplardan etkilenmeyecek, istemeden zehir bile içseler Tanrı Kutsal Ruh'un ateşiyle yakacağından etkilenmeyeceklerdir. Elçi Pavlus'un Malta adasında zehirli yılan tarafından sokulması da buna bir örnektir (Elçilerin İşleri 28:5). Ama elinizdekinin zehir olduğunu bile bile Tanrı'yı sınamaya kalkarsanız Tanrı sizi korumaz. Ayrıca tam imanla Tanrı'nın gücünün desteğini alarak dua edersek devası olmayan hastalıklar bile iyileşir.

"Yeni Diller" nedir?

Burada 'yeni dillerle kast edilen nedir? Bilmediğimiz dillerde konuşmak, Tanrı'nın tüm çocuklarının almasını istediği, Kutsal Ruh'un bir hediyesidir (1 Korintliler 14:5). Genelde Tanrı'ya kendi dilimizde yakarırız. Bu yüreğin yakarışıdır. Ama bazen de başka dillerde yakarırız, bu da ruhun yakarışıdır (1 Korintliler

14:15).

Günahkâr olduğumuzu kabul eder, tövbe eder, yürekten İsa'yı kabul edersek, Tanrı bir armağan olarak bize Kutsal Ruh'u ve bazen de Kutsal Ruh'un hediyelerinden biri olan başka bir dilde konuşma yeteneğini verir. Kutsal Ruh'u aldığımızda Âdem'in ilk günahıyla ölmüş olan ruh dirilir. Eğer başka diller konuşma hediyesi bize verilirse bu ruh bizzat Tanrı'ya dua eder. Yani bir Hıristiyan olarak başka diller konuşma hediyesini alır ve dua edersek dualarımız çok daha güçlü olur ve canımız gönenç içinde olur.

Yeni bir inanan olduğumdan gece dualarında tüm yüreğimle dua ettim, ama ruhumla dua ederken Kutsal Ruh'un ilhamıyla diğer dillerde şarkı söylemeye başladım. Diğer dillerde ilahiler söylerken bazen farkında olmadan ellerim havaya kalkar ve dans etmeye başlardım. Sonra duanın daha derin merhalelerine geçince de yeni dillerle konuşurdum. Yeni diller konuşmak çok güçlü bir duadır.

İsa Mesih adıyla buyurduğumda

Bitkiyle bile SINAMA!

İsa'nın iki binden fazla yıl önce yeryüzünde ortaya koyduğu Tanrı'nın işlerinin, bugün de imanla dua eden herkes için aynen geçerli olması ne minnet verici! Tanrı'nın sözünü tam olarak bilmeyen yeni inançlı biri olarak ettiğim sayısız dualarla, peygamber ve elçilerin işlerini yerine getirebiliyordum. Kilise açıldığı dönemde inanlılar bu belirtileri görmeye başlamışlardı bile.

1982'de kilise açıldıktan hemen sonra haftada otuz-kırk bin won (otuz-kırk dolar) bağış alıyorduk. Mihrabın üzerinde çiçek olsun istiyorduk ama ne bunu yapacak birisi ne de çiçek alacak paramız vardı. Ağustos ayında birisi bir saksının içinde çok yapraklı bir ağaç getirdi. Çiçek süslemelerimiz olmasa da bir saksımız vardı ve o bizim için çok değerliydi. Ama iki hafta sonra yaprakları sarardı ve bitki ölmeye başladı. Bu güzel ağaç ölmekte olduğundan çok üzülüyordum. Ölüyü dirilten Tanrı dua etsem bu bitkiyi kurtarır mıydı? Aklımda bu düşüncelerle elimi ağacın üzerine koyup dua ettim: "İsa Mesih'in adıyla diril!" Ertesi gün şafak ayinini yönetmek üzere tapınağa geldiğimde sararan yaprakların tekrar yeşerdiğini gördüm. Ondan sonraki gün de ağaç yeni yapraklar çıkarmaya başlayıp tamamen kendine gelmişti. Benimle birlikte buna şahitlik eden cemaat üyeleriyle birlikte çok sevindik ve Tanrı'yı övdük. Ölmekte olan bu ağacın dirildiği bir tecrübe yaşadığım için çok mutluydum. Eylül ayında kiliseye krizantem getirildi. Bu bitkilere bakarken acaba ölmeleri için dua etsem ölürler mi diye merak ettim. İsa incir ağacını lanetlediğinde ağaç kurumuştu. O zaman ben de bu krizantemin ölmesi için dua etsem ölür müydü?

Sırf tecrübe olsun diye krizantemin ölmesi için dua ettim. Ama içimde beni rahatsız eden bir duygu vardı. Aslında çiçeği lanetlerken beni kimse görmemiş olmasına rağmen o gece dua ederken Tanrı'nın beni azarlayan sesini duydum.

"Hizmetlim, bir bitkinin bile Tanrı tarafından bahşedilmiş bir canı vardır. Sen onu nasıl lanetlersin? Beni mi sınıyorsun? Hizmetlim, sen kötüsün. Hemen tövbe et! İstediğin zaman kutsayıp istediğin zaman lanet okuyamazsın. Sadece ve sadece Kutsal Ruh yüreğine tesir ettiği zaman yapmalısın."

Çok şaşırmıştım ve terliyordum. Hemen üç günlük bir oruca başladım ve tövbe ettim. O zamandan beri bana zulüm eden, kara çalan, beni lanetleyen insanlardan bile nefret etmedim, onlara nefret beslemedim. Tanrı'nın sözünde denildiği gibi bana zulmedenlere bile dua ettim, onları sevgiyle kutsadım.

Dünya Misyonu görevi

"Bana yakar da seni yanıtlayayım; bilmediğin büyük, akıl almaz şeyleri sana bildireyim." (Yeremya 33:3). Tıpkı Yakup'un Yabbuk ırmağı kıyısında yaptığı gibi bende duayla Tanrı ile güreş tuttum. Yakararak dua ederek, Tanrı sözüne itaatle oruç tutarak ve O'nun sözüyle yaşayarak, Tanrı sözünü gerçekleştirdi. Zaman zaman Rabbimin sesini duyar, zaman zaman da akıl almaz şeyler görürdüm. Bazen Tanrı beni ülkede olacaklar ve dünyadaki olaylar konusunda önceden bilgilendirirdi. Kilisemizin açılışında, kilisemiz aracılığıyla Tanrı dünya misyonunu büyük ölçüde yerine getireceğini bize bildirdi, biz de ona Büyük Tapınağı kuracaktık.

Beni hizmetkârı olarak seçtiğine göre ben de tüm insanlığa müjdeyi duyuracak ve pek çok canı kurtaracak bir hizmetli olmak istiyordum. Tanrı Dünya Misyonunu yerine getirme görevini bana verdi. Bana şöyle dedi: "Dağları, nehirleri, denizleri aşacak ve belirti ve harikalar gerçekleştireceksin." Ayrıca son günlerde İsrail'de seçilmiş birkaç insana müjdeyi duyurma görevini de bana verdi. Müjde'nin bir gün anavatanına döneceğini ve İsa'yı Kurtarıcı olarak kabul etmeyen Yahudilerin bile tövbe edeceğini söyledi.

Büyük Tapınağı kurma görümü

Kilise açıldıktan sonra her Cuma akşamı şifa oturumları düzenledik, Rab da her hafta bir kişiye görüm hediyesi verdi. Her cemaat üyesini bizzat, aldıkları hediye gerçekten Tanrı'nın hediyesi mi diye kontrol ettim. Bizim için yararlı olduğundan Tanrı Kutsal Ruh'un hediyelerini bize verirdi ama bazen de insanların aldığı Tanrı'nın hediyesi değil şeytanın işi olur, insanlar tamamen farklı şeyler görürdü. Ruhları ayırt etmeyi öğrenmek bu nedenle önemlidir.

Eylül 1982'de bir gün Rabbim kilise cemaatinden on yedi kişiye kuracağımız Büyük Tapınağın bir görüntüsünü gösterdi. Birisi çatıyı, birisi iç kısmı, birisi binanın arkasını, birisi de mermer sütunları gördü. Tavanın ortası haç şeklinde açılabiliyor, böylelikle içeri güneş ışığı doluyordu. Büyük Tapınağın kürsüsü tapınağın tam ortasında bulunur ve yavaşça dönerdi. Cemaat üyelerinden biri beni tapınak dolusu insana vaaz verirken gördüklerini söyledi.

Üyelerin gördüğü tüm bu görüntüleri bir araya koyup bir bilirkişiye danıştık, tapınağın kuş bakışı bir görüntüsünü çizmesini istedik. Haftalık bültenimizin baş sayfasında Büyük Tapınağın havadan çekilmiş fotoğrafı hâlâ vardır. Kiliseyi ilk açtığımızda Rabbimin bize verdiği hayali gerçekleştirmek için imanla sürekli ibadet ediyoruz.

Tanrı bize Büyük Tapınağın niçin son günlerde inşa edilmesi gerektiğini ve nasıl inşa edileceğini açıkladı. Tanrı'nın yüceltilmeyi istediği Büyük Tapınak sadece parayla yapılmaz. Tanrı, bu tapınağın kendisini tutkuyla seven, yüreklerinin sünnetini gerçekleştirmiş ve kutsal çocukları tarafından inşa edilmesini ister.

Memlekette ilk diriliş toplantısı

1983 Şubat'ında kendi memleketimde ilk diriliş toplantısını yönettim. Tören Muan'a bağlı Cholla Nam-Do'da bulunan Heje adlı bir kasabadaki kilisede yapıldı. Ancak törene kilisenin kendi cemaatinden ziyade kasabanın diğer sakinleri de katıldı.

Bu kilisenin hikâyesi çok acıklıydı. Komşu kasaba başka, büyük bir mezhebe ait kilise cemaatini parayla kandırmaya çalışıyordu. Cemaatin çoğu o kiliseye geçmek üzereydi. Bu nedenle kilisenin rahibi cemaati bir arada tutabilmek niyetiyle bu diriliş törenini düzenlemek istemiş ancak insanlardan fazla katılan olmamıştı. Törene katılmamalarının nedeni rahibin ünlü bir peder yerine daha papazlığını bile almamış, adı sanı duyulmamış 'Jaerock Lee'yi çağırmış olmasıydı.

İlk oturumdan itibaren Tanrı pek çok harikalar gözler önüne serdi. On yıldır yürüyemeyen ve kemiklerindeki ağrılar nedeniyle uyumakta güçlük çeken kadın söylenenleri dinleyip imana geldi. Dualar neticesinde ayağa kalktı, yürüdü ve hatta zıpladı. Bu haber büyük bir hızla yöredeki diğer kasabalara yayıldı ve ertesi günden itibaren diğer kiliselerin papaz ve cemaatleri kiliseye doluştu, otuz kilometrelik mesafeden bile gelen olmuştu. Çeşitli yerlerden gelip kiliseyi dolduran insanlarla diriliş toplantısı yapıldı.

Yaşlı bir kadının beli doksan derece eğrilmişti. Hiç doğrulamadığından hep yere bakarak yürümek zorundaydı. Bu yaşlı kadın her şafak, gündüz ve gece ayininde, çok soğuk havalarda bile bana sıcak içecekler getirdi. Getirdiği içecekleri beğenmesem de gösterdiği çabadan dolayı içtim. Toplantının son gününde sırtı tamamen düzelmişti. Buna ilave olarak pek çok başka insan da Tanrı'nın şifasını deneyimleyip ona övgüler sundu. Ancak o zaman diğer kiliseye geçmeyi düşünen cemaat Tanrı'nın büyük işlerine inandı, hata yaptıklarının farkına varıp pederin önünde tövbe ettiler ve toplantının geri kalan oturumlarına katıldılar.

İsa Mesih'in adıyla karbon monoksit gazına buyurma

O zamanlar evlerin çoğunda ısınmak için kömür tuğlalar kullanılırdı. Bu nedenle kışın birçok kaza meydana gelirdi. Gaz zehirlenmesinden ölen ya da hastaneye kaldırılan insanların haberleri basında her gün yer alırdı. 12 Şubat 1983'te ay takvimine göre yılbaşı gecesi cumaya geliyordu ve tüm gece ayin düzenledik. Binanın bodrum katını kendimiz ev olarak kullanıyorduk. Bodrumda yatak odaları, salon, müştemilat ve ofisler vardı.

Cuma gecesi ayini başlamadan önce Suk-ki Park adındaki bir genç, ayinin ertesi günü tatil başladığından Pazar ayinine katılmak yerine arkadaşlarıyla buluşmayı planlamıştı. Bir anda başı döndü, ayinden önce biraz kestirip öyle gelmek istedi. Bizim odalarımızın bulunduğu bodrum kata indi.

Sadece kısa bir süre yatmayı planlamıştı ama derin bir uykuya daldı. Kızlarım da kendi odalarında uyuyorlardı. Zaten sadece elli metrekare olan tapınakta yüz elli kişi olduğundan çocuklara yer yoktu. Kilise ayine gelen insanlarla dolup taşıyordu. Dua odalarında, dışarıdaki merdivenlerde bile insanlar vardı.

O gün hava çok kapalı olduğundan sobadan çıkan karbon monoksit gazı tam olarak dışarı tahliye edilememişti. Cuma gecesi ayini gece on birde başlayıp sabah altıya kadar sürdüğü için o genç adamla kızlarım yedi saatten fazla karbon monoksit gazına maruz kaldılar. Genç adam, bir ara uyanır gibi olduysa da vücudu kaskatı olduğundan hareket edemediğini söyledi. Ayin bitip insanlar evlerine gitmeye başladığında bodruma inen görevli manzaraya ilk şahit olan kişiydi. Onları gördüğünde "Ölmüşler!" diye bağırdı. Bu canhıraş feryadın üzerine tapınaktaki herkes oraya toplandı. Cemaat üyeleri bilincini yitirmiş kızlarımla genç adamı yukarı getirdiler. Hepsinin de gözleri beyazlaşmış, ağızlarından da köpükler çıkıyordu. Kızlarım az da olsa nefes alıyor ama Suk-ki Park hiç nefes almıyordu. Vücudu kaskatı kesilmişti. Neredeyse ceset gibiydi. Karbon monoksit gazının tehlikesini biliyordum ama o zamana kadar başıma bir şey gelmediği için onların diriltilebileceklerini düşünmedim. Benim dualarımla Tanrı'nın onları hayata döndürmesi hayal bile edilmesi güç bir durumdu. Nitekim hastaneye gidip tedavi görmüş olsalardı bile, fiziksel ya da zihinsel olarak sakat kalmaları veya bitkisel hayata girmeleri bile söz konusuydu.

Kiliseyi daha yeni açmıştım. Açılışın hemen ardından meydana gelen bir kazada insanlar ölse bu işe nasıl devam edebilirdim? Bu şekilde bir kazayla Tanrı'yı utandıramazdım. Kürsüye gidip dua etmeye başladım. "Tanrım, canı veren de sensin, alan da sensin. Kızlarımın gözyaşı, hüzün ve acıdan azan olan göklerde Rab'le birlikte olmasından dolayı şükranlarımı sunuyorum. Ama eğer cemaat üyesi bu genç adam ölecek olursa senin adın lekelenir. Lütfen bu adamı hayata döndür."

Duada Tanrı'ya şükranlarımı sunduktan sonra diğer üyeler de dizlerinin üstüne çökmüş, gençlerin dirilmesi için dua ediyorlardı. İlk önce genç adama yaklaşıp elimi üzerine koydum. "İsa Mesih'in adıyla sana buyuruyorum. Karbon monoksit gazı, çekip git buradan! Baba, bu genç adamı dirilt, sana övgüler yağsın." Ondan sonra her bir kızım için ayrı ayrı dua ettim. Suk-ki Park için dua ettikten sonra en küçük kızım Soojin için dua ettim. Ben Soojin için dua ederken Suk-ki Park ayağa kalkıp koro üyeleri için ayrılmış sandalyelerden birine oturdu. Sadece, bodruma gidip uyuduğu aklında kaldığından neler olduğunu anlamıyordu. Sonra ortanca kızım için dua ederken Soojin kalktı. Kızlarımın tümü için dua ettikten bir dakika sonra hepsi ayaktaydı. Buna tanık olan üyeler büyük bir duygusal coşkuyla Tanrı'yı yücelttiler. Daha sonra genç adam ruhunun bedenden ayrıldığını, olan biteni yukarıdan izlediğini söyledi. Bina görevlisinin onu yukarı taşıdığını, benim onun için dua ettiğimi de gördüğünü söyledi.

Karbon monoksit, beyin hücrelerini öldüren zehirli bir gaz olduğundan bu gazı yedi saat süreyle soluduktan sonra ölecekleri neredeyse kesindi. Hastaneye gitseler ve hayatta kalsalar bile karbon monoksitin yan etkilerinden etkilenirlerdi. Ama bu genç adam ve üç kızım Tanrı tarafından şifa bulduklarından bu gazdan ve onun yan etkilerinin hiçbirinden zarar görmeden sağlıklı yaşamlarına kavuştular. Önüme bu tür bir sınav çıktığında hiçbir zaman insanlara değil, hep Tanrı'ya güvenirim. Bu sınavdan da şükranla geçtikten sonra Rabbimin bana karbon monoksit gazı gibi cansız maddeler üzerinde de gücümü kullanabilme kabiliyeti verdiğini öğrenmiş oldum.

Bundan sonra Tanrı bana karbon monoksit gazını vücuttan nasıl tamamen çıkaracağımı öğretti. Bu gaz önce beyin hücrelerini ve diğer sinir hücrelerini paralize edip sonra da vücudun kaskatı kesilmesine neden olur. Bu şekilde gaz zehirlenmesine maruz kalmış kişiler için Tanrı bana şu şekilde dua etmem gerektiğini öğretti: "İsa Mesih adıyla buyuruyorum. Derhal burun, ağız ve kulaklar kanalıyla tüm hücreleri terk et." Bu şekilde vücudu paralize etmiş olan zehirli gaz vücudu terk edip hızla gider.

İyileşenler on kişi değil miydi? Öbür dokuzu nerede?

Dua ettim ve Tanrı bana gösterdi

Kiliseyi açtıktan sonra ilk iki yıl cemaatle ben kendim ilgilendim. Pazar ayinine gelmeyen ve problemler yaşayan cemaat üyeleri için oruç tutup tüm gece dua eder, onlar adına gözyaşları içinde tövbe ederdim. Birçok üye kiliseden çok uzak mesafede yaşıyordu. Ayrıca çoğunun maddi durumu da iyi değildi. Bir kısmı iflas etmişti ve ümitsizlik içindeydi.

Üye sayısı yüze ulaşana kadar kimin gelip kimin gelmediğini bir bakışta anlardım. Üyeler için oruç tutar, ziyaretlerine bizzat gitmem mümkün olmadığında da benim adıma birilerini yollardım. Tanrı'nın bana emanet ettiği tek bir canı bile kaybetmemeye çalıştım.

Sevgiyle tavsiye

Bazen üyelerin inancının değişmesi ve büyümesi için sevgiyle onlara tavsiyelerde bulunurdum. Bir üye hakkında endişelendiğimde onun için on dakika dua ettikten sonra Tanrı bana o kişinin ailesindeki ya da işyerindeki problemleri gösterirdi. Bir Pazar günü daha önceki ayinlerin hiçbirini kaçırmamış olan bir üye kiliseye gelmedi. Onu çok merak etmiştim. "Tanrım bu kişi Pazar ayinine gelmedi. Ona ne oldu acaba?" Tanrı onun Pazar günü bara gitmiş olduğunu gösterdi bana. Bir süre sonra, alınmayacağını bildiğimden ona gördüklerimi söyledim. Kıpkırmızı oldu ve yaptığını kabul etti.

Bir de sadece sabah ayininde gördüğüm bir üye vardı, akşam görememiştim. Bu kişi Şabat gününü de hiç kaçırmadan yerine getiren biriydi. Onun için dua ettiğimde Tanrı bana onun bir düğünde içki içmekte olduğunu gösterdi. Birkaç gün sonra ona, "Üzerinde şu renk giysi olan biri sana içki ikram etti. Birkaç defa geri çevirdikten sonra sonunda alıp içtin." dedim. Utancından kıpkırmızı oldu.

Bu gibi deneyimlerden sonra bazı üyelerin benden korktuğunu ve benimle temastan kaçındığını fark ettim. Onların içki içtiğini, zina yaptığını, eşlerini aldattığını, namussuz davranışlarını görebiliyordum. O zaman yüreğim inciniyor ve gözyaşları içinde Tanrı'ya onlar için dua ediyordum.

Bir gün dua ederken Rab'bin benimle konuştuğunu duydum.

"Üyelerin şimdiki hallerine bakma. Onlara imanın

gözleri ve gelecekte değişeceklerinin beklentisiyle
bak. Sana karşı geliyorlarsa, sadece dinle, dahasını
öğrenmeye çalışma. Eğer üyelerin günlük hayatlarına
takılırsan çok üzülürsün, yüreğin incinir, canın çürür ve
sağlığını kaybedersin. Böyle olursa da görevini yerine
getiremezsin.''

Ondan sonra her şeyi Tanrı'nın ellerine bıraktım ve kimsenin
ne yaptığını bilmek için dua etmedim.

Kiliseye gelenler sadece şifa bulmak için gelenlerle sınırlı
değildi, kimileri de ruhani açlıklarını gidermek için gelirdi.
Tanrı'ya hizmet eden, şifa bulduktan veya sorunları hallolduktan
sonra kendini Tanrı'ya adayan insanların yanında bazıları
dünyevi şeylerden yarar sağlamaya çalışmaya devam ediyordu.

Putları bir yana bırakıp gün ışığına çıkmak

Kyeongsoon Park putlara tapan bir aileden geliyordu.
Kayınvalidesinin zihinsel özürlü bir kızı vardı ve kadın bu
kızı iyileştirmek için ayda en az bir kez şeytan çıkarma ayini
düzenliyordu.

Ayrıca yastıklar ve tavan dâhil her yere sayısız muska ve
nazarlık asmıştı. Evin her köşesi bunlardan doluydu.

Kiliseyi açtıktan kısa bir süre sonra ev ayini için onlara gittim.
Hâlâ kötü ruhları görebildiğimi ona söyledim. "Hâlâ birkaç
tane muska kalmış olmalı." Kadın ısrarla, "Hayır peder," dedi.
"Her yeri arayıp hepsini attım." Ona tekrar şöyle dedim. "Evden
çıkmamış bir kötü ruh var. Bir yerlerde muska kalmış olmalı.
Onları bul ve yak."

Kyeongsoon Park evi aradığında birkaç tane daha muska bulmuş. Tüm aile putları atıp kiliseye kayıt oldu ve Mesih'te hayatlar yaşamaya başladılar. Kyeongsoon Park uzun süredir çekmekte olduğu kalp rahatsızlığından kurtuldu. Kayınvalidesinin de mide sorunları geçti.

Tüberküloz hastası genç bir adam

O zamanlar tüberküloz hastası çok kişi vardı. Kwangju'dan Daehee Cho lisedeyken bir kez tüberküloza yakalanmıştı. Sağlık ocağından verilen ilaçları kullanarak düzelmiş fakat üniversiteye gidince sigara ve içki içmeye başlamış, hastalık nüksetmişti. Bu aşamada ilaç almasına rağmen hiçbir faydasını da görememişti. Annesi oğlunun iyileşmesi için söylenen her şeyi yapmıştı. Bu tedaviler arasında yılanlar, kediler, çiğ ciğer, dışkı suyu, hatta cüzam ilaçları bile vardı. Ayrıca şeytan çıkarma ayinleri düzenlemiş, amniyotik kese yedirmiş ve birisi iyi geleceğini söylediği için mezarlıktaki bir cesetten alınan eti bile yedirmişlerdi.

Ocak 1982'de Yonsei Üniversitesi'nin Severance Hastanesinde teşhis konuldu. Ciğerleri iflas etmişti, tedavi şansı yoktu. Hastaneye yatırıldıysa da iyileşemiyordu. Annesi pes edip onu hastaneden çıkarmayı düşünüyordu. Bu arada büyükannesi onu görmeye gelmişti. Bu yaşlı kadın Manmin Kilisesi yakınlarında yaşıyordu. Kendisi kiliseye hiç gelmemiş olmasına rağmen birçok hasta insanın orada şifa bulduğunu duymuştu. Onları sağlıklı bedenleriyle kalkıp giderken görmüştü. Bu nedenle torununa Manmin Kilisesine gitmesini tavsiye etti. 13 Mart 1983'te Daehee Cho Cuma gecesi ayinine katıldı. Bunun son umudu olduğunu biliyordu. O kadar zayıflamıştı ki gözleri yuvalarından dışarı çıkmıştı.

Bu haliyle hasta kimseler için düzenlenen toplantılara annesiyle birlikte her gün katıldı ve üç günlük oruç tuttu. Orucun üçüncü gününde Tanrı ona tövbe etmesi için fırsat verdi. O da tam üç kere tamamen tövbe etti. Kiliseye ilk geldiği günden tam on üç gün sonra Daehee Cho tamamen iyileştiğine kanaat getirdi. Şafak ayininden sonra banyoya gidip tükürdüğünde tükürüğünde kan yoktu. Bir gün önce bile kan tükürdüğü halde o günkü tükürüğü temizdi. Göğsündeki ağrılar dinmişti. Ne balgamın ne de kanın izine rastlamadı. Sonradan o da Tanrı'nın hizmetkârı olarak görevlendirildi ve şu an peder asistanı olarak kilisede görev yapıyor.

Tüm hastaların iyileşmesi için dua ettim

İlk başlarda kiliseye gelen kişilerin kısa zamanda iyileşmeleri için dua ederdim. Bunun, Tanrı'nın lütuflarını deneyim etmeleri ve hastalıklarından kurtulmaları için en iyi yolu olduğunu düşünüyordum. Şöyle dua ederdim: "Tanrım, gelen herkesi hemen iyileştir." Kiliseye gelen herkes hemen şifa bulurdu. Ama daha sonra en önemli şey olan kurtuluşun meyvesini vermediğini fark ettim. Dahası birçoğu iyileşir iyileşmez Tanrı'yı unutuyordu.

Bir keresinde Cuma gecesi servisine evli bir çift katıldı. Adamın tendonu bir trafik kazasında incinmişti. Doğru dürüst yürüyemiyordu, hatta sancısından ayin sırasında ayağa bile kalkamıyordu. Kutsal Ruh'un yardımıyla elimi onun üzerine koydum. Duadan hemen sonra ayağa kalkıp yürümeye başladı. Ama kiliseye birkaç defadan fazla gelmedi.

Kiliseden onu ziyarete giden bir pedere "Bu kadarı yetmez mi? Şifa bulduğum için şükran dolu bir yürekle servislere katıldım. Kiliseye gelmem için kimse bana para verecek mi?" demiş. Bundan sonra kiliseye hiç gelmedi. Sağlığı yerinde olduğundan kiliseye gelmesi gerektiğini düşünmüyordu. Eğer Tanrı onu iyileştirmiş olmasaydı, çalışamayacaktı. Tanrı ona lütfetmiş ve iyileştirerek hayatını geri vermişti ama adamın içinde yaşamın sözü olmadığından, kendi çıkarlarının izinde gitti.

Bebekleri yedinci ayda doğmuş bir çift geldi. Bebek, üç aydır hastanede inkübatörde olmasına rağmen bir türlü düzelmiyordu. Doktorlar hiç umut olmadığını söylemişti. Çocuğun babası bir keresinde, "Çocuğumuz bir yaşına girdiğinde kilisedeki herkesin davetli olduğu bir yaş günü partisi vereceğiz." demişti. Çocuğun annesiyle babası modern tıptan sonuç alamayacaklarını görünce bebeği kiliseye getirdiler. Bebek, okunan dualar sonucunda on beş günde sağlığına kavuştu.

"Peder, çok teşekkür ederiz. Bebeğimizin ilk doğum gününe sizi ve tüm kilise cemaatini davet ediyoruz."

"Elbette, lütfen."

Bebeğin babası o kadar mutluydu ki bu parti teklifini kendiliğinden yaptı. Ama sonra yavaş yavaş Pazar ayinlerine gelmemeye başladı. Çocuğun doğum gününe de sadece kendi akrabalarıyla arkadaşlarını davet etti.

Kang-won Do'dan genç birisi fiziksel olarak sağlığı yerinde olsa da son derece kendini beğenmiş birisiydi. Kilisede verilen mesajları duyunca tövbe etti. Ben bu adamın içindeki kötülüklerin çıkması için dua ederken o ağzından köpükler saçarak yere yığıldı. İçindeki kötülükler çıkınca yumuşak karakterli, normal bir insana dönüştü. Ama bundan sonra kendi kilisesine döndü ve onu bir daha görmedik.

Ayrıca, yaşlı bir kadın neredeyse kör denecek kadar görme yeteneğini yitirmişti. Kilisemizle ilgili haberleri duymuş, ailesiyle birlikte gelmişti. Gözleri açıldı ama o da şifa bulduktan kısa bir süre sonra kiliseyi bıraktılar.

Bir daha günah işleme

Yuhanna 5:14'te İsa hasta birini iyileştirdikten sonra onu tapınakta görüp *"Bak, iyi oldun. Artık günah işleme de başına daha kötü bir şey gelmesin."* dedi.

Tanrı'nın sevgisi ve gücüyle şifa bulduklarına göre artık O'nun sözüne göre yaşamalı ve bu lütuf için şükran duymalıydılar. Ama tekrar günah işlerlerse Tanrı onları nasıl koruyabilirdi ki? Tanrı onlardan yüz çevirip, onları koruyamayınca şeytanın işiyle yine hastalandılar. Tanrı'nın lütfunu görmezden geldikleri için bu sefer bir öncekinden daha ciddi hastalıklara yakalandılar.

Tanrı'nın sözüne göre yaşarsak korunuruz

Böyle bir olay Kasım 1982'de oldu. O zamanlar Cuma ayinlerini yaparken servis sabah altıya kadar sürerdi. Bir keresinde saat gece yarısını geçtikten az sonra kucaklarında beş yaşındaki çocuklarıyla bir kadınla bir adam geldi. Çektiği acılara dayanamayan çocuk avaz avaz bağırıyordu. Busan'da yaşayan bu ailenin çocuğuna pankreas kanseri teşhisi konmuştu.

Doktorlar ameliyat yapmaya çalışmış ama tümör çok büyük olduğundan ameliyat başarısız olmuş. Ayrıca tümör mideye de yayıldığından dikiş atmak da imkânsız hale gelmiş. Doktor çocuğun karnına tele benzer bir şeyler dolayarak hastaneden çıkarmış. Son derece kötü bir manzaraydı. Çocuğun ismi Wonmi'ydi. Günde birkaç kez morfin iğnesi oluyordu. Acıya dayanabilmesi için tek yol buydu. Yüzünde oksijen maskesi olmasına rağmen ölmek üzereydi. Kiliseye gelmeleri için halası zorlamıştı. "Ağabey, Seul'da Tanrı'nın lütuflarıyla dolu bir kilise var. Oraya gidip ona dua okutalım. Tanrı Wonmi'yi iyileştirecektir." Çocuğun annesiyle babasının başka hiç umudu kalmadığından halanın sesine kulak vermişler, Wonmi'yi alıp Seul'a, kiliseye getirmişlerdi.

Kız için on beş gün boyunca dua ettim. İlk duadan sonra ağrıları dindi. Birkaç gün sonra gözle görülebilir şekilde iyileşmeye başladı. Sancılar kesilmiş, karnının şişliği inmişti. Annesiyle babası da imana geldiler. Telleri hastanede çıkarttırmalarını söylediysem de beni dinlemeyip kendi imanlarıyla çıkardılar. Tanrı, inanılmaz bir şekilde birkaç gün içinde açık yarayı iyileştirdi.

Dayanılmaz acılar içinde gelen Wonmi on günde iyileşmişti. İlahiler öğrenip Pazar okulunda dans etmeye başladı. Arkadaşlarıyla birlikte şarkılar söyleyip dans ediyordu. Onun bu halini görenler tabi ki çok memnun oluyordu. Wonmi çok akıllı bir kızdı ve birçok kişi tarafından seviliyordu.

Dualar için on beş gün kilisede kaldılar, sonra kendi evlerine döndüler. Onlar için dua ettiğimde Tanrı bana sözünü duyurdu.

"Evlerine geri döndüklerinde On Emir'i yerine getirmeleri gerekir, anca o zaman kızları sağlıklı olarak büyüyecektir. Ama On Emir'i yerine getirmezlerse Tanrı onlardan yüz çevirecektir."

Bunu onlara söyledim. "Şabat gününü tutmalı, ondalığınızı ödemeli, Tanrı'ya iyi hizmet etmelisiniz. Çocuğunuzun devamlı olarak sağlıklı yaşayabilmesi için siz anne baba olarak On Emir'i yerine getirmelisiniz." Wonmi'nin babası, "Teşekkür ederiz peder! Tabi ki yapacağız. Sanırım kiliseye ait otobüs yok. Eve döner dönmez size bir otobüs yollayacağım." dedi.

Ancak bundan kısa bir süre sonra çocuğun öldüğü haberini aldım. Wonmi'nin annesiyle babası eve döndükten sonra ilk zamanlar kiliseye gitmişler ama görünen o ki zaman geçtikçe Rabbin gününü tutmaktan uzaklaşmışlardı. Wonmi'nin ruhu kurtulduğu ve sonsuza dek gözyaşıyla üzüntünün olmadığı göksel egemenlikte olacağı için bizler şükran içinde olmalıyız.

Tanrı insanların imanlarına göre şifa verir

O zamanlar kilisemin ilk zamanları olduğundan insanlarının Tanrı'nın lütuflarından yüz çevirmelerine, kiliseyi bırakıp dünya âlemine dalmalarına çok üzülürdüm.

"Babamız, seni tanıdılar, gücünü deneyimlediler, şifa buldular. O zaman seni nasıl böyle bırakabilirler?" O kadar çok ağlayarak bu duayı ettim ki sonunda bir gün Rabbin sesini duydum.

"Hizmetkârım, on cüzam hastasını iyileştirince dokuzu bıraktı, sadece biri Tanrı'ya övgüler sunmak için geri geldi. Aynı şekilde, içlerinde gerçek ve yaşam yok ise, sen Baba'dan isteyip imanınla onlara şifa versen de aldıkları lütuflara sırtlarını dönüp kiliseyi terk edeceklerdir. Dolayısıyla ancak sözü dinlerlerse ve iman sahipleriyse, terk etmeyeceklerdir. Bu şekilde imanlarıyla

iyileşirlerse, kiliseyi bırakmazlar. Sen dua ettiğin için bende senin gücün vasıtasıyla onları iyileştirdim. Ama artık dualarının içeriğini değiştir. Kendi imanlarının ölçüsüne göre şifa bulmaları için dua et."

Hıristiyan yaşantısının nihai hedefi, ruhumuzun kurtuluşa nail olması ve göksel egemenliğe girebilmemizdir. Dolayısıyla en önemli şey, Tanrı'nın isteğini bilmek ve göksel egemenliğe girebilecek imana sahip olmaktır. İsa on cüzamlıyı iyileştirdi ama içlerinden sadece biri İsa'ya gelip Tanrı'yı yüceltti (Luka 17:11-19). Diğer dokuzu Tanrı'yı unutup dünya işlerine daldılar. İçlerinden sadece biri kurtarıldı.

İnsanlar kiliseye bir sorunları ya da hastalıkları olduğu için gelir ama ayinlere katılıp söylenenleri dinledikçe, Tanrı'nın isteğini öğrendikçe imanları artar ve yaşam bulurlar. Onları iyileştiren Tanrı'nın lütfudur, Kutsal Ruh'u aldıklarında, göksel egemenlik ve cehenneme inandıklarında ve kurtulacak imana sahip olduklarında, şifa bulmaları Tanrı'nın isteğidir. İyi vicdan sahibi olanlar dışında, imanları olmamasına rağmen iyileşenlerin çoğunluğu dünyaya geri dönerler. Sonunda da kurtarılamazlar. Bu nedenle o andan itibaren duamı şöyle değiştirdim: "Tanrım, onları imanlarına göre iyileştir." Ve onlar imanlarını gösterdikçe, Tanrı'da şifa veren işlerini ortaya koydu.

Hava durumunu kontrol eden iman

1 Ağustos 1983'te Inchon yakınlarındaki Daebu Adası'nda ilkyaz kampını düzenledik. Kamptan bir önceki gece hava çok bozuktu; deli gibi yağmur yağıyor, şimşekler çakıyor, gök gürüldüyordu. Daebu Adası'na günde sadece bir tane feribot

seferi vardı. Şöyle yakardım: "Tanrım, bu yağmurda kampa nasıl gidebiliriz? Lütfen bu yağmuru durdur."

Kiliseden sabah saat beşte çıkmak üzere program yapmıştık. Evleri uzakta olan bazı öğrenciler o gece kilisede kalmıştı. Ben de evde biraz uyumak istedim ama fırtınanın gürültüsünden uyuyamadım. Yatakta uyanık yatıyordum. İçimden dua ediyordum ki saat üçte Kutsal Ruh'un sesini duydum, endişelenmememi söyledi. Saat dörtte şafak ayini için tapınağa gittim, bazı gençler orada beni bekliyordu. Şafak ayini bittiğinde saat 04:55'ti ama fırtına daha da şiddetlenmişti. Gök gürültüsü ve şimşekler çoğalmış, yağmur pencerelere çarparak yağıyordu.

Dedim ki, "Haydi her birlikte bu yağmurun dinmesi için dua edelim!" Cuma gecesi dualarında pek çok mucizeye tanık olmuş olan bu gençlerin kuvvetli imanı vardı. O an tapınakta olanlarla birkaç dakika, içtenlikle dua ettik, ancak fırtına devam ediyordu.

Birden bir şey duydum: *"Merak etme. Eşyalarınızı alıp birinci kata gidin. İçinizden biri ayağını dışarı çıkarınca yağmur duracaktır!"*

Ben cesaretle bunu söyleyince herkes "Âmin" diyerek kabul etti. Hepimiz kalkıp birinci kata indik. Sıranın önündeki kişi ayağını yere basar basmaz fırtına birden durdu, yağmur kesildi. Bu deneyimle Tanrı bizlere imanı bir armağan olarak verdi.

Zor ayetler hakkında Tanrı'nın yanıtı ve 'çarmıhın mesajı'

Kilise açıldıktan sonra konuşma yapmam için pek çok diriliş toplantısına davet edildim. Katılan herkesin içine inanç tohumları ekebilmek amacıyla Tanrı'nın sözlerini anlattım. Hasta olanlar için dua ettim, şifa buldular. Yürüyemeyenler yürüdü, göremeyenler gördü. Pek çok mucize gerçekleşti. Bu diriliş toplantılarında neler anlatacağımı bana Tanrı öğretti. İsa Mesih, Baba Tanrı, gerçek iman, sonsuz yaşam, mucizeler, diriliş, İsa'nın ikinci defa gelmesi ve göksel egemenlik hakkında vaazlar verdim.

Toplantılar genellikle pazartesiden perşembeye kadar sürerdi. Saat altıda başlar, mesaj saat yedi buçukta gelirdi. Papazlar ve katılanlar devam etmemi istediğinden genellikle saat on bire ya da gece yarısına kadar devam ederdim. Gece servisinden sonra birkaç saat uyuyup şafak ayinini başlatırdım. 1983 yılında tüm ülkede dolaşıp düzenlenen diriliş toplantılarında konuşma yapıyordum. Bir gün Rab'bim toplantıda konuşmamamı, dağlara gidip dua etmemi söyledi.

Tanrı, anlaşılması zor olan Kutsal Kitap'ın bölümlerini bana açıklamak istemişti. Tam yedi yıldır, bunun için dua ediyordum. Sonunda Rab'bimden mesaj gelmişti. 1983 Mayıs'ından itibaren diriliş toplantılarında konuşmayı bırakıp Kyeong-gi Do, Kwangju'daki Kwangju Dağında ki dua evine gittim. Pazar akşamı ayininden sonra dua etmek için oraya gider, Cuma günü dönüp kilisedeki Cuma ayinini yönetirdim. Bu, bu şekilde yıllarca sürdü.

Soğuk kış ve sıcak yaz günleriyle mücadele

Hava yazları çok sıcak, kışları da eksi on-on beş celcius (+10 fahrenheit)'a kadar inerdi. Ama ben bir taşın üzerine askeri battaniye serer, yakararak göklere doğru dua ederdim. Çok soğuk kış günlerinde bile dağa gider, akşam olana kadar dua ederdim. Tüm gün soğukla mücadele ederdim. Hava sıcaklığı eksi on derecenin altına düştüğünde, bağırarak dua ederken bile terlemez, tüm gücümle dua etmeye uğraşırdım.

Param olmadığı için kendimi ısıtacak şeyler de alamıyordum. Isınmak için günde sadece bir tane kömür tuğlası kullanıyordum. Oda çok soğuktu. Kâğıt pencere yırtılmış olduğundan tüm rüzgâr içeri giriyordu. Yanımda getirdiğim kalemle Rab'bimin Kutsal Kitap hakkında yaptığı açıklamaları yazabiliyordum. Oda o kadar soğuktu ki mürekkep bile donardı. Yazmaya başlamadan önce mürekkebi çözmem gerekirdi. Doğru düzgün bir battaniyem olmadığından elimdeki tek askeri battaniyeyle örtünmeye çalışırdım. Sabahları kalkıp tapınaktaki şafak ayinine katılırdım. Kahvaltıdan sonra yine dağa gider, tüm gün dua ederdim.

Pek çok anlam ifade eden Kutsal Kitap ayetlerinin açıklamaları

Bazen buzları kırar, yüzümü bu soğuk suyla yıkardım. Sonra da bütün gün Kutsal Kitap'ı okurdum. Akşam saat yedide insanlar akşam ayinine gittiğinden etraf sessiz olurdu. Ben de o zaman dua odasına girer ter içinde dua ederdim. Rab, o gün okuduğum ayetlerin açıklamalarını yapardı. Benim için anlaşılması en güç olan Kutsal Kitap'ın ilk bölümlerini açıklamakla başladı ve bu açıklamalar baldan tatlı gelmişti. Bu ayetlerde Tanrı'nın bitmek tükenmek bilmeyen, sonsuz isteği vardı. Rab'bin bana açıkladığı zor metinlerden birine göz atalım. Yuhanna 2. bölümde İsa, Kana köyünde katıldığı bir düğün şöleninde suyu şaraba dönüştürmüştür. Genellikle düğünlerde insanlar gereğinden fazla içki içerler. Tüm insanlığı kurtarmaya gelmiş olan İsa'nın bu tür bir davete gidip gücünün ilk örneğini neden burada gösterdiği merak konusudur.

Düğün şöleni, insanların yiyip içtiği ve günahın doruklara çıktığı son zamanları simgeler. İsa'nın bu ilk belirtisi, O'nun hizmetinin nerede başlayıp nerede bittiğini sembolik olarak göstermektedir. İsa Kana'da yapılan düğüne davet edilmişti. Dünyevi insanların O'nu düğün şölenine davet etmesi, İsa'yı çarmıha gereceklerini simgeler. Su, sonsuz yaşamı temsil eder (Yuhanna 4:14) ve bu su, sonsuz yaşam veren Tanrı sözüdür. Söz de, bu dünyaya insan vücudunda gelmiş olan İsa Mesih'tir. Şarap, İsa'nın değerli kanını simgeler. Tüm bunların anlamı, söz olan İsa'nın yeryüzüne bir insan olarak gelerek çarmıha gerileceği ve gelecekte kanını akıtacağıdır. Günah dolu bu dünyaya gelen İsa, tüm bedenini çarmıha verecek, tüm kanını ve suyunu çarmıhta akıtacaktır. Bu ayet bize Rab'bin sevgisini gösterir.

Suyun şaraba dönüşmesi, İsa'nın çarmıha gerilince dökeceği

kanın sonsuz hayat vereceği anlamındadır. Düğünde İsa'nın yaptığı şarap, içinde insanları sarhoş edecek maddeler olmayan üzüm suyuydu. Ayrıca sudan yapılmış bu şarabı içen kişiler onun iyi bir şarap olduğunu söylediler. Bu da İsa'nın kanını içen insanların temizleneceği ve göksel egemenlik için umut besleyeceği anlamına gelir.

En sonunda şöyle denilir: *"İsa bu ilk doğaüstü belirtisini Celile'nin Kana Köyü'nde gerçekleştirdi ve yüceliğini gösterdi. Öğrencileri de O'na iman ettiler."* Burada 'yüceliğini gösterdi' sözü, İsa'nın çarmıha gerilmesinin yazıldığı dört İncil ile ilgilidir ama gömüldükten üç gün sonra yeniden dirilerek ölümün otoritesini kıracak ve görkemini gözler önüne serecektir. Bu nedenle bu bir tek söz pek çok anlam içermektedir.

İsa çarmıha gerildiğinde öğrencileri mahvolmuştu. İsa'nın dirildiğini bizzat görüp bunu gördüklerini söyleyen insanlara bile inanmadılar. Ancak yeniden dirilmiş İsa'yla kendileri karşılaştıklarında inandılar. Öğrenciler İsa'ya ilk mucizesini gerçekleştirdikten sonra değil, çarmıha gerildikten sonra ölümün yetkisini kırıp yeniden dirildiğinde inandılar. Bu ilk mucizeyle İsa bize bunun sadece bu dünyaya ait basit bir düğün şöleni olmadığını göstermektedir.

'Çarmıhın Mesajı', zamanın başlangıcından önce gizlenen Sır

İsa'nın hizmetinin yazıldığı dört İncil'i okurken Tanrı'nın lütuf ve sevgisini kavramıştım. Öylesine çok gözyaşı dökmüştüm ki okumaya devam edemiyordum. İsa, Pilatus'un huzuruna çıktığında ağlamaya başladım. İsa'nın kırbaçlandığı, başına dikenlerden örülmüş taç takıldığı ve çarmıha gerildiğinin anlatıldığı yerlerde o kadar çok ağladım ki İncil'i kapatmak zorunda kaldım.

Kendimi tutmaya çalışsam da bu dört İncil'i okumak günlerimi aldı. Kiliseyi açtıktan yıllar sonra bile İncil'in bu kısımlarını okurken gözyaşlarıma hâkim olamıyor ve törenler sırasında bile hıçkırıklarımı zor tutuyordum. Ama daha sonraları İsa'nın çarmıha gerilmesinin ne kadar şükranla dolmamız gereken bir şey olduğunu ve bu sayede bizlere kurtuluş yolunun açıldığını tam olarak idrak edebildim. Artık İncil'i okuyabiliyor, törenlere gönül rahatlığı ve şükran duygularıyla katılabiliyordum. Rab'bin büyük bir ilhamla bana öğrettiği 'Çarmıhın Mesajı'nı alınca Tanrı'nın sevgisini daha derinden anladım.

1983 yılında Kwangju Dağ evinde dua ederken, Rab bana çarmıhın mesajını açıkladı. Bana, İsa'nın neden tek kurtarıcımız olduğunu, O'nun kurtarıcımız olduğuna inanırsak neden kurtulacağımızı, Tanrı'nın neden iyilik ve kötülüğün bilgisini taşıyan ağacı diktiğini ve Tanrı'nın biz insanları niçin yeryüzünde yetiştirdiğini anlattı. Zaman başlamadan önce gizlenmiş bir sır olan 'Çarmıhın Mesajı'nı bana anlattı. Ayrıca bana Kutsal Kitap'ın Yaratılış bölümünde bahsedilen ruhani dünyanın ne olduğunu gösterdi ve açıkladı.

Rab ayrıca 'Kutsal Ruh'un Dokuz Meyvesi', 'gerçek mutluluk' ve 'Ruhani sevgiyi' tam olarak anlamamı, onların verdiği derin anlamları hafızama kazımamı ve onların vasıtasıyla ilahi doğaya ortak olmamızı sağlayacak yolları kavramamı sağladı.

Ruhani sözle cemaati nasıl doyurabilirim?

Uzun süre aynı yerde dua ettiğimin haberleri yayılınca insanlar gelip benden kendileri için dua etmemi istediler. Beni tanıyan insanların sayısı arttıkça yer değiştirmek zorunda kaldım. Tıpkı elçi Yuhanna'nın Kutsal Kitap'ın Vahiy bölümünü Patmos adasında yazması gibi, Tanrı ile iletişim kurmak için benim de bir başıma olabileceğim bir yere gereksinim vardı. Bu amaçla Kangwon Do ve Jochiwon gibi yerlere gittim. Sıcak yaz günlerinde vantilatörsüz dua ederken, terden sırılsıklam oluyor ama bundan ne rahatsızlık duyuyor ne de yakınıyordum.

İki sorum vardı: "Cemaatin Tanrı'nın sözünü doğru olarak anlamasını nasıl sağlayabilir, onlara ne gibi ruhani mesajlar verebilirdim ki ruhani açıdan doyuma ulaşıp mükemmel bir imana sahip olabilsinler?" ve "Elçilerin, peygamberlerin sergilediği Tanrı gücünü alabilmek için daha fazla nasıl dua edebilirdim ki dünya misyonunu büyük çapta gerçekleştirebileyim ve Büyük Tapınağın inşasını yerine getireyim?" Bu amaçları yerine getirmeye odaklandığımdan başka bir şey düşünemiyordum.

1984 yılı Mayıs ayında doğum günümden iki gün öncesiydi. Hâlihazırda Birleşmiş Kadınlar Misyonerlik Grubu başkanı olan, bayan diyakoz Geumsun Vin, beni Kangwon Do'nun bir akrabasına ait olan bir eve götürdü. Sandalla gittiğim bu yerde bir süre dua ettim.

Cuma günü geldiğinde Cuma akşamı ve Pazar ayini için Seul'a dönmem gerekiyordu ama Tanrı, bana orada üç gün daha kalıp oruç tutmamı söyledi. Üç günlük oruçtan sonra Tanrı, bana ruhani dünya ve göksel egemenlikle ilgili çok detaylı bilgiler verdi. Doğum günümü kilise üyeleriyle neşe içinde geçirebilirdim ama oruç tutup dua ettikten sonra Tanrı'nın armağanını almak benim için çok daha değerli ve sevinç vericiydi. Tanrı'nın göksel egemenlikle ilgili bana öğrettikleri kapsamlı bir mesajdı. Kutsal Kitap'ta ki pek çok ayet çiftini gözler önüne serdi. Daha sonra bu mesajları Pazar ayinlerinde vaaz etmeye başladım ve bunlar iki kitap olarak yayınlandı.

Hatta çarşıda bile herkes 'Manmin Kilisesine Gidin' diyordu

Kilisenin hemen yanında bir çarşı vardı. Kilise çarşının bir ucunda yer aldığından kiliseye gelmek üzere otobüsten inen insanlar çarşıdan geçmek zorundaydı. Böylece çarşı esnafı insanların, örneğin trafik kazası geçirmiş, ölümcül durumda olan insanları kiliseye getirdiklerini görüyordu.

Günümüzde tekerlekli iskemleler sıkça görülebiliyor ama o zaman bunlar Kore'de pek yaygın değildi. Esnaf ne zaman acil durumda hasta görseler "Manmin Kilisesi'nin pederini görmeye gidiyorlar." diyorlardı. Böyle hasta olarak gelen insanlar birkaç gün sonra iyileşip alışveriş yapınca esnaf da gözlerine inanamıyordu.

"Dün sedyeyle getirilen sen değil miydin?"

"Evet."

"Peki nasıl böyle yürüyebiliyorsun?"

"Dün dualarla iyileştim."

Esnaf bu şekilde bir sürü olaya tanık olduğu için Tanrı'nın yaşadığına inanmıştı. Onlara Kutsal Kitap'ı anlatmak isteyince Tanrı'nın varlığı kabul ettiklerini söylediler ama iş güçle çok meşgul olduklarından kiliseye gelemiyorlardı. Kiliseye gelmiyor oldukları halde hasta birini gördüklerinde Manmin Kilisesi'ne gitmesini tavsiye ederlerdi.

Rab bizimle beraberdi

İkinci kiliseye taşınma

Kilisenin açılış servisinden bir sene sonra tapınak artık insanları almaz olmuştu. Ayin sırasında dua odaları, koridorlar, hatta oturma odası bile insan dolu olurdu. İğne atacak yer yoktu. Bu nedenle daha büyük bir yere taşınmaya karar verdik.

En azından 650 metrekarelik bir alana ihtiyacımız vardı ama cemaatin imanı yeterince kuvvetli değildi. Yeni bir yer için dua ettiğimde Tanrı'nın sözünü işittim:

"Gidip boş bir alanda geçici bir sığınak inşa et. Bu yıkılacaktır, yeniden yap. Yine yıkılacak. Takdirim bundan sonra ortaya çıkacaktır."

1984 Eylülünde, çarşının yakınındaki tek katlı bir binanın

üzerinde boş bir yer vardı. Tanrı, geçici kiliseyi oraya yapmamızı söyledi ama yıkılacağını üyelere haber vermeme izin vermedi. Kanuni olarak, bir binanın üzerine başka bina yapmak mümkün değildi. Tanrı'nın isteğinin bu olduğuna onları inandırdım ve inşaata başlamalarını söyledim. Binanın sahibi buna razı oldu, belediyeden inşaat izni alacağını söyledi.

İnsani düşünce sistemine göre bir binanın üzerine geçici başka bir bina yapıp bunu kilise olarak kullanmak pek mümkün değildi. Ama bu Tanrı'nın sözü olduğu için ben itaat ettim. Ayrıca bu binanın çökeceğini de biliyordum. İşçiler tuğlaları yerleştirdikten sonra belediyeden gelen görevliler yapılanları yıktı. Yine yaptık, yine yıktılar. Bu süreçte üyelerin bazıları yakındılar ama çoğu bunun da Tanrı'dan gelen bir şey olduğunu düşünüp yürek birliğiyle dua ettiler. Civarda yaşayanlar "Belediye neden bu kadar çok karışıyor?" derdi, bize acımaya başladılar. Çarşı esnafı da Manmin Kilisesinde Tanrı'nın işlerinin gerçekleştiğini görmüşlerdi. Bu zor şartlarda yaşamakta olan üyelerin içinde yeni kilise isteği gittikçe büyüyor ve bu istek bizi birbirimize daha da çok bağlıyordu. Bu şekilde Tanrı yani bir inşaat planlıyordu.

Henüz kilisemizin kullanabileceği bir bina yoktu. Ama biraz uzakta tam 650 metrekarelik tamamlanmış bir inşaat vardı ve biz burayı kullanabilirdik. Tanrı bu binaya yerleşmemizi istedi. O zamanlar üç yüz üyemiz vardı, bağışların miktarı hiçbir şeye yetmiyordu. Üyelerin çoğu maddi yokluk içindeydi, iki milyon wonu toparlamak o kadar kolay değildi. Yani eğer ilk baştan 650 metrekarelik bir yere ihtiyacımız olduğunu üyelere söylesem çok şikâyet edebilirlerdi. Sırf kira için kırk milyon wona (yaklaşık 40.000 dolar) ihtiyaç vardı. Ayrıca binayı tapınağa çevirmek için de yirmi milyon won gerekliydi. Bunlar sırf üyelerin inancıyla halletmek için çok büyük bir miktardı. Ama üyeler bu deneme süresinden geçtiklerinden yeni tapınak ihtiyaçları gittikçe büyüyüp güçlenmişti. Bu duygu ve düşünce içinde birlikte dua edince sanki tapınağımızı taşımak için bu para hemen toplanmıştı. 31 Aralık 1984'te Dae-Bahng Dong, Dong-jak Gu'da yeni yerimizi kiralayıp ilk ayini düzenledik. Bu sınamayla Tanrı üyelerin imanını artırmıştı.

Kilise organizasyonları düzenlemek

Tanrı yeni üyeler yolladıkça kilisemiz de büyüyordu. Sürekli ortaya konan belirti ve harikalarla Tanrı'nın gücünün işleri ortaya konduğundan, üyelerin imanı hızla büyüyordu. Kimileri kiliseye sadece şifa bulmak için, kimileri de Tanrı'nın sözünü aramanın açlığıyla geliyordu.

Ekim 1983'te Manmin Dua Merkezi kuruldu. Tanrı, karım Boknim Lee'nin her gün fiziksel ve ruhsal şifa toplantıları düzenlemesini istedi. Onu dua merkezinin başkanı yaptı. Her gün şifa toplantıları yürütür, danışmanlık hizmeti verir, ziyaretçilerle ilgilenir ve dua ederdi. Ocak 1984'te Tanrı'nın egemenliği ve doğruluğuna dua etmek için, 'Dindarların Misyonu' kuruldu. Dindarlar sadece dua etmekle kalmıyor, şifa toplantılarına da katılıp hastalar için dua ediyordu. Mart 1984'te çocukları eğitmek için Manmin Çocuk Yuvası açıldı. Kilisenin açılmasından birkaç yıl sonra, kilisenin biçimi ve yapısı şekillenmeye başlamıştı.

Ekim 1985'te, Dua Merkezi başkanlığı görevini sürdürmekte olan karım, akşamları da birkaç kişiyle dua toplantılarına başladı. Bu toplantılar, bugün Daniel Dua Toplantıları adıyla her akşam binlerce kişinin toplanıp dua ettiği toplantıların tohumunu attı. Başkan Bokhim Lee oruç ve dua etmek üzerinde duruyordu.

O, sadece kendi ailesinin mutluluğunu düşünmüyor, herkes için çalışıyordu. Tanrı Kutsal Ruh'un sesini kullanarak karımı pek çok güzel iş yapması için kullanırdı. O şimdi bile her akşam Daniel Dua toplantılarını yönetir. Bu dualar esnasında pek çok kişi Tanrı'nın gücünü hisseder ve cevaplar alır, övgüler sunarlar. Daniel Dua toplantılarıyla üyelerin canları gönenç içinde olur ve bu da kilisenin dirilişi için itici bir güçtür.

Hayatın anlamını öğrenmek isteyenler gelip bu ruhani mesajları dinlediler, bu şekilde mutluluk ve huzur buldular. Sorularına cevap bulanlar kilisede kaldı, kilisemiz de bu şekilde büyüdü.

Beyninde tümör olan tıp öğrencisi

Sooyeol Cho Hıristiyan bir aileye mensuptu. 'Nazofarinks tümör' hastalığı vardı. Burun damarları çok genişleyip tümör oluşturmuş, bu da zamanla beyin tümörüne dönüşmüştü.

O sıralarda Sooyeol Cho'nun akrabalarından biri Seul Ulusal Üniversite hastanesinde müdür yardımcısıydı. Sooyeol Cho sekiz saat süren ciddi bir ameliyat geçirdi. Ama ameliyattan sonra bile burun tıkanıklığı devam etti. Üniversiteye başladığında kendini dünyevi zevklere verdi ve hastalığı kötüye gitti. Ameliyattan üç ay sonra burnunda tıkanma ve kanamalar başladı. Hastaneye gittiğinde doktorlar hastalığın nüksettiğini söyledi.

İlk ameliyatından önce doktorlar tümörün beyne yayılmasının büyük ihtimal dâhilinde olduğunu söylemişlerdi. Tümörün kökü de zaten beyinde olduğundan tekrar büyümüştü. 1984 Aralık'ında tıbbi yöntemlerle iyileşemeyeceğine kanaat getirdi. Kilisemizin adını duyup aile fertleriyle birlikte kayıt oldu.

Ocak 1985'te diriliş toplantılarında Tanrı'nın lütfunu

aldı ve sağlığı düzelmeye başladı. O sırada doktorlar bir kez daha ameliyat olmasını söylediler. Ve o hâlâ tıbbi yöntemlerle iyileşebileceğini düşünüyordu.

Ancak 1986 yılında her zamankinden on kat daha fazla kanaması oldu, anca o zaman Tanrı'nın lütfuyla hayatta kalabileceğine kanaat getirdi. İki kere geçirdiği çok şiddetli anal kanamalar onu çok yorgun düşürdü.

Hafta arasında Jochiwon'da dua ederken kalbimde, tarifi mümkün olmayan acılar hissediyordum. Sooyeol Cho'nun durumunun ciddi olduğunu anlamıştım. Gözyaşları içinde Tanrı'ya yakardım.

O zamanlar kilisemizin üyelerinden olan bayan diyakozlardan biri gördüğü bir görümden bahsetti. Gördüğü bu imgede ben, İsa'nın elbisesinin ucunu tutmuş, bu genç adamın hayatını bağışlaması için yalvarıyormuşum. Bu kritik durumları benim dualarımla aştı, sonraları bile Kutsal Ruh o ne zaman kötüleşse bana bildirdi. Bundan sonra Sooyeol Cho iman sahibi oldu ve imanın ölçüsüne göre şifa buldu.

Dua etmediği, Kutsal Ruh'la dolmadığı zamanlarda burnundaki şişlik büyür, boğazı tıkanır ya da şişlik burnundan çıkmaya çalışırdı. Böyle olduğu zamanlarda hemen tövbe eder, benim de dualarımla iyileşirdi. Bu şekilde kendinde mevcut benliğin düşüncelerini ve kötülüğü keşfetti, "Ölürsem, ölürüm." diye düşünerek oruç tuttu.

Kendini değiştirmek için elinden geleni yaptı. Sonunda sağlığına tamamen kavuştu. Şu anda peder asistanı olarak kilisede görev yapıyor, karısı ve oğluyla mutlu bir hayat sürüyor.

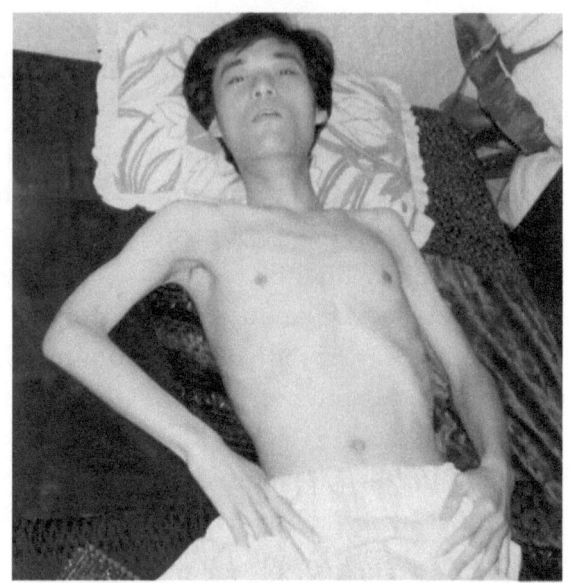

Sooyeol Cho zatürreeyken

Artık sağlıklı bir papaz

Karbon monoksit zehirlenmesi yüzünden kasılan vücut

1985 yılının Şubat ayında bir cumartesi öğleden sonra odamda dua ediyordum. Kapının önünde bir gürültü oldu, birinin öldüğünü söyleyip bağrışıyorlardı. Duamı bitirip odadan çıktığımda kilise üyelerinden bir bayanın karbon monoksit zehirlenmesine maruz kaldığını gördüm. Cuma gecesi ayininden sonra eve gidip sobasını yaktıktan sonra uyuyakalmıştı.

Cumartesi günü saat iki sıralarında gaz zehirlenmesi geçirdiği anlaşılmıştı. Bulunduğunda zaten saatlerdir bu zehirli gazı solumakta olduğundan vücudu paralize olmuştu ve ağzından balonlar çıkıyordu. Onu bulan komşusu bizim eve kadar getirmişti, ama geldiğinde neredeyse ölüydü. Bilinci kapalıydı, vücudu da kasılmış ve soğuktu.

Elimi üzerine koyup dua ettim. "İsa Mesih'in adıyla buyuruyorum. Karbon monoksit gazı, çık git! Gözler, burun, ağız kanalıyla, tüm hücreleri terk et!" Duamı bitirir bitirmez bu kardeşimizin vücut sıcaklığı arttı ve yavaş yavaş gözlerini açmaya başladı. Kasılmış bedeni gevşemeye başladı. Çevredekiler ona birkaç dakika masaj yaptı ve tüm hareketleri yerine geldi. Hiçbir yan etki kalmadan sağlığına kavuştu.

Eğer hastaneye götürülse hayatta kalmak için pek fazla şansı olmazdı. Yaşasa bile hayat boyu sürecek beyin hasarlarıyla uğraşmak zorunda kalırdı. Ama ölüyü bile dirilten her şeye gücü yeten Tanrı, bu kadını iki dakika içinde tamamen normale döndürdü. Adı Minsun Lee olan bu bayan sonradan kilisemiz rahiplerinden Peder Jeon-hwan Cha ile evlendi.

"Lütfen Shindaebang Dong'a gidin."

Bazen nefes alıp vermeleri için dua ederdim. Haziran 1985'te diyakoz Seok-hee Cho'nun iki yaşındaki kızının başına bir şey geldi. Annesi yemek yaparken Seung-ah gelip yemek istemiş, annesi de onun eline bir parça sosis vermişti. Bir müddet sonra kızının odada olmadığını fark eden Seok-hee Cho diğer odaya gittiğinde kızının ağzından köpükler gelmekte olduğunu ve yüzünün de maviye döndüğünü gördü.

Tüm bunlar birkaç dakika içinde olmuştu ve Seok-hee Cho şaşkınlık içindeydi. Kızını hemen kucağına alıp taksiye atlamıştı. Kilisede iyileşmeyecek hastaların iyileştiğini, ölülerin dirildiğini bildiğinden Tanrı huzurunda imanını göstermek istemişti. Taksi şoförüne Shindaebang Dong'a gitmesini söylemişti. Şoför çevrede pek çok hastane olduğunu, neden o kadar uzak bir yere gitmek istediğini sormuştu.

"Çünkü Shindaebang'de çok başarılı bir doktor var."

Geldiklerinde ben evdeydim, dua etmek için müsaittim. Çocuk nefes almıyordu ve gelene kadar vücut ısısı düşmüştü. Ölü çocuğun ruhunu geri vermesi için Tanrı'ya içtenlikle yakardım. Dua biter bitmez çocuk kendine geldi ve nefes almaya başladı. Bu olayın hiçbir yan etkisi kalmadan sağlıklı bir şekilde büyüdü. Kendisi şu anda Kyung-hee Üniversitesi'nde okuyor, annesiyle babası da Kyeong-nam eyaletinde, Sacheon'daki Jinjoomun Manmin kilisesinde görev yapıyorlar.

Tanrı'nın gücüyle iyileşen üçüncü derece yanık

6 Nisan 1986 Pazar günü 62 yaşındaki bayan diyakoz Eundeuk Kim, kilisenin mutfağında çalışırken bir kaza geçirdi. Ocağın üzerindeki büyük tencerede makarna yapmak için su kaynatıyordu.

Ayağı kaymış, düşerken de eli yanlışlıkla tencereye çarpmış, kaynar su olduğu gibi üstüne dökülmüştü. Göğsü, karnı, kolları ve bacaklarında ciddi yanıklar vardı. Başında ve yüzünde yanıklar olmaması çok büyük şanstı.

Olanları duyar duymaz mutfağa koştum. Daha yerde yatarken dua etmeye başladım. Yanıklar o kadar ileriydi ki cildi neredeyse pişmiş, derisi giysilerine yapışmıştı. Bilinci az da olsa yerindeydi. Yaralar tabi son derece acı veriyordu ama sonradan dediğine göre

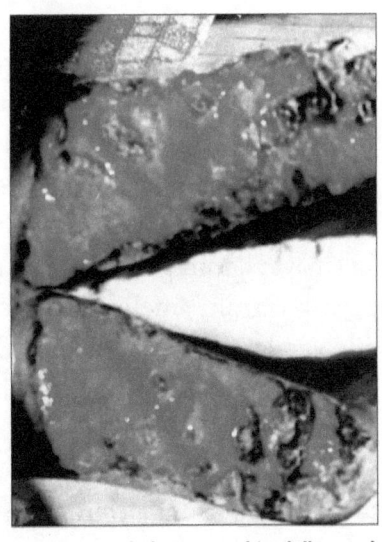

3. derece yanıktan iyileşmesi

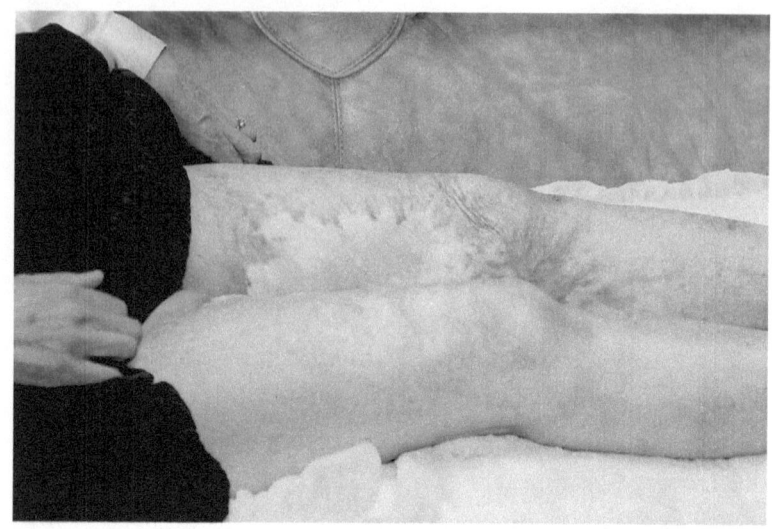

Tamamen iyileşmesi ve dualarla yeni derinin çıkması

ben dua ettikçe ateş bedenini terk etmişti. Ateş sol göğsünden sağ göğsüne geçti, sonra aşağı inip sağ ayağından vücudunu terk etti.

Ateş vücuttan çıkınca cildi pişmiş et gibi görünüyordu, giysilerini açmaya çalıştıkça derisi de soyuluyordu. Tek kelimeyle berbat bir haldeydi. Bu şekilde hastaneye gitse hayatta kalıp kalamayacağının garantisi yoktu. Yaşasa bile yıllar boyu sürecek plastik cerrahi ameliyatları geçirmesi gerekecekti. Ameliyatla bile yaraların izi hâlâ kalırdı. Onu bizim eve götürdük ve her gün onun için dua ettim. Hiçbir ilaç kullanmadı ama Tanrı'nın gücüyle kısa sürede iyileşti.

Yanarak tamamen ölmüş hücreler ağaç kabuğu gibi kabuk tuttu. Daha sonra alttan gelen deri yenilendikçe bu kabuklar düştü. Yanan yerlerde yeni deri ve damarlar oluşuyordu. Ölü deri canlanmıştı. Onu ziyarete gelenler tüm bu sürece tanık oldular. Bayan diyakoz Eun-deuk Kim kazadan üç ay sonra tamamen iyileşti. 2007 yılında 82 yaşında ve inançlı bir Hrıstiyan yaşantısı sürdürüyor.

Ateşli İşler

"Rab İsa onlara bu sözleri söyledikten sonra göğe alındı ve Tanrı'nın sağında oturdu. Öğrencileri de gidip Tanrı sözünü her yere yaydılar. Rab onlarla birlikte çalışıyor, görülen belirtilerle sözünü doğruluyordu." (Markos 16:19-20)

Öğrenciler vaaz vermeye gittiğinde Rab'de onlarla birlikte çalışırdı. Ben ellerimi hasta olanların üzerine koyuyordum ama aslında üzerlerine konan Rab'bin kan lekeleriyle kaplı elleriydi. Görümler ve ruhani şeyler görme yeteneği olan kişiler ben dua ederken, hasta insanların üzerine uzanan elin Rab'be ait olduğunu söylerler.

Her ayinde hastalar için dua ederim, birçok kişi kollarımdan alevler çıktığını söylerler. Kutsal Ruh'un ateşi olan bu ateş imanlarına göre her üyeye gidip hastalıklarını yakarak onları iyi eder. Ellerimi üzerlerine koyup içtenlikle ve imanla dua ettiğimde, Tanrı'da dualarıma Kutsal Ruh'un ateşiyle cevap verir.

Kutsal Ruh'un gelecekle ilgili söyledikleri

Peder olarak atanmam

Mayıs 1986'da kiliseyi açtıktan dört yıl sonra peder unvanını aldım. Haziran ayında kilisede Güven Seremonisi yaptık. Bu törende cemaat üyeleri, güven ve sevgilerinin sembolü olarak bana büyük, altın bir anahtar verdiler. Bunun anlamı kilisenin tüm yetkisinin rahip olarak bana verildiği, bana güvenip itaat edecekleriydi. Cemaat üyelerinin bu hediyesini hâlâ bir hazine gibi özenle saklarım.

Unvan verildikten sonra Rab benden yirmi bir günlük Daniel duası yapmamı istedi. Jochiwon'daki ibadethanemde dua edip oruç tutarak Tanrı'yla iletişim kurmaya çalıştım. Daha sonra Rab bana, dünyanın son günlerinin anlatıldığı Kutsal Kitap'ın Vahiy bölümünü açıklamaya başladı.

20 Temmuz 1986'daki Pazar ayininden sonra Vahiy Üzerine Konuşmalar serisini vermeye başladım. Bu, 20 Aralık 1989'a

kadar, yaklaşık dört yıl devam etti. Ruhani dünya hakkında az bilgisi olanlar, daha çok bilgi sahibi olmak için bu konuşmaları sevinçle dinlediler.

Yurdun dört bir yanından gelen insanların katıldığı Cuma gecesi ayini

Yeni yere taşınıp diriliş toplantısı yaptıktan sonra kilisemiz yine dolup taşmaya başladı. Bu çok hızla olduğu için yeni bir inşaat yapacak zamanımız olmamıştı.

1987'de Dongjak Gu'da bulunan Shindaebang Dong'da yeni bir yer kiralayıp oraya taşındık. Bu bizim üçüncü kilisemizdi. Yeni yere taşınmamızla ilgili diriliş toplantısını yaptıktan üç ay sonra kilise yine dolup taşmaya başladı. O sıralarda, kayıtlı üye sayısı üç bindi. İkinci ve üçüncü katları da kilise olarak kullanmamıza rağmen herkesi alacak yerimiz yoktu. İnsanların bazıları geri dönmek zorunda kalıyordu.

Haziran 1989'da altı bin üyemizle birlikte olağanüstü büyüklükteki bir kiliseye dönüşmüştük. Kilisenin açılışından beri benim tek yapmak istediğim Tanrı'nın sözüne yoğunlaşmak ve Tanrı'nın verdiği görevi yerine getirmekti. Bu nedenle üyelerle ilgilenme işini yardımcı rahiplere verdim. İlk kiliseler zamanında elçilerin çok daha fazla işi olduğundan kilise işleriyle ilgilenmeleri için yedi diyakoz atarlardı. Kendileri ise sadece Tanrı sözüne ve dua etmeye yoğunlaşırdı. (Elçilerin İşleri 6:3-4). Aynı şekilde ben de maddi işlerle ilgilenmedim, her işle ilgilenecek ayrı birimimiz vardı.

Rahipleri yüreklendirmek ve daha güçlü hale getirmek için yılda iki defa rahip konferansı düzenlerdik. Tanrı ve cemaat tarafından sevilecek rahipler olması benim çok önem verdiğim bir konu olduğundan, elimden geldiği kadar çok rahip yardımcısı yetiştirmeye çalıştım.

Kutsal Ruh'la dolu olduğu bilinen Cuma gecesi ayinlerinin ünü tüm yurda yayılmıştı. Farklı mezheplerden bile insanlar ibadete gelirdi. Cuma gecesi Kutsal Ruh'la dolu olarak ibadet ettikten sonra Pazar günü kendi kiliselerine gitmelerinden daha güzel ne olabilirdi! 12 Aralık 1986'daki Cuma gecesi ayiniyle Rab'bin bana açıkladığı şekilde Kutsal Kitap'ın Eyüp bölümü üzerine konuşmalar serime başladım. Bunlar 11 Aralık 1992'deki Cuma gecesi ayininde bitti.

Konuşmalarım, Eyüp bölümü üzerine daha önce yapılmış yorumlardan farklı ruhani mesajlar taşıyordu. Eyüp adlı bir kişinin yüreğini analiz eden değerli bir mesajdı. Böylelikle yüreklerimizde ki gerçek dışılığı ve kötülüğü keşfedebilirdik. Ayrıca 1989 yılından itibaren Rab, insanoğlunun 'Ruh, Can ve Beden'iyle ilgili detaylı bilgiler verdi. Daha sonra bana değişik 'boyut'ları anlatmaya başladı. Bu mesajları cemaate anlattıkça onların da ruhani gözleri açıldı, onlardaki değişiklikleri ben bile fark ediyordum. O kadar ki imanları arttı, hep yeni şeyler öğrenmek istediler. Ben de böylece ruhani dünyanın derinliklerine inmeye başladım.

Bir insanı buğdaya döndür

Bir gün dua ederken Rab, kederle bana şunları söyledi:

"Hizmetkârım, sana öğrettiğim mesajları kitap haline getirip çabucak bastır. Bugün, gerçek iman sahibi ve kurtulmuş birkaç kişi var. İnandıklarını söylüyor ama kanuna aykırı davranıyorlar. Beni tekrar

çarmıha geriyorlar. İnandıklarını sanıyor ama aslında inanmıyorlar."

İsa şöyle demiştir, *"İnsanoğlu geldiği zaman acaba yeryüzünde iman bulacak mı?"* (Luka 18:8). Günümüzde günah ve kanunsuzluk o kadar yaygın ki Tanrı'nın istediği gerçek ve ruhani imana sahip insanları bulmak çok zor. Çiftçiler ürün topladıklarında sadece buğdayı toplarlar, samansa yakılarak yok edilir. Bunun gibi Tanrı da saman yerine tek bir buğday tanesini tercih eder. Sadece buğdayı göksel egemenliğe alacaktır (Matta 3:12). Rab, içtenlikle dua etmemizi, benliğin tutkularını söküp atmak için gayretle O'nun sözüne göre davranışlar sergilememizi ve kusursuz ruh olan Rab'bin yüreğini gerçekleştirmemizi ister (1 Selanikliler 5:23).

Cemaat üyeleri 'Ruh, Can ve Beden' ve 'Boyutlar' hakkında ki mesajları aldıkça, günahlarını söküp atmaya çaba gösterdiler. Eğer kimse bize günahlardan bahsetmezse biz de bu konuda bir şey bilemeyiz. İnsanlar bu dünyayla başa çıkabilme yollarını öğrenmelidir, aksi takdirde imanları saman gibi olur ve kurtarılamazlar. Bu nedenle, rahipler inanlılara günah konusunu çok iyi açıklamalıdır.

Mesajlar için sadece Tanrı'ya güvenmek

İsa elçilerini gönderirken şöyle demişti: *"Sizleri mahkemeye verdikleri zaman, neyi nasıl söyleyeceğinizi düşünerek kaygılanmayın. Ne söyleyeceğiniz o anda size bildirilecek. Çünkü konuşan siz değil, aracılığınızla konuşan Babanız'ın Ruhu olacak."* (Matta 10:19-20). Kiliseyi, üniversitenin son yılındayken kurmuştum. Okula devam ettiğimden ödev yapmam gerekiyordu. Ayrıca her hafta şafak ayinleri, Cuma gecesi ayinleri ve Pazar gündüz ve gece ayinleri için en az on mesaj hazırlamam gerekiyordu. Buna ilaveten ziyaret etmem gereken üyeler ve bizzat dua etmem gereken hastalar vardı. Yani işlerim çok yoğundu.

Vaazlarımı bile yazacak vaktim yoktu ama dua ettiğimde Tanrı bana mesajın başlığını ve içeriğini söylerdi. Dua ettiğimde Tanrı ilhamını bana vaaz sırasında bile verirdi. Kürsüye çıktığımda Tanrı'nın sözleri beynimde uçuşurdu.

Günümüzde ibadet hizmetleri uydu ve internet aracılığıyla hem yurt, hem de dünya çapında yayınlanıyor, ben de notlarımı önceden hazırlıyorum. Ama kilisenin açıldığı ilk zamanlarda önümde yazılı bir şey olmadan, hafızadan konuşurdum.

Ben değersiz bir hizmetkârım

1987 Nisanında zaman kıtlığından dua edemediğimden, vaaz sırasında ilham gelmedi. Kendim de vaazın iyi gitmediğini fark etmiştim. Vaazdan sonra, daha çok dua ederek hazırlık yapmadığım için çok pişman oldum. Böyle bir durumla ne zaman karşılaşsam, hiçbir şey yapamadığımı hisseder ve Tanrı benimle olmadığımdan kendimi bir hiç olarak görürüm. Eğer Tanrı beni yüzüstü bırakırsa hiçbir mesaj veremem, dua etsem bile şifa dağıtamam, vaaz verdiğim zaman Kutsal Ruh devreye girmez, böyle olursa da kilise cemaati değişemez. Bazı şeyleri başarmış gibi görünsem de Tanrı'nın indinde basit bir hizmetkârım. Bu nedenle bana büyük bir güç verilmiş olsa ve Tanrı'nın aracı olarak kullanılsam bile bu konuda burnu büyüklük yapamam.

Nisan 1987'de tanıklığımı içeren *Ölümden Önce Sonsuz Hayatı Tatma* adlı kitabım yayınlandı. Bu kitap daha sonra pek çok baskı yapıp çok satan bir kitap haline geldi. Pek çok yabancı dile tercümesi yapıldı ve dünyanın dört bir tarafında satıldı. Bu kitap aracılığıyla pek çok insan yaşayan Tanrı'ya, şifa veren Tanrı'ya, sorulara yanıt veren Tanrı'ya ve sevgi dolu Tanrı'ya inandılar.

O zamanlar Almanya'da yaşamakta olan Soojung Maeng bu kitabı Almanya'nın ünlü papazlarının birinden duymuştu. Kitaptan çok etkilenmişti. Kore'ye döndüğünde kilisemize gelip ayinlere katıldı ve sonra da daimi üye haline geldi. Yaşam sözüyle hayatının değiştiğini söylerdi. Müjdeyi duyurma ateşiyle yanıp tutuşuyordu. Şu anda Washington D.C.'de bir misyoner olarak kendini müjdeyi duyurmaya adamış olarak yaşamaktadır.

"Burası 837 AM kanalından yayın yapan Hıristiyan Yayın Kuruluşu. 'Benimlesiniz' programının bugünkü bölümünde sizlere Manmin Joong-ang Kilisesinin papazı peder Jaerock Lee'den bahsedeceğiz."

CBS radyosunda yayınlanan 'Benimlesiniz' adlı programın 1 Haziran'dan 30 Hazirana kadar olan bölümlerinde benim tanıklığım bahsedilmişti. Bir ay boyunca sabah ve akşam bu yayın yapıldı. Bu program vasıtasıyla ülkedeki birçok insan Tanrı'nın yüceliğini anlayıp benim adımı öğrendi. Bazıları Tanrı'ya inanmaya başladıklarını söyledi.

18 Ağustos'ta CBS'te 'Yenile Beni' adlı bir programa çıkıp tanıklığım hakkında konuştum. Programın yapımcısı ilk başta Tanrı'nın bana şifa vermesi hakkında konuşmamı istedi. Mucizelerden bahsedersek itirazlar olabileceğini düşünüyordu. Ben aynı fikirde değildim, sadece gülümsedim. Programı hazırlarken tüm hikâyemi ve Tanrı'nın bana şifa verme sürecini anlattım. Yayın günü geçtiği halde programım yayınlanmayınca yetkiliye sordum. Kaset tam yok edilmek üzereyken başka birinin yardımıyla kaseti ele geçirdik ve bir saat süreyle yayınlanmasını

sağladık. Gerçeklerin olduğu gibi yayınlanmasının daha doğru olduğunu düşünmüştüm.

Kutsal Ruh'un ilhamıyla peygamberlik

Rab hepimizin yararı için bize Kutsal Ruh'u vermiştir (1 Korintliler 12:7). 1 Korintliler 14:1-5'te şöyle denir: *"Sevginin ardınca koşun ve ruhsal armağanları, özellikle peygamberlik yeteneğini gayretle isteyin. Bilmediği dilde konuşan, insanlarla değil, Tanrı'yla konuşur. Kimse onu anlamaz. O, ruhuyla sırlar söyler. Peygamberlikte bulunansa insanların ruhça gelişmesi, cesaret ve teselli bulması için insanlara seslenir. Bilmediği dilde konuşan, kendi kendini geliştirir. Ama peygamberlikte bulunan, inanlılar topluluğunu geliştirir. Hepinizin bilmediğiniz dillerde konuşmanızı isterim, ama peygamberlikte bulunmanızı yeğlerim. Diller inanlılar topluluğunun gelişmesi için çevrilmedikçe peygamberlikte bulunan, dillerde konuşandan üstündür."*

Elçi Pavlus, Tanrı'nın tüm çocuklarının dillerle konuşma armağanı almasını istiyor ve inanlıları özellikle peygamberlik armağanı için yüreklendiriyordu. Aydınlatmak ve imanlarını kuvvetlendirmek için ben de bazen cemaate Kutsal Ruh'un ilhamıyla neler olacağını anlatırdım. Şafak ayininde dua ederken "Baba, gelecek hafta bize şu kadar insan yolla," derdim. Gelecek hafta hakikaten de o sayıda insan gelirdi. O sıralarda kilise üyelerinin sayısı hızla artıyordu.

"Gelecek hafta ayinde 50 kişi olacak."

Pazar günü gelenleri saymalarını istediğimde tam elli çıkardı.

"Haftaya 65 kişi gelecek."

Ayinlere katılanların sayısı her hafta artıyor, ben de her Pazar kehanette bulunuyordum. Bir sonraki hafta gelenleri sayınca herkes şaşırırdı.

Sayı seksene vardığında birkaç hafta boyunca artmadı. Bu konuda dua ettiğimde düşman şeytanın sayının yüzün üstüne çıkmasını engellediğini fark ettim. Şeytanın gitmesi için üyelerle birlikte oruç tutup dua ettim. O haftadan sonra sayı yine çoğalmaya başladı. Kuruluş günü olan 10 Ekim'de sayı yüzden fazlaydı.

Bazı özel durumlarda Tanrı bana ne kadar bağış geleceğini önceden bildirirdi. Kilise kurulduktan sonra haftada altı milyon won (altı bin dolar) geliyordu. Biz dünya misyonu üzerine yoğunlaştığımızdan gelirimizden çok daha fazlasını harcıyorduk. Hep daha fazlasına ihtiyacımız vardı, kilisemizin mali durumu iyi değildi. Bu nedenle dua etmeye başladım. İçtenlikle dua edince Rabbim bu sıkıntıdan kurtulmak için bir yol açtı. Ruh'tan gelen ilhamla Tanrı bağışların miktarını bana bildirirdi.

"Haftaya bağışların miktarı 33 milyon won (yaklaşık 33.000 dolar) olacak."

Bu cevabı imanları daha çok güçlensin diye kilisenin maddi işleriyle ilgilenenlere söylerdim. Ama onlar, belki de inanamadıklarından belirli bir tepki vermezlerdi. Bağışların haftada beş kere nasıl arttığına kuşkuyla bakıyor gibiydiler.

Bir sonraki Pazar günü öğleden sonra finans komitesi çalışanları bağışları saydı, bana paranın tam tamına 33 milyon won olduğunu söylediler. O zamandan beri ne zaman maddi sıkıntı çeksek Tanrı'ya dua ettim ve Tanrı bizleri pek çok kez kutsadı. Tanrı'nın lütuflarıyla sıkıntıların üstesinden gelebildik. Özellikle çok fazla meblağ geleceği zaman bana haber verir, ben de komite üyelerini bilgilendiririm. Böyle bir deneyimi birkaç defa yaşadıktan sonra imanlarının güçlendiğini görebiliyordum.

Kore'de ve dünyada olacak şeylerin bana söylenmesi

Hep yakararak dua eder ve hep Ruh'la dopdolu yaşardım. Rab'bim de zaman zaman ileride olacak şeyleri, büyük ve gizli şeyleri önceden bana bildirirdi. Rab, gelecekte olacaklar hakkında Petrus'a bir görüm vermiş (Elçilerin İşleri 10. bölüm), İstefanos ise Tanrı'nın görkemini ve Rab'bin O'nun sağ tarafında oturduğunu görmüştü. Tanrı'nın gücü her şeye muktedirdir. Eski antlaşmada da, Yeni antlaşmada da, bugün de O hep aynı şekilde işler.

Amos kitabı 3. bölüm 7. ayette denir ki, *"Gerçek şu ki, Egemen RAB kulu peygamberlere Sırrını açmadıkça bir şey yapmaz"* Dediğim gibi dua ettiğimde Tanrı, kilise cemaati üyeleri, ülkemiz ve dünyayla ilgili bilgiler verirdi.

26 Ekim 1979 günü fakültedeyken, sabahtan itibaren kendimi kötü hissetmiştim. Dua ettim. Rab, ülkemizin büyük bir yıldızının bana düşeceğini söyledi. Başkan Park Chung Hee ölecekti. Karıma büyük bir felaket olacağını söyleyip okula gittim. Kalbim sıkışıyordu. Tüm gün gözyaşı döktüm. Ertesi sabah, Başkan Park Chung Hee'nin bir gece önce katledildiğini öğrendik.

Hizmetkarları peygamberlere sırrını açmadıkça...

Tanrı, bazen beni dünyada olacak şeylerden haberdar eder, bazen de çok önemli şeyler bildirirdi. 1984 yılında, Tanrı bana, Hindistan'ın kadın başbakanı olan I.P. Gandi'nin öleceğini bildirmişti. Bu haberi cemaatimle birlikte o ölmeden birkaç ay önce almıştık. O yılın Ekim ayında gazete okurken Şiiler tarafından öldürüldüğünü öğrendim.

Aynı yıl, Tanrı bana başkan Reagan ile başbakan Thatcher'ın tekrar seçileceklerini söyledi. Ayrıca neden tekrar seçileceklerini de anlattı. Margaret Thatcher erkek gibi bir kadındı, alçakgönüllü ve uysaldı, Tanrı huzurunda günah işlememeye çalışırdı. Gözünü para ve koltuk sevdası bürümüş olmadığından insanlara sevgiyle hizmet veriyordu. Tanrı bana onların, ülkelerini sevdikleri ve insanlara sevgiyle hizmet verdikleri için ülkelerinde çok sevildiklerini söylemişti.

1985 yılında Sovyetler Birliği Komünist Partisi genel sekreteri K.U. Chernenko hayatını kaybetti. Ama bu olaydan aylar önce,

1984 yılında Tanrı bana bir görüm verdi. Kilise üyelerine iman tohumunu ekmek için gördüklerimi onlara anlatmıştım. Aylar sonra gazetelerde onun hastalığıyla ilgili haberler çıktı, sonra da ölüm haberi geldi.

6/29'un ilanı ve demokratikleşme süreci

29 Haziran 1987'de Demokratik Hak Partisi başkanı Bay Taewoo Roh 6/29 bildirisini yayınladı. 12 Şubat 1985'teki genel seçimlerden sonra muhalefet partileri, seçimle iş başına gelmeyen Başkan Doohwan Chun'u özgünlükten yoksun olmakla suçladılar ve direkt başkanlık seçimi yapılmasını talep ettiler. Başkanın seçimle başa gelmesi konusunda ısrar ettiler.

Bu hareketlere karşı olarak 13 Nisan 1987'de Başkan Doohwan Chun, anayasanın değiştirilmesi ve hâlihazırdaki yasalara göre hükümetin devredilmesini durdurmak için 'Anayasanın Korunması' adlı bir konuşma yaptı. 10 Haziran'da Demokratik Hak Partisinin kongresinde, askeri yönetimi genişletmek amacıyla Taewoo Roh'u partinin başkan adayı olarak seçtirdi. Bu olaylar sırasında Jongcheol Park adlı bir üniversite öğrencisi polisten gördüğü işkence sonrası hayatını kaybetti. 10 Haziran'dan sonra ülkede büyük gösteriler düzenlendi. 26 Haziran'da bir milyondan fazla kişinin katılımıyla düzenlenen gösteriler, gece geç saatlere kadar sürdü. Göstericileri kontrol altına almaya polisin gücü yetmeyeceğinden hükümet bir ara askerden yardım almayı düşündü. Ama sonunda arabulucular kazandı. Sonunda halkın direkt seçim isteğini kabul ettiler, bu da 6/29 bildirisi oldu.

15 Haziran 1987'de Bupyeong'daki Cheil Kilisesinde bir diriliş toplantısı yönetiyordum. 18 Haziran'da Tanrı bana birden

ilham ve görüm verdi. Bana 6/29 bildirgesinin açıklanacağını, içeriğiyle birlikte bildirdi. Tanrı bana ülkede büyük bir değişiklik olacağını Kutsal Ruh aracılığıyla bildirdiğinden bu değişimin çok çabuk olacağını anlamıştım. Ertesi gün olan 19 Haziran'da kilise üyelerine bunlardan kısaltmalar halinde bahsettim, ayrıca bu kısaltmalar Pazar günkü haftalık bültende yayımlandı. Hükümet bunları büyük bir gizlilikle görüştüğünden sıradan bir vatandaşın bu bilgilere ulaşmasına imkân yoktu.

21 Haziran 1987 tarihli haftalık bültende gelişmelerin önceden yazılması

O zamanki hükümetin diktatörlüğe varan uygulamalarını göz önüne alarak Pazar günkü bültende kısaltmaları tersten yazdım. Bu bülteni hâlâ saklarız. Kısaltmalar Kore alfabesi olan Hangul'la yazılmıştı. "Min, Gey, Yak, Sei, Dae, Gye, Chong, Mo, Roh, Hu, Dae." Bu kısaltmaların anlamını 5 Temmuz'daki vaazımda detaylarıyla açıkladım.

Bunların anlamı şuydu: "Başkan (Dae) Chun, başkan adayı (Hu) Taewoo Roh (Roh)'u desteklemek için, 'Anayasanın Korunması'nı yayınlamıştır. Ama bir kişi (Chong) kafasından (Mo) vurularak öldürüldüğünden, 'Anayasanın Korunması'yla ilgili tüm planlar (Gye) suya düşecekti. Muhalif güçler nedeniyle başkan (Dae)'nın etkisi (Sei) zayıfladı (Yak). İnsanların talebini karşılamak için 6/29'u yayınlayacaktı. Anayasada değişiklik (Gey) yapılarak direkt seçimler yapılacak ve bu da demokrasinin (Min) başlangıcı olacak."

Bilginiz için 6/29'un sekiz koşulu şunlardı:

1. nayasa değişikliğiyle birlikte hükümetin barışçıl bir şekilde devredilmesi.

2. Başkanlık seçim yasalarını değiştirerek adil ve hukuka uygun seçimler yapılması.

3. Daejung Kim için af çıkarılması.

4. İnsan onuruna saygı gösterilmesi ve insan hakları konusunda gelişmeler sağlanması.

5. Konuşma özgürlüğü getirilmesi.

6. Bölgesel bağımsızlık, üniversitelerin serbestleştirilmesi ve eğimin bağımsız hale getirilmesi.

7. Değişik partilerin haklarının verilmesi.

8. Sosyal arınma sağlanması için kararlı hareketler.

Başkanlık seçimi sonuçları

Aralık 1987'de, 13. başkanlık seçimi öncesinde dua ettim. "Tanrım, senin isteğin nedir? Senin isteğine göre en uygun başkan kimdir? Kim başkan olacak?"

Tanrı, bana seçimler sonucunda Taewoo Roh'un başkan olacağını bildirdi. Ayrıca bana diğer aday Youngsam Kim'in Bay Roh'un ardından başkanlık sarayı olan Mavi Saray'a bir çiçek arabasında gideceğini de gösterdi ve Deajung Kim başkanlık sarayına aynen bu şekilde gitti.

Tanrı bana ayrıca eğer Youngsam Kim'le Daejung Kim birlikte hareket ederse, önce Youngsam Kim'in ve daha sonra da Daejung Kim'in başkan olacağını söyledi. Tanrının isteği buydu, iki adayın birleşmesini istiyordu. Ama onlar bu seçimde birleşmediklerinden seçimi Taewoo Roh kazanmıştı.

Tanrı ayrıca bana Roh'un umulandan fazla oy alacağını, Youngsam Kim'in ikinci, Daejung Kim'in de üçüncü olacağını söyledi. Dördüncü aday Jongpil Kim ise çok az oy alacaktı. Bana ayrıca eğer Youngsam Kim ile Daejung Kim birleşirse, neler olacağını da tüm detaylarıyla gösterdi.

Bunları içeren bir mektup yazarak kilise üyelerinden biriyle Youngsam Kim'in yaşadığı yer olan Sangdo Dong'a yolladım. O kilise üyesi Youngsam Kim'in ikametine gitti ancak Youngsam Kim Busan'da seçim konuşmasındaydı. Mektubu alan karısı eşine ileteceğini söyledi. Bu mektubun bir kopyası kilisemizde hâlâ mevcuttur. Ne de olsa iki aday birleşmediğinden seçimi Taewoo Roh kazandı.

Bölüm 6

Kilisenin büyümesi
ve testler

Konuşma hakkının alınması ve kırılan tokmak

Kilisemin bağlı olduğu mezhebin adı Kore Kutsal Kilisesi Birliğiydi. Kiliseyi kurduğumdan itibaren mezheple uyum içinde olmak için elimden geleni yaptım ve kilise giderek büyüdü.

Birlikten sonra bir başka mezheple

13 Aralık 1988'de bizim mezhebimizle Anyang'daki Kore Kutsal Kilisesi birleşti, böylece biz de Anyang mezhebine dâhil olmuş olduk. O zamanlar, benim fakülteden de hocam olan Peder Taekgoo Sohn Kore Kutsal Kiliseler Birliği başkanıydı ve bu birleşme onun teklifi üzerine yapıldı. O zamanlar bizim kilisemiz dikkat çekecek ölçüde büyüyordu. Suwon'da kilisemizin beşinci şubesi açıldığında, mezhebin genel kurulu şubenin adına itiraz etti. Şubenin adında 'Manmin' kelimesi geçmesinin problem yaratacağını, kilisenin adının 'Suwon Deokwoo Kilisesi'

olması gerektiğini söylediler.

Aralık 1989'da genel kuruldan aldığım bir mektupta sınav için saat 11'de hazır bulunmam gerektiği bildirilmişti. 18 Aralık günü saat 10:30'da toplantı odasına gittim ama öğleye kadar bir ses çıkmadı. Öğleden sonra toplantı odasına çağrıldım. Odada, genel kurul üyesi altı papaz vardı. Beni görür görmez soru yağmuruna tuttular. Bu toplantı papazlar arasında yapıldığından, bir ayin, en azından bir duayla başlayacağımızı düşünmüştüm. Böyle olmadığı için şaşırmıştım. Soruları ve suçlamaları arka arkaya sıraladılar:

"İsa'nın üç-dört yıl sonra geleceğini söylemişsin. Doğru mu bu?"

"Ben öyle bir şey söylemedim."

"Yalan söylüyorsun! Sen yalancı bir papazsın!"

Bu gibi sorularla şaşkına dönmüştüm. Bana açıklama yapmamamı, sadece evet ya da hayır diyerek cevap vermemi söylediler.

"Bu şekilde yalan söyleyerek binlerce koyunu kandırıyorsun. Tıpkı senin gibi yalan söyleyerek bizlerde bu kadar üye edinemeyiz mi sanıyorsun?" "Vahiyler aldığın söyleniyor. Kutsal Kitap'ın 66 kitabından başka bir sözün mü var?"

"Hayır, asla yok."

"Yalancı! Cemaat üyelerine işlerine gitmemeyi, öğrencilere ders çalışmamayı öğütlüyormuşsun!"

"Ben asla böyle bir şey yapmadım."

"Kürsüde büyücü dansı yapıyormuşsun."

"Ben asla böyle bir şey yapmadım."

Bu gibi abes sorular devam etti. Bu soruların hepsinin kaynağı yanlış anlamaydı. Suçlamalara cevap verme fırsat tanımadılar. 'Peder S' olarak adlandıracağım papazlardan biri, bana önceden hazırlanmış dokuz koşul bildirdi. Bu şartların sonunda bir hüküm verileceğinden bile haberim yoktu. Bu dokuz şart kiliseme yollanmıştı. Eğer bu dokuz şartı yerine getirmezsem toplantı hükümlerini yerine getireceklerini söylediler. Dokuz koşul şuydu: *Ölümden Önce Sonsuz Hayatı Tatma* adlı kitabımın satışının durdurulması; vaaz kasetlerimin satışının durdurulması; şube açtığımızda 'Manmin' kelimesinin kullanılmaması; kutsal dansların yasaklanması (ilahiler dizmek için yapılan danslar). Bunları kabul etmeme imkân yoktu.

Bu 'resmi mektuba' verdiğim cevapta her şeyi ayrıntılarıyla anlattım. Bu mektubu Tanrı'nın sözüne karşı gelen hiçbir şey içermediği için yazdığımı, böyle bir durum varsa bana bildirmelerini de ekledim. Birkaç ay sonra genel kuruldan aldığım cevapta, hiçbir neden göstermeden mektubumu kabul etmediklerini bildirdiler.

Konuşma hakkının alınması

Mezhebin genel kurulu 30 Nisan ve 1 Mayıs tarihlerinde, iki günlük bir toplantı düzenledi. Ben de temsilciler kurulu üyesi olduğumdan toplantılara katıldım. Kurulda benim kilisemden de iki kişi vardı. Üzerinde adımın yazdığı bir koltuk bulamadık. Beni aforoz etmek için bir plan döndüğünü anladım. Her yerde adımın yazılı olduğu bir koltuk aradım ama bulamadım. Kurul üyeleri arasında da adım geçmiyordu. Oturacak yerim olmaması konuşamayacağım anlamına geliyordu. Onlara gerçekleri anlatmak istediğimden arka sıralarda bir yere oturdum.

1 Mayıs'ta genel kurul toplandığında adım okundu. Sınav komitesi başkanı 'Peder S' beni karalayan şeyler söylemeye başladı. Toplantıda konuşma hakkımı elimden aldıktan sonra

gündeme göre toplantıya devam ettiler. Hakkımda söylenen hiçbir şey gerçeği yansıtmıyordu.

"Peder Jaerock Lee İsa'nın geri geleceği günü bildiğini söyledi. Tanıklık ettiği kitabının falanca sayfasında yazıyormuş." İsa'nın geleceği tarihi bilmiyordum ve tabi bu kitabımda da yazmıyordu. Ancak toplantıya katılanlar o an kitabımı göremediklerinden söylenenlere inanarak oy vermek durumunda kaldılar. "Peder Jaerock Lee yanlış şeyler yaptığı için onu aforoz edelim. Katılanlar ellerini kaldırsın."

Aforoz edilmemin görüşüldüğü toplantıda 300 üyenin çoğu toplantıyı terk etti, sadece 90 üye kaldı. Bunların arasından da, bu şekilde davranmaya daha önceden karar vermiş olan 30 kişi ellerini kaldırdı. Benim adamlarım da saydı, 30 el kalkmıştı. Ama oturum başkanı "Kırk sekiz üye ellerini kaldırdı, bu yarıdan fazla. Kabul edilmiştir." diye anons yaptı. Tokmağı indirdiğinde 300 üyenin sadece otuzunun oyuyla aforoz edilmiştim.

Kırılan tokmak

Başkan tokmağı indirdiğinde tokmağın başı kırılıp yere düştü. Bu daha önce görülmüş bir şey değildi. Tokmağın kırılması bile bu kararın Tanrı'nın nezdinde geçerli olmadığının kanıtıydı. Suçlu bulunan bana konuşma hakkı verilmemişti. O anda kilisemin ileri gelenlerinden Boaz Jungho Lee zorlukla fırsat bulup şunları söyleyebildi: "Burada söylenenlerin hiçbiri doğru değildir. Ona bir kez bile söz hakkı vermeden nasıl böyle bir hüküm verebilirsiniz? Kendisi burada, onu dinlememiz gerekmiyor mu?"

"Peki, ona konuşma hakkı vereceğiz. Yerinize dönün."

Başkan bu sözüne rağmen, kendimi müdafaa için bana söz

hakkı vermedi. Boaz Jungho Lee yerine döndükten sonra bile konuşma hakkı verilmeyince Lee sesini yükseltti.

"Başkan, Peder Jaerock Lee'ye konuşma hakkı tanıyacağınız için yerime döndüm. Ama neden hâlâ konuşturmuyorsunuz?" Başkan, Lee'nin itirazlarını görmezden geldi. Her şey bir anda olup bitti. Bir söz hakkı alabilmek için sabahın erken saatlerinden beri orada yedi saattir oturuyordum ama konuşmama bir türlü izin verilmedi. İdam mahkûmlarına bile kendilerini savunma için söz hakkı verilir. Diktatörlüklerde ve komünist rejimlerde bile şüphelilere söz hakkı verilir. Ama bana tek söz hakkı tanınmadan verilen hükümle gömülmüştüm.

Kutsal Kitap'ın öğrettiği dava

Kutsal Kitap, bize en az iki tanık olmadan bir ihtiyara yöneltilen suçlamayı kabul etmememizi söyler. (1 Timoteos 5:19). Hele ki Tanrı'nın kulu, peder olan birine kendini savunma hakkı tabi ki verilmeliydi. Ama bana tek bir söz hakkı verilmedi, hakkımda tek taraflı hüküm verildi. Daha da kötüsü iddialarının hepsi gerçeği yansıtmayan, uydurma şeylerdi.

Davut, kendisini kıskanan Kral Saul tarafından kovalanırken, eline onu öldürmek için bir fırsat geçmiş ama öldürmemişti. Dedi ki, *"RAB'bin meshettiği kişiye karşı böyle bir şey yapmaktan, el kaldırmaktan RAB beni uzak tutsun çünkü o RAB'bin seçilmişi'dir."* Rab Saul'dan yüz çevirmiş bile olsa bir zamanlar onu meshetmişti. Meshettiği kuluyla anca Tanrı ilgilenebilir ama beni kendi isteklerine göre aforoz etmişlerdi.

Bir kez 'Evet' demekle bunlardan kaçınabilirdim

Kuruldaki bazı papazlar olanlara çok üzülmüş, bana şöyle tavsiyelerde bulunmuştu. "Peder, kiliseniz hızla büyüdüğü için sizi kıskananlar oluyor. Neden kıdemli pederlerin dediklerine bir kere 'Evet' demiyorsunuz? Bir kere 'Evet' deyin! Kolaya elma şarabıdır deseler de 'Âmin' deyin, elma şarabı koladır deseler de 'Âmin' deyin." Doğruluktan sapmam mümkün değildi. Aslanların kafesine atılmak üzere olan Daniel'i hatırladım, o anda bile doğruluktan sapmıyordu. Sonra Daniel'in, alev alev yanan fırına atılmakta olan üç arkadaşını düşündüm. Bunları düşününce bu dünyaya değil de sadece Tanrı'ya inanmam gerektiğine karar verdim.

Haberler kiliseye yayılınca aforoz edilme olayında başı çeken iki papazı protesto etmek için yüzlerce kişi toplandı. Ayrıca işin içyüzünü bilen bazı pederlerde onları arayıp itirazlarını bildirdi. Daha sonra mezhebin başkanı benimle toplantı yapmak istediğini söyledi. "Tüm bu olanları olmamış varsayacağım. Bana sadece bir şey için söz ver." dedi. "Ondan sonra ismini aklayacağım ve önceki halimize geri döneceğiz. Şu dokuz şarta 'evet' de ve onları kabul et." Ancak benim doğru olmayan bir şeyi kabul etmem söz konusu olamazdı. Sadece aforoz edilmekten korktuğum için doğru olmayan şeyleri nasıl kabul edebilirdim? Tüm hafta çok üzgündüm, tam dört kilo verdim. Beni tek taraflı olarak cezalandıran papazları düşündüm, onlar için de üzülmekten başka bir şey gelmiyordu elimden. 'Peder K' olarak anacağım, mezhebin başkanlarından olan biri sıkça. "Kutsal Kitap'a göre Manmin Joong-ang Kilisesi sapkındır." demişti.

Göksel Egemenlik Adaleti Bildirecek adlı bir kitap yayınlayarak mezhebine bakmadan bunu Kore'de bulunan tüm kiliselere yolladım. Bundan sonra dua ederken Tanrı bana şu sözleri söyledi:

"*Mezhepten çıkmayı kendin isteyebilir, böylelikle aforoz edilme utancını yaşamayabilirdin. Ama sen, sana inananlara ihanet etmemek için bunu yapmadın. Benim istediğim tür kul böyle olmalı. Sen doğru yolu seçtin ve yakında kiliseler birliği başkanı olacaksın.*"

Tanrı, bu gereksiz yasaklardan korunabilmemiz için bizi yeni bir mezhep kurmaya yönlendirdi. 1 Temmuz 1991'de Kore Kutsal Kiliseler Birliği genel kurulu toplandı, ben başkan seçildim. Bu büyük sınamadan geçtikten sonra Tanrı'nın bana çok daha büyük bir güç verdiğini hissediyordum.

Ülke çapında düzenlenen diriliş toplantıları

1986'da rahip unvanı aldığımdan beri yurtta çeşitli yerlerde diriliş toplantılarında konuşmam için davet alıyordum. 1987'den itibaren, her ay Pohang ve Daegu gibi şehirlerde düzenlenen mezhepler arası toplantılara katılıyordum. Genelde Tanrı'ya yakararak dua etmenin önemi ve neden İsa'nın tek kurtarıcımız olduğu konusunda konuşuyordum. Bu iki konu da 'Çarmıhın Mesajı' adlı kitapta yer almaktadır.

Toplantıların ikinci ve üçüncü günlerinde, vaaz edilen sözün lütuflarına nail olan rahipler, Tanrı'nın sözünde mevcut olan ruhani anlamları anladıkça gelip bana alçakgönüllükle şükranlarını sunarlardı.

Kıdemli bayan diyakoz Boonhan Cho'nun zona hastalığı geçti

1990 yılı Mart ayında Daegu'daki bir kilisenin daveti üzerine oraya gittim. Kıdemli Bayan diyakoz Boonham Cho'yu da evinde ziyaret etme fırsatı buldum. Bu bayan 77 yaşındaydı ve zonadan mustaripti. Torunu diyakoz Joonha Hwang, Jinhae kentinde bir yandan Kore Üniversitesi tıp fakültesinde okurken, bir yandan da sağlık görevlisi olarak çalışıyordu. Diyakoz Joonha Hwang içten bir imana sahipti ve büyükannesiyle ilgilenebilmek için birkaç kez izin almıştı. Boonhan Cho'nun kendi de, Tanrının sözünü öğrenebilmek için bir süre kiliseye gelmişti. Bayan diyakoz Boonhan Cho'nun cildinde ayrıca çıbanlar da vardı, bunlar patlayarak artirite neden oluyordu. Dâhili sinirlere de bulaşmış olan virüs o kadar fazla acı veriyordu ki kadıncağız gece gündüz inliyordu. Hiç hareket edemiyor, bütün gün yatıyordu. Eklemleri sertleştiğinden yemek yemek ve uyumakta güçlük çekiyordu. Bir deri bir kemik kalmıştı. Artık sadece bir an evvel ölmek istiyordu. Tabi onunla ilgilenmekte olan aile fertleri de son derece zor durumdaydı.

Elimi üzerinde tutup dua ettim. Dua biter bitmez şöyle bağırdı: "Şeytan çıkıyor!" Sağ kolunu kaldırdı. Zona boynunun sağ tarafında ve sağ omzunda etkili olduğundan, sağ kolunu oynatması çok zordu. Az sonra doğruldu, bu hastalıklara neden olan kötü ruhun vücudunu terk ettiğini söyledi. Tamamen iyileşmişti.

Daegu'daki Kyoungbook Ulusal Üniversitesinde profesör olan damadı dâhil bütün çocukları ona bakmak istedi. Ancak o, Seul'da kilise yakınlarında kiraladığı küçük bir evde, Kutsal Ruh'la dopdolu bir şekilde uzun ve iyi bir Hıristiyan yaşantısı sürdürdü.

Daegu Birliği dirilişine karşı sorunlar

4 Mayıs 1990'da Daegu kentinde bulunan Jooahm Dağ evinde düzenlenen toplantıya konuşmacı olarak davet edildim. Bu toplantı Kyeong Sang Eyalet Misyon Birliği tarafından düzenlenmişti. O kadar çok insan vardı ki, mihrabın altında ve üstünde bile oturanlar vardı. Böyle olduğu halde tapınağa giremeyenler bile olmuştu. Servisi dışarıdan dinlemek zorunda kalanlar için pencereleri çıkardık. Koro üyeleri bile içeri girememiş, dışarıdan söylemek zorunda kalmışlardı. Tanrı'nın lütfuyla pek çok rahip de katıldı ve şifa dağıtıldı.

Bu toplantı çok başarılı geçtiğinden onu düzenleyenler gelecek yıl daha büyüğünü organize etti. Daegu Spor Salonunu kiraladılar. Pek çok misyoner grubu dualarıyla bu toplantıya destek verdi. Beni karalayan mezhep, toplantıları bozmaya çalışıyordu.

Bu toplantıdan bir hafta önce, Cuma akşamı ayininde Tanrı'nın sözü geldi. Tanrı tüm kilise üyelerinin gelecek Pazar günü şeytanın havrasını kovmak için bir günlüğüne oruç tutmasını istiyordu. O zamana kadar Daegu'da olup bitenlerden haberim yoktu. Cumartesi günü, Daegu'ya giden kilise üyelerinden orada neler olduğunu öğrendim.

Beni lanetleyen mezhep, toplantıyı bozmak için bu toplantıyı düzenleyen komitenin başkanına, basına ve ilgili diğer kuruluşlara yolladığı mektupta, enim sapkın oluğum için aforoz edildiğimi söylemişti. Toplantıyı destekleyen 'J' mezhebinin rahipleri bölgelerindeki her bir kiliseye mektup yollayarak "Peder Jaerock Lee sapkın olduğundan, bu toplantıyı destekleyen herkesin de sapkın sayılacağını duyururuz." dediler. Bu nedenle, başından beri bu toplantıyı desteklemekte olan grup ve papazlar daha fazla yardımcı olamadı. Toplantının iptal edildiği dâhil pek çok doğru olmayan dedikodu dolaşıyordu ortalıkta.

18 Mart 1991'de gerçekleri ve kilisemizin durumunu konuşma fırsatı bulamadan toplantı başladı. Gönderilen mektuplara inanan destekçi gruplar bizden desteğini çekti. Ancak mezhebin genel kurulundan gelen baskıya rağmen bazı rahipler toplantılara katıldı. Bu ne mutluluk verici bir şeydi! Tanrı cemaat üyelerinin yüreğine tesir ettiğinden, üyeler Daegu'ya gidip toplantı için hazırlıklara başladı. Birdenbire, toplantı bizim kilise tarafından yapılmış oldu ama pek çok katılımcı da vardı ve Tanrı'nın lütuflarıyla başarıyla sonuçlandı.

Düşman şeytan bu toplantıyı iptal etmeye ve muhalefet getirmeye çalıştıysa da Tanrı, insanoğlunun kafasındaki planlardan haberdar olduğundan bize önceden oruç tutturup dua ettirerek en sonunda her şeyin iyi gitmesini sağladı.

Öyleyse buna ne diyelim? Tanrı bizden yana ise, kim bize karşı olabilir? Öz Oğlunu bile esirgemeyen, O'nu hepimizin uğruna ölüme teslim eden Tanrı, O'nunla birlikte bize her şeyi de bağışlamayacak mı? Tanrı'nın seçtiklerini kim suçlayacak? Onları aklayan Tanrı'dır. Kim suçlu çıkaracak? Ölmüş, üstelik dirilmiş olan Mesih İsa, Tanrı'nın sağındadır ve bizim için aracılık etmektedir. Mesih'in sevgisinden bizi kim ayırabilir? Sıkıntı mı, elem mi, zulüm mü, açlık mı, çıplaklık mı, tehlike mi, kılıç mı? Yazılmış olduğu gibi: 'Senin uğruna bütün gün öldürülüyoruz, kasaplık koyunlar sayılmışız.' Ama bizi sevenin aracılığıyla bu durumların hepsinde galiplerden üstünüz. (Romalılar 8:31-37).

İmanla yeni kiliseye taşınmak

1987 yılı Mart ayında kilisemiz artık artan üye sayısını ağırlayamayacak hale gelmişti, bu nedenle daha büyük bir yere taşınabilmek için dua ediyorduk. Kilisemizi ilk kurduğumuz yer olan Shindaebang 2 Dong'da yeni bir inşaat yapılmıştı, biz de buranın ikinci ve üçüncü katlarını kiraladık.

13 Nisan – 17 Nisan arasında yeni yerimizi kutlamak için diriliş toplantıları yaptık. Başlık şuydu: "Ya Rab, ya Rab!` diye seslenen herkes Göklerin Egemenliği`ne girmeyecek." Ben de lütuf, Kutsal Ruh, iman ve sonsuz yaşam hakkında vaazlar veriyordum. Diriliş toplantısından üç ay sonra neredeyse 1600 metrekarelik kilisenin her yeri insanla dolmuştu.

Yakararak dua ettikçe

Bugün olduğu gibi o zamanlarda da cemaat üyelerimiz

Daniel Gece Dua toplantılarında üç saat dua ederlerdi. Binada ses yalıtımı olmadığından sesin dışarı çıkmasını önlemek için ön cephedeki pencerelere köpük koyduk fakat seslerin dışarı çıkmasını yine de engelleyemiyorduk. Şükürler olsun ki, binanın ön tarafı ev değil, çarşıydı.

Bir keresinde civardaki evlerde oturanlardan biri gelen seslerden şikâyet edecek oldu ama kadın gruplarına mensup birisi ona şöyle cevap verdi: "Yazın bile pencereleri kapalı tutuyorlar, pencereleri köpükle kapladılar. Ayrıca dua sesleri bana ninni gibi geliyor." Bir daha bu konudan bahsedilmedi. Bir keresinde biri polise şikâyet etti. Ama polis memuru ona şöyle cevap verdi: "Sen uyuyorsun ama bu insanlar uyumadan bu ülke için dua ediyorlar. Senin derdin ne?" Şikâyet eden kişi bir daha ağzını açamadı.

Tanrı'nın lütfuyla bir krizin üstesinden gelmek

Tanrı bu şikâyetlere maruz olmamızdan orada daha fazla kalmamızı istemedi. Bizi, daha büyük bir yere geçmemizi sağlayacak bir sınamaya tabi tuttu. Nisan 1988'de ana kilise hariç, ofisler, merdivenler, koridorlar bile ibadet eden insanlarla dolmuştu. Aynı binanın alt katında dükkânlar vardı. Satışlar iyi olmadığından bu dükkânlar birer birer kapanmaya başladı. Alt katı kiralamak için de kontrat yapmamıza rağmen çarşı esnafı ve civarda oturanlar buna karşı çıktı. Kilisenin, tüm esnafı oradan çıkarmak istediğine dair doğru olmayan bir dedikodu yayılmıştı.

Bu insanlar Pazar günleri kilisenin kapısının önünde şaman ayinleri düzenliyor, Kore'ye özgü davulları yüksek sesle çalıyorlardı. Polisi aramamıza rağmen polis her şey olup bittikten sonra geliyordu. Bunun arkasında belediyenin parmağı vardı. O zamanlar muhalefet partisinde olan Bay 'S' birçok defa kilisemize gelmiş, benimle dostluk kurmuştu. Seçimlerden önce ona dua ettim ve seçimleri kazandı. Çoğunluk partisinin seçimi kaybeden adayı, kilisemiz muhalefet partisini desteklemekte olduğundan bir dahaki seçimleri kazanmasının da zor olduğunu düşündü. Bölge mülki idaresinde ve poliste forsunu kullanarak kilisemizi engellemeye çalıştı. Ben bunları ancak üzerinden uzun zaman geçtikten sonra anlayabildim. Cemaat üyeleri buna artık daha fazla dayanamayacaklarını söyleyip mülki idareyi protesto etmek istediklerini söylediler. Ayrıca kanuni yollara da başvurmak istediler ama ben onları caydırdım. Onlara, kötüye iyilikle cevap vermemizi söyleyen Tanrı'nın sözünü hatırlattım.

Üyeler beni dinledi. Orada yaşayanların muhalefetine karşı durdular ve onlara hizmet ettiler. Fakat zaman geçtikçe tarafımıza yapılan zulüm iyice şiddetlendi. Yerel 'Dong' (alt bölge) ofisi, bölge mülki idare ofisi, bölge temsilcisi, kadın birlikleri başkanı ve hatta yaşlılar bile oraya getirilerek ayinlerimizi sabote etmeye çalışıyordu. Ayrıca itfaiye de ekipmanı kontrol etmek bahanesiyle her gün gelip zorluk çıkarıyordu.

Ben diz çöküp Tanrı'ya yakardım. Bir gün kilisemizi oradan atmak isteyen kişilerin benimle görüşmek istediğini duydum. Alt bölge ofisinin toplantı odasına girdiğimde o bölgede bulunan çeşitli sektörleri temsilen ondan fazla kişi vardı.

"Peder, kurtar bizi! Çok ıstırap çekiyoruz. Cehenneme yuvarlandığımızı hissediyoruz." "Biz de buradan gitmek istiyoruz ama ne gidecek daha büyük bir yerimiz, ne de paramız var." "Peder, kilisenin taşınması için ne kadar paraya ihtiyacınız var?"

Bana hikâyelerini anlattıklarında onlarda Tanrı'nın işlerini görebiliyordum. Kilisemizi o bölgeden uzaklaştırma çalışmalarının ön saflarında yer almış kişiler, çeşitli hastalıklarla boğuşuyordu. Bu durumun haberi çok çabuk yayıldı. Bu haberi duymaya bile çekinen insanlar vardı. Bize karşı bu hareketi düzenleyen kişiler cehenneme yuvarlandıklarını hissediyordu. Bu korkuyla daha fazla yaşayamayacakları için benimle buluşmak istemişlerdi. Bize 300 milyon won (yaklaşık 300.000 dolar) verdiler. Bu, kilisemizi taşımak için bize gerekli olan paraydı. Bizim on bin dolarımız bile olmadığından bu bizim için büyük bir paraydı.

Kral Avimelek, İbrahim'in kız kardeşi olduğunu düşünerek Sara'yı getirtti. Ama bir gece düşünde Tanrı Avimelek'e görünerek onun İbrahim'in karısı olduğunu söyleyip Sara'yı geri yollamasını emretti. Avimelek sadece Sara'yı geri yollamakla kalmadı İbrahim'e ayrıca koyun, inek ve hizmetçiler de verdi (Yaratılış 20). Tanrı elini attığı için İbrahim bu krizi atlatmış ve iyi muamele görmüştü. Aynı şekilde kilisemiz de Tanrı'nın eli değince bu krizi atlattı.

Tanrı'nın hazırladığı arazi bizi bekliyordu

"Tanrım, bize beş bin metrekarelik bir yer ver." diye dua ederdik. Kilisenin yakınlarında yaklaşık 6000 metrekarelik bir yer vardı. Bu binaya taşınmak için durmadan dua ediyorduk. Ama 1990 yılında bir gün Boramae Park'taki Hava Üssü taşınacağı ve oranın park haline getirileceği açıklandı. Seul belediyesi orayı özel yatırımcılara satacaktı. Tanrı'nın kilisemiz için Boramae Park'ta bir yer hazırladığını anlamıştım. Bunun pek çok faydası olabilirdi. Tanrı bu nedenle beni Shindaebang Dong'da kilise açmak için yönlendirmişti. Boramae Park'a gitmek için dua ederken bana *"Sana araziyi verdim, git, al. Tüm cemaatin iman etmeli. Bu kutsal toprakları ele geçirdikten sonrasını ben halledeceğim.*" dedi. Açık arttırmaya kilisemiz de katıldı ama sırf cemaat üyelerinin imanıyla 4.000 metrekare yer almamız bile mümkün değildi. Üyelerden sadece bir kısmı imanlarını sergiliyordu.

Tanrı, İsraillileri Kenan ülkesine yönlendirdi ama onlar itaat etmedikleri için oraya gidemediler. Onların çocukları gidebildi. Biz de imanımızı Tanrı'nın istediği gibi gösteremediğimiz için Guro Dong'daki ikinci yere kalmıştık. Tanrı bize sanayi bölgesinde 10.000 metrekarelik yer hazırlamıştı.

Yeni Kilise için kutlama töreni ve onu takip eden sorunlar

Guro sanayi bölgesi Kore'nin sanayisine lokomotiflik eden bir merkezdi. O zamanlar orada pek çok fabrika vardı. Bizim dördüncü kilisemiz, Guro Dong kilisesi eskiden Shin Ae Elektronik adlı bir firmaya aitti. Bu firma iflas etmeden önce sahibiyle tanışmıştım.

Firmanın sahibi bana şöyle dedi: "Peder, bu bölgede Manmin Joong-ang Kilisesinin kilisesini kurmak istiyorum." Beni daha yeni tanıyordu ama Manmin Joong-ang Kilisesini inşa etmek istediğini söylemişti. Ben de onun sözüne inandım ve güvendim. 'Âmin' diyerek cevap verdim. Daha sonra Shin Ae firması iflas etti ve sahibi Amerika'ya kaçtı. Kıdemli bayan diyakoz Shin Ae Hyeon onun yerine yönetici oldu. Ancak büyük miktardaki borç, işçi grevi ve ödenmemiş maaşlarının ödenmesini isteyen işçiler yüzünden sıkıntılı günler geçiriyordu. Bu nedenle şirket arazisinin kilise tarafından kullanılabilmesi için dua ediyordu. Bu arada Tanrı'nın ona şöyle dediğini duydu: *"Araziyi benim çok sevdiğim bir insan olan Peder Jaerock Lee'ye ver."* Etrafta soruşturduktan sonra benim kim olduğumu bulmuştu. Ondan telefon gelince onunla resmi olarak tanışmak için diriliş toplantıları yaptığı yere gittim. Burası Yongsan'daydı, 1974 yılında onun kilisesinde şifa bulmuştum. Ondan sonra onunla resmi olarak sadece bir kez tanışmıştım. Sonra bir daha karşılaşmadığımızdan beni hatırlamıyordu.

Beni bulmak için izlediği yolu bana anlattı. Çok duygulandım ve orayı almaya karar verdim. 10 milyar wona (yaklaşık 10 milyon dolar) ihtiyacımız vardı, işçilerle ilgili problemleri halletmek için de acil 2 milyar won gerekiyordu.

Yeni kilise için kutlama töreni

10 Şubat 1991'de Shindaebang Dong'daki tapınağı bırakıp Guro Dong'a taşındık, kutlama servisini yaptık. Alacaklıların borcunu ve ödenmemiş maaşları ödedik. Sonra binayı kiliseye haline getirme çalışmalarına başladık.

Buraya taşındığımızda, sadece diğer taraftan aldığımız 300 milyon won (yaklaşık 300 bin dolar) paramız vardı. Durumun ciddiyetine bakıp bu kadar üyeyle tek bir adım bile atamıyorduk. Tanrı'nın bizi yönlendirdiğinden emin olduğumuzdan, imanla ilerledik. Oraya taşındıktan bir yıl sonra banka orayı tekrar açık arttırmaya çıkardı ama bizim burayı alacak paramız yoktu. Banka bize, "Siz kilise olarak şirketin işçi sendikasıyla olan sorunlarını hallettiniz ve burayı kilise haline getirmek için çok para harcadınız. Sizce bu araziyi kim alacak?" Fiyat düşünce orayı bizim almamızı teklif ettiler. Ama gerçekler farklıydı. Emlak spekülasyonu planlarına göre bu araziyi bir firma almıştı. Bizden binayı tahliye etmemizi istediler. Gidecek hiçbir yerimiz olmadığından bir yere gidemezdik.

15 Şubat 1992'de araziyi alan şirket yaklaşık 100 yönetici getirerek kilisenin eşyalarını dışarı çıkardı. Onları durdurmaya çalışan kilise üyelerinin bazıları dayak bile yedi. Bize ceza davası açan firma bizim kanunlara aykırı davrandığımızı iddia ediyordu. Tüm bu olayların sonucunda cemaat üyeleri kiliseye daha fazla bağlandı ve daha fazla dua ettiler. Daha sonra araziyi alanlar da yumuşadı ve bizimle yeni bir kontrat yaptılar. Biz de arazinin parasını ödemeye başladık.

Seul Evangelizm Seferinde sorunlar

18-21 Mayıs 1992 tarihleri arası kilisemizde '1995 Ulusal Birleşme ve Ellinci Yıl kampanya organizasyon Komitesi' tarafından 'Seul Evangelizm Seferi' düzenlendi. Bu organizasyon Kukmin Ilbo, Uzakdoğu Basın Kuruluşu, Hıristiyan Basın Kuruluşu, Hıristiyan Gazetesi, Kore Kilise Gazetesi ve Polis Chaplain ofisinin de desteğiyle Ulusal Birleşme ve Hıristiyanlaşma Hareketi tarafından düzenlenmişti. Bu toplantının iptali için düşman şeytan yine iş başındaydı.

Hyeon Gyoon Shin ve Jaechul Hong da dâhil olmak üzere bazı ünlü papazlar konuşma yapacaktı. Bu toplantıda konuşma yapmamaları için baskı görüyorlardı. Benim sapkın olduğumu söyleyenler vardı, bir de mezhepten aforoz edilmiş olduğum hikâyesi vardı. Eğer bu toplantıda konuşacak olurlarsa gelecekte istenmeyen durumlarla karşılaşacaklardı. Konuşmacılar, benim Rab İsa'ya duyulan seviyle müjdeyi imanla izlediğimi biliyorlardı. Bu yüzden söylenenlere kulak asmadılar. Toplantı Kutsal Ruh'un işleriyle başarılı bir şekilde yapıldı. Ayrıca aynı yıl Eylül ayının 14'üyle 17'si arasında kilisemizde Kore Hıristiyanlık

Dirilişi Birliği tarafından 'Seul Vatandaşlar Evangelizm Birliği Seferi' düzenlendi ve peder Jongman Lee dâhil sekiz papaz bu toplantıda konuşma yaptı.

Kutsal mezheple uzlaşma (Anyang)

Şubat 1992'de, kilisemiz kendi mezhebini kurduğu ve hızla büyümekte olduğu için beni lanetleyen Kore Kutsal Hıristiyan Kilisesi (Anyang) yeni yollar aramaya başladı. O zamanlar mezhebin başkanı olan peder 'Y' benim hakkımda Kore Hıristiyanlık Konseyi ve basına doğru olmayan bilgiler veriyordu. Bu tür karalama çalışmaları, sadece beni lekelemekle kalmıyor ayrıca müjdenin duyurulmasına da darbe vuruyordu. En sonunda cemaat üyelerimizin peder 'Y'ye karşı karalama iddiasıyla dava açmalarına karar verdik.

Peder 'Y' hem ceza ödemeye mahkûm edilmiş hem de hapis cezası almakla karşı karşıya kalmıştı. Fakültedeki hocam Peder Taekgu Sohn aracılığıyla birçok defalar davayı geri çekmemiz için taleplerde bulundu. Peder 'Y' bir daha bize karışmayacağını, sadece kendi kilisesinin işleriyle ilgileneceğine söz verdiğinden peder Taekgu Sohn da bize onu affetmemiz için ricada bulunuyordu.

Peder 'Y' oldukça yaşlıydı, ona acıyordum. Taekgu Sohn'un davayı geri çekmekle ilgili ricasını avukatıma ilettiğimde avukat buna şiddetle karşı çıktı. "Bu davadan şimdi çekilme. Onların daha önceki hareketlerini de inceledim. Eğer bu problem şimdi çözülmezse ilerde tekrarlanacak." Avukatın itirazlarına rağmen anlaşma formunu imzalayarak davayı geri çektim.

20 Nisan 1993'te bir araya gelip anlaşmayı imzaladık. Bu anlaşmayı hâlâ saklarım. Peder 'Y' yazılı olarak verdiği beyanda

şöyle dedi: "Peder Jaerock Lee ve Manmin Kilisesi'ni karalamaya çalıştığım ve kilise mallarına zarar verdiğim için özür dilerim. Gelecekte bu tür davranışlarda kaçınacağım. Sadece kendi işlerimle ilgileneceğim." Davayı çekip onu affettik ama aynen avukatın öngördüğü gibi, bize müteşekkir olacağına, kiliseyi rahatsız etmeye devam etti. Özrü de şuydu: "Ben mezhebin başkanı olarak değil sadece kişisel olarak özür diledim."

Kutsal Kitap'a göre sapkınlık

Kilise bu kadar çabuk büyüdüğü için ben de tanınır olmuştum ama Kore Kutsal Hıristiyan Kilisesi beni lanetlediğinden bazıları benim sapkın olduğumu düşünüyordu. Beni hiç tanımayanlar, verdiğim mesajları dinlemeyenler ya da kilisemize hiç gelmemiş olanlar çevreden duyduklarıyla beni yargılıyor olabilirlerdi. Kutsal Kitap'ta Mesih İsa'yı çok seven ve tüm hayatı boyunca müjdeyi duyuran elçi Pavlus bile 'deli', 'böcek' ve 'Nasrani tarikatının elebaşlarından biri' olarak suçlanmıştır (Elçilerin İşleri 24:5).

Bu noktada sapkınlığın Kutsal Kitap'a göre ne anlama geldiğini gözden geçirmemiz gerekir. 2 Petrus 2:1'de şöyle der: *"Ama İsrail halkı arasında sahte peygamberler vardı; tıpkı sizin de aranızda yanlış öğreti yayanlar olacağı gibi. Bunlar kendilerini satın alan Efendi'yi bile yadsıyarak gizlice aranıza yıkıcı öğretiler sokacaklar. Böyleleri kendi başlarına ani bir yıkım getirecek."* Burada sözü geçen 'kendilerini satın alan Efendi' Mesih İsa'dır. Bu nedenle İsa çarmıha gerilmeden, dirilmeden ve kurtarıcımız olarak son görevini yerine getirmeden önce İncil'de sapkın diye bir kelime geçmiyordu. Eski Ahit'te ve Matta, Markos, Luka ve Yuhanna adlı Dört Kitapta sapkın kelimesinin geçmemesinin sebebi budur.

Dört İncil'de İsa'yı lanetleyen kâtipler, ferisiler, rahipler ve başrahipler bile sapkın kelimesini kullanmamışlardır. Ancak İsa dirildikten ve Mesih olarak görevini yerine getirdikten sonra 'kendilerini satın alan Efendiyi' inkâr edenler ortaya çıkmış ve sadece 2. Petrus'ta İncil onları sapkınlara karşı uyarmıştır. İsa adı şu anlama gelir 'Halkını günahlardan kurtaracak olan' (Matta 1:21) ve Mesih'te 'Meshedilmiş olan' anlamına gelir. İsa çarmıha gerilip dirildikten sonra Mesih olarak görevini yerine getirmiş ve Kurtarıcımız olmuştur.

Bu nedenle dualarımızın sonunda 'İsa'nın adıyla' demek yerine, 'İsa Mesih'in adıyla' dersek bu ruhani olarak daha mükemmel bir anlam ifade eder. 1 Yuhanna 2:22'de *"İsa'nın Mesih olduğunu yadsıyan yalancı değilse, kim yalancıdır? Baba'yı ve Oğul'u yadsıyan Mesih karşıtıdır."* denilir. Bu nedenle Üçlü Birlik'i (Baba Tanrı, Oğul İsa ve Kutsal Ruh) inkâr etmek sapkınlıktır. Dolayısıyla Baba Tanrı'ya ve Efendimiz İsa'ya inanan birini Tanrı huzurunda suçlamak ve yargılamak doğru değildir.

İsa Mesih'in adıyla Kutsal Ruh'un işlerinin yapıldığı bir kiliseyi suçlamak, Kutsal Ruh'u suçlamak ve O'na karşı durmak demektir ve Kutsal Kitap, bu günahın affedilmeyeceği konusunda bizleri uyarır. Kutsal Ruh, Üçlü Birlik'ten biridir ve eğer her kim Kutsal Ruh'un işlerinin şeytan işi olduğunu söyleyecek olursa, bu, Tanrı şeytan demekle aynı anlama gelir. Böyle bir kişi nasıl kurtarılabilir? Matta 12:22'den itibaren İsa'nın şeytanın işleri yüzünden sağır ve kör olan birini iyileştirdiği anlatılır. Ferisiler

İsa'yı şöyle suçlamıştır: *"'Bu adam cinleri Baalzevul'un gücüyle kovuyor.' İsa cevap verdi, 'Bunun için size diyorum ki, insanların işlediği her günah, ettiği her küfür bağışlanacak; ama Ruh'a karşı yapılan küfür bağışlanmayacak. İnsanoğlu'na karşı bir söz söyleyen, bağışlanacak; ama Kutsal Ruh'a karşı bir söz söyleyen, ne bu çağda, ne de gelecek çağda bağışlanacaktır."* (Matta 12:31-32).

Tanrı'nın gücüyle İsa tarafından ortaya konulan Kutsal Ruh'un işlerinin Ferisiler tarafından suçlanması, Kutsal Ruh'a edilmiş bir küfürdü. Bu öyle büyük bir günahtır ki, bu kişiler ne bağışlanabilir ne de kurtulabilirler.

Kan kaybından ölme testi

Haziran 1992'de kilisenin içinde bulunduğu, kimseyle paylaşamadığım sıkıntılardan dolayı hiç uyuyup dinlenmeden geçirdiğim günler oldu. Yorgunluğum inanılmaz boyutlardaydı. Özellikle de bazı yardımcı pederler ve çalışanlar dua etmeyi bırakıp itaatsizliğe başlayınca, sonunda Tanrı bir sınamanın üstümüze gelmesine izin verdi. Her şeyin sorumluluğunu tek başıma üstlendiğim için beyin kanaması geçirmek üzereydim. Cemaat üyelerinden biri hastalanınca sadece onlar için dua edebiliyordum. Ama ya ben kendim beyin kanaması geçiriyorsam? Tanrı o kadar ilginç bir yol izledi ki beyin kanamasından önce burnumdan kan geldi.

Tarih 13 Haziran 1992, günlerden cumartesiydi. Kıyacağım bir nikâh için dışarı çıkmak üzere hazırlanıyordum. Birden burnum kanamaya başladı, nikâha benim yerime gitmesi için başka bir peder yolladım. Burnumun iki tarafından ve ağzımdan kanlar geliyordu. O gün öğleden sonra yaklaşık bir buçuk saat kanamam oldu. Akşam da bir saat kanadı. Başımı öne eğip oturmam gerekiyordu çünkü başımı kaldırdığım anda kan boğazımdan aşağı inmeye başlıyordu.

Pazar sabahı elimi yüzümü yıkamaya gittiğimde kanama tekrar başladı. Bu halde kiliseye gidemezdim. Burnumdan akan kanları hemen temizlemezsem boynuma kadar iniyordu. Bu kadar çok kanın nereden geldiğini de anlayamamıştım. Kilisedeki yüzden fazla yardımcı peder ve çalışan haberi alıp beni ziyarete geldiler. İlk başta insanlar mendil ve havlularla kanı temizlemeye yardımcı oldularsa da kanama o kadar fazlaydı ki bu şekilde başa çıkamayınca önüme bir leğen koyduk. Benim dünyevi yöntemlere inanmadığımı bildiklerinden hastaneye gidilmesini teklif eden olmadı.

Birden canım ilahi dinlemek istedi, orada olanlardan rica ettim. İlahileri dinlerken yüreğim huzurla doldu ve öylesine göksel egemenliğe gitmek istedim. Yavaş yavaş tüm enerjimi, sonra da bilincimi kaybettim. Ama ruhumun berraklaştığını ve Ruh ile dolu olduğumu hissedebiliyordum.

Hayatla ölüm arasındaki yol ayırımı

Bir anda gelen esinlemeyle Tanrı bana orada bulunan insanların gerçek ruhani durumlarını gösterdi. Onlara, Tanrı'nın nefret ettiği kibir ve doğruluk karşıtı halleri bir an önce söküp atmalarını söyledim, aile fertlerime de son isteklerimi bildirdim. Daha sonra öğrendiğime göre tüm cemaat benim için dua etmiş.

Nabzım durdu, nefes alıp vermem de durdu. Bilincimi kaybettiğim anda ruhumun bedenden ayrıldığını hissettim. Boaz Lee ve orada olan diğer kişilerin ağlayıp bağrışarak "Tanrım, lütfen pederimizi hayata döndür!" diye dua ettiklerini duyuyordum. Nabzım olmadığını, vücudumun da soğumaya başladığını söylediler. O anda Rab bana göründü.

"Kulum, bana mı geleceksin yoksa geri dönüp görevini mi yerine getireceksin?"

"Rab, ben senin yanında olmak istiyorum."

O zaman aylık kira verdiğimiz bir yerde kalıyorduk. Ne kendime ait bir evim, ne de bankada param vardı. Ama yine de ben ailem için endişelenmiyordum, ben sadece göklere gitmek istiyordum. Sonra Rab bana iki görüntü gösterdi. Birincisinde ben O'nun yanına gittikten sonra kilisemizi düşman şeytan ele geçiriyordu. Tapınak yıkılıyor ve inananların çoğu koyun gibi dağılıp dünyevi meselelere dönüyorlardı. Bazı üyeler, oruç ve dua ile göklerin kapılarına doğru ilerliyordu ama pek çoğu yollarını kaybetmiş bir halde dünyaya ve cehennemin yoluna doğru gidiyorlardı. O an kendime geldim.

"Tanrım, bırak geri döneyim. Büyük Tapınağın inşasında sonra cemaat üyelerimle Senin huzuruna gelmek istiyorum."

Yaşamak için bütün gücümle dua ettim. O anda yukardan bir ışıkla birlikte üstüme bir güç geldi. Doğrulup su istedim. Sonra, içtiğim bu suyun vücudumda kana dönüştüğünü anladım. Ayağa kalkıp oturma odasına gittim. Yanıma gelemeyen bazı üyeler orada dua ediyordu. Beni gördüklerine çok şaşırıp sevindiler. Her biriyle tek tek el sıkışıp onlarla konuştum. Yüzümün rengi de yerine gelmeye başladı. Kaybettiğim onca kandan geriye hiçbir iz kalmamıştı. Ama yine de bilincim tam değildi, insanların söylediklerini anlayabiliyor ama tüm detayları hatırlayamıyordum.

O zamandan beri ne zaman kanamam olsa su içerim. Genelde

su yerine alkolsüz içecekler içerdim ama artık daha çok su içmeyi istiyordum. Kanamam çok fazla olduğundan eğer takviye görmezsem ölebilirdim. Ama tıpkı suyu şaraba dönüştüren Rab gibi, içtiğim her suyun Tanrı'nın gücüyle kana dönüştüğüne inanıyordum. Kanamamın Tanrı'nın takdiri ilahisiyle olduğunu bildiğimden, bu dünyanın tıbbi yöntemlerine güvenmek dahi istemedim. Her şeye gücü yeten Tanrı'ya inandığım ve güvendiğim için, her şeyi O'nun ellerine teslim etmiştim.

Hayatımı kurtarmak için hastaneye gitmek için bir nebze dahi arzu duymadım. Tanrı, ruhumu almaya karar verdiyse benim yaşamaya çalışmam boşunaydı. Ancak Tanrı'nın isteğiyle, ölümü seçmekten memnuniyet duyardım. Her şeye gücü yeten Tanrı'yı herkesten iyi tanıyordum ve O'nu gücüyle pek çok hastayı iyileştirmiştim. Eğer imanla şifa bulmazsam, cemaate imanla şifa bulmalarını nasıl söylerdim? İşte bu nedenle hastaneye gitmek yerine ölmeyi tercih ediyordum. Ölümü memnuniyetle karşıladım, aileme son arzularımı huzur içinde söyledim. Ama Tanrı'nın isteği ölmemden yana olmadığından, bir anda hayata geri döndüm.

İbrahim'in testini geçmek

O gece kanama durduktan sonra yemek yiyip dua etmeye çekildim. Ama aynı gece bir buçuk saat boyunca yine kanama oldu ve sabah da kanadı. Yemek yiyemiyor, yatamıyordum. Yatarsam kalbimdeki kan aşağı akacağından yan yatıp başımı aşağıda tutmalıydım. Pazar günü hâlâ dua bölümündeydim. Daha önce verdiğim 'Şifa veren Tanrı' adlı vaazın videokaseti vardı. 'Hastalar için dua' kısmına gelince elimi başıma koydum, duayı dinledim ve kanama tamamen durdu. Bu deneyimden sonra bir kez daha, duaların ne kadar güçlü olduğunu anladım. Kanamam olan zamanların hesabını yaptım. Sekiz gün boyunca, otuz değişik sefer, toplam yirmi dört saat kanamam olmuştu. Bu, vücuttaki tüm kanın akması için gerekenden fazla bir süreydi. Kanama başlayınca su içtim, içtiğim su kana dönüştü ve bu böyle sekiz gün devam etti. Tanrı beni sekiz günlük sınava tabi tuttu ama ben Eyüp gibi yakınmadım. Her zaman için şükranla doluydum. Öldüğüm zaman nasıl olsa Rab'bin yanına gidecek, orada mutlu bir şekilde yaşayacaktım, bu nedenle üzülmem için bir sebep yoktu.

Yattığım zaman kanama arttığından başımı eğip oturmam gerekiyordu. Pek çok şey düşündüm. Tanrı bana büyük bir güç vermişti ama ben cemaati tam olarak iman yoluna getirememiş, kilise çalışanlarını kontrol edememiştim. Tapınağı henüz yapamamıştık. Bunları düşündükçe Tanrı huzurundaki üzüntüm artıyordu. Sekiz gün boyunca hiç uyumadan Tanrı huzurunda tövbe ettim.

Tanrı istediği zaman canımı vermeye hazır olduğumdan beni sekiz günde iyileştirdi. Tanrı bana daha sonra, aynı İbrahim'in tek oğlu İshak'ı Tanrı'ya vermeyi kabul etmesi gibi benim de canımı vermeyi kabul ettiğimi söyledi. Bu testten geçtiğim için Tanrı'nın bana güveni arttı ve daha güçlü işler yapabileyim diye bana daha çok güç verdi. Bu olay ayrıca cemaat üyeleri ve kilise çalışanları için de bir uyanış oldu, kilise sağlam temeller üzerine kurulmaya başlandı.

Zaman sınırı olan eskatologya hakkında uyarmıştım

1984 yılında kilise açıldıktan sonra zamanın sonuyla ilgili, Tanrı öğretilerinden öğrendiğim şeyleri vaazlarımda anlatmaya başlamıştım. Güney ve Kuzey Kore arasındaki ilişkiyi, '666' sayısını, Avrupa'nın birleşmesi... Ama Güney ve Kuzey Kore arasındaki durum kötüye gidiyor, bir ülkenin kredi kartı bile diğer ülkede kullanılamıyordu. Bu nedenle üyeler söylediğim bazı şeyleri anlayamadılar.

İsa "İnsanoğlu dünyaya geldiğinde iman bulabilecek mi?" diye sormuştu. Bu nedenle ben de, zamanın bu kısmında, inananların içine iman sokup onları doğru birer buğday tanesi haline getirmeye çalışıyordum. Son günlerde meydana gelecek belirtilerden bahsettikçe, bunların ne zaman olacağını bildiğime dair bir kanı oluştu. Yazılarım gazete ve dergilerde yayınlanıyordu, tekrar tanınmış biri olmuştum.

Yayınlanan bazı yazılar benimle ilgisi olmayan şeyler de yayınlıyordu. Peder 'L' adlı biri, zaman sınırlı eskatologya iddiasını benim de iddia ettiğimi dile getirdi. Basının çoğu benim hakkımda iyi yazılar yazıyordu ama aylık dergilerin birinde yazan Bay 'T' İsa'nın geri geleceği günü bildiğimi söylediğimi iddia ederek beni suçlamıştı. Zamanı gelince her şeyin açığa çıkacağını bildiğimden bunlar hakkında kanuni yollara başvurmadım veya kendimi açıklama yapmak zorunda hissetmedim.

Tüm vaazlarım kayda alınır ve satışa çıkarılır. Vaazlarımda cemaate her zaman hayatlarında Matta kitabının 25. bölümünde anlatılan beş akıllı bakirenin yolunu izlemelerini söylerim. Aşağıda bu konuyla ilgili olarak 1992 yılında verdiğim vaazlardan pasajlar bulacaksınız.

"Bugün bazılarınız bazı kitaplardan okuyor ya da birbirinizden duyuyorsunuz. Aranızda İsa'nın Ekim'in 10unda ya da 28inde geleceğine inanan var mı? Bunlara asla inanmamalısınız! Benim hiç 1992 yılından bahsettiğimi duydunuz mu? Duymadınız. Ben size sadece Tanrı'nın sözlerini öğrettim, günahlarınızı söküp atmanızı, Rab'bi yansıtmak için ışık ve doğrulukta yaşamanızı, benim gözyaşlarım ve dualarımla kendinizi Rab'bin güzel bir gelin gibi donatmanızı söyledim. Rab yarın gelecek olsa bile ben size bugün bir elma ağacı dikmenizi söylüyorum." (19 Ocak 1992'deki "Uyanın" adlı Pazar ayininden alınmıştır.)

"Matta 24. bölümde öğrenciler Rab'be ne zaman geri geleceğini ve dünyanın sonuyla ilgili belirtileri sordular. İsa, onlara yeniden geleceği zaman görülecek belirtilerle ilgili bilgiler verdi. Son günlerle ilgili belirtileri bu nedenle biliyoruz. Ekim 1992 diye söyleyen kişilerin kimi yanılgı içinde kimi de delirmiş. Siz ne düşünüyorsunuz? Siz eğer Tanrı'yı seviyor ve onun sözüne inanıyorsanız bu tür iddialarla hiçbir ilginiz olmaması gerek. Bu iddiaları dinlemeyin. Rab'bin hangi ayın hangi günü geleceğini bilerek değil, imanınızla kurtulabiliriz. İsa bizim Kurtarıcımızdır ve bizi günahlarımızdan kurtarır, böylece imanımızla günahlarımızdan kurtulur, Tanrı'nın çocuğu olur, göksel egemenliğe gideriz. Ama bazıları diyor ki sadece Rab'bin hangi gün, hangi saat geleceğini bilirsek kurtulabiliriz. Bu çok saçma! Bu İncil'e göre de doğru değil."

(31 Mayıs 1992 tarihli "Belirti Ne Olacak?" adlı Pazar ayininden alınmıştır.)

Bölüm 7

Tanrı kilisenin sınırlarını genişletti

Dünya Evangelizmine kapılar açıldı

Dünya Evangelizm Kutsal Ruh Seferi

1992 Mayıs'ında Nissi Orkestrasıyla birlikte, başkan ve önemli politikacıların da katıldığı yıllık ulusal dua toplantısı kahvaltısına davet edildim. Aynı yıl 14 ve 15 Ağustos'ta, Yoido Meydanında düzenlenen '1992 Dünya Kutsal Ruh Patlaması Seferi'nin hazırlık aşamalarında görev aldım. Bir milyondan fazla kişinin katıldığı bir toplantı olan Dünya Kutsal Ruh Patlaması Seferi, 'Kutsal Ruh'a göre Dünya' başlığıyla yapıldı. Bu organizasyona kilisemiz 200 kişilik Nissi Orkestra korosu ve trafik ve güvenlik işleriyle ilgilenen 400 kişilik gönüllüyle katıldı.

Bu toplantıda Washington D.C. Kutsal Ruh Kulübü başkanı ve Kutsal Ruh Evangelizm Seferi onursal başkanı Peder Gwangsam Rah ile tanıştım. Kendisi benim liseden sınıf arkadaşımdı ve Washington D.C.'de görev yapıyordu. Lise mezuniyetinden yıllar sonra onunla iki papaz olarak tekrar karşılaşmıştık.

Gönüllülerin bizim kiliseden olduğunu öğrenince çok şaşırdı. Benim kilisemin Amerika kıtasına yayılmaya başlaması da bu şekilde oldu.

Washington D.C. Birleşik Evangelizm Seferi

1993 yılında Tanrı dünya misyonunun kapılarını sonuna kadar açtı. 6-8 Ağustos 1993 tarihlerinde Washington D.C. Kore Kiliseleri Birliği'nce düzenlenen 'Washington D.C. Birleşik Evangelizm Seferi'nde konuşma yapmak için davet aldım. Diğer ülkelerde de konuşmalar yapmak için davetler almış ancak bunlara cevap verecek vakit bulamamıştım. Ama Washington D.C. Amerika Birleşik Devletleri'nin başkenti olduğundan bunun Tanrı'nın isteğiyle olduğunu düşünüp katılmaya karar verdim.

Washington D.C. Birleşik Seferi'nin düzenleyicileri, toplantıyı orada yaşayan Korelilere gerçek iman tohumunu ekmek ve Kutsal Ruh'un işleriyle yaşamlarının değişmesini sağlamak için düzenlediklerini söylediler. Toplantı, Washington D.C., New York ve Baltimore'de bulunan 180 kilisenin ortak katılımıyla, Wheaton Lisesinin spor salonunda düzenlendi. Üç gün boyunca Kutsal Ruh'la doluydu.

Birinci gün, 'Çarmıhın Mesajı'nı, ikinci gün 'Benliğin imanı, Ruhani iman'ı, üçüncü gün de 'Sonsuz Yaşamla Kutsanmayı vaaz ettim. Katılımcılar sözleri tevazuuyla dinleyip 'Âmin' diyerek kabul ettiler.

İnsanları ışıkta yaşamaya yöneltmek

Washington seferi başarıyla sonuçlandıktan sonra, Kore birliği tarafından aynı yılın 19 Eylül'ünde 20. Kore Günü sebebiyle düzenlenen '1993 Los Angeles Evangelizm Seferi'ne hem konuşmacı hem de onursal başkan olarak davet edildim. Tanrı beni pek çok duayla bu sefere hazırladı. Bu toplantı için özel olarak dua ettim. Üç hafta dua için dağlarda kaldım, yakararak dua ederek buna hazırlandım.

'Los Angeles Evangelizm Seferi'ni düzenleyenler bana oradaki Koreliler için teselli mesajı vermemi istediler ancak ben kabul etmedim. Onların ihtiyacı olan şey teselli değildi. Onların ihtiyacı olan uygun Hıristiyan yaşamı sürdürmediklerinden dolayı tövbe etmek, Rab'bin gününü kutsal saymak ve uygun bir şekilde ışıkta yaşamaktı.

29 Nisan 1992'de Los Angeles bölgesinde zencilerden oluşan bir mafya vardı ve bu yüzden bölgedeki Koreliler büyük bir korku içinde yaşıyorlardı. Konu ilk başta siyah-beyaz çatışması olarak başlamış, ancak daha sonra mafya tarafından Korelilerin dükkânlarına yapılan saldırılarla devam etmişti. Bunların sonucunda pek çok Koreli aile maddi ve manevi hasar gördü. Kutsal Kitap, Tanrı'nın sözüyle yaşar, gerçek bir yüreğe dönüşür ve mükemmel imana sahip olursak, canlarımızın gönenç içinde olacağını, tüm işlerimizin yoluna gireceğini ve sağlıklı olacağımızı söyler. Kısaca, Tanrı'nın sözünü uygularsak her türlü kaza veya beladan korunuruz. 'Neden İsa tek kurtarıcımızdır? başlığı altında Elçilerin İşleri 4:11-12 ayetlerini kullandım. Çarmıhın mesajını vaaz ettim ve onların yüreklerine iman ekmeye çalıştım. Onlara her şeyden önce, Tanrı'nın sözüyle yaşayan, iyi Hıristiyanlar olmalarını söyledim.

Ayrıca Irvine'da bir kiliseye davet edildim ve orada mesaj

verdim. Toplantılar bittikten sonra 21 Eylül'de Los Angeles Belediyesine gittim. Belediye meclisi üyeleri toplantıya bir süre ara verip benden dua etmemi istediler. Ben de onlar için dua ettim. O gün, Los Angeles onursal vatandaşlığına getirildim. Bunun ilk kez yapıldığını duydum. Daha sonra Los Angeles Kore Günü kapsamında yapılan 'Çiçeklerle Bezeli At arabaları Gösterisi'ne katıldım. Yaptığım dua ve gösteride yer alışım KTAN, KATV, KTE televizyonlarından ve Hankook Daily, Joong-ang Daily gazetelerinde yayınlandı. Bu şekilde o bölgede tanındım. Bu da Tanrı'nın lütuflarıyla oldu.

Vaazlar canlı yayında

1990 yılı Mart ayından itibaren Uzak Doğu Yayın Kuruluşunun 'Uzak Ülkeden İyi Haberler' adlı programında vaazlarım yayınlanmaya başladı. Bu yayın Çin'de ve Rusya'nın bir kısmında yapılıyordu. Bu yayın vasıtasıyla pek çok Koreli-Çinli'den teşekkür mektubu aldım, birçoğu da kilisemizi ziyarete geldi.

O yılın Ağustos ayında vaazlarım Kore radyosu tarafından Washington D.C.'de yayınlanıyordu. Aralık 1992'den sonra Busan Hıristiyan Yayın Kuruluşunun 'Bu Müjde' adı altında yayınlandılar. Kasım 1993'ten itibaren Iri Hıristiyanlık Yayın Kuruluşu, Şubat 1994'ten itibarense Cheongju Hıristiyan Yayın Kuruluşu vaazlarımı her hafta yayınlamaya başladı. Vaazlarımın yayınlanma süresi her yıl artıyor, her hafta yaklaşık 900 dakika yayın süresi buluyordu. Her vaazı kaydetmek kolay bir iş değildi. 20-22 Mayıs 1994 tarihlerinde Washington Hıristiyan Radyosu (WCRS) tarafından Washington D.C. ve Baltimore'de yaşayan Koreliler için düzenlenen toplantıda konuşmalar yaptım. Bunun üzerine WCRS kurul üyesi kıdemli Yeong Ho Kim, benden WCRS başkanı olmamı istedi, ben de bu teklifi severek kabul ettim.

WCRS'in pek çok dinleyicisi bu habere çok sevindi. Bu şekilde o bölgede iyice tanınan biri haline geldim. Yeong Ho Kim bazı dinleyicilerden aldığı olumlu mesajları bana iletti, bu kadar çok kişiden mesaj gelmesi çok hoşuna gitmişti.

İman, umut edilenlere güvenmektir

Dünyanın en bilinen ilk 50 kilisesi arasına girmek

1991 yılı Şubat ayında Guro Dong'daki yeni tapınağımıza taşındıktan sonra iki hafta süren özel bir diriliş toplantısı düzenledik. Toplantının son gününde, Cuma gecesi ayininde kayıtlı üyelerin sayısı 10.000'di. Tanrı bize çok değişik kültürel, sosyal ve ekonomik altyapıya sahip insanlar yollamıştı. Altı ay sonra tapınak tamamen doluydu. Üç yıl sonra artık bir kişi daha alacak yer kalmamıştı.

11 Şubat 1993'te, Kore'nin tüm yerel büyük gazeteleri, Amerika'daki 'Hıristiyan Dünyası Dergisi' tarafından belirlenen dünyanın en iyi 50 kilisesini açıkladı. Bizim kilisemiz de ilk 50 kilise arasındaydı. Açıldıktan sadece yirmi yıl sonra Tanrı kilisemizin dünya çapında bir kilise olmasına izin vermişti. Bunu ben değil Tanrı yapmıştı, ben ancak O'na şükranlarımı sunabilir ve yüceltebilirdim.

Umutla ne dilersek

Özdeyişler 29:18 şöyle der: *"Tanrısal esinden yoksun olan halk Sınır tanımaz olur. Ne mutlu Kutsal Yasa'yı yerine getirene!"* Esinleme, peygamberleri aracılığıyla Tanrı'nın bize bildirdikleridir. Esinlememiz olmazsa sınırlarımız olmaz, Tanrı'nın yasasını görmezden gelir ve mahvolmaya başlarız.

Kilise açılmasından hemen önce tuttuğum kırk günlük oruçta Tanrı bana birçok rüya ve görüm gösterdi. Tanrı O'nun iyiliği için çabamızda bize yardım eder. Bana rüya gösterdi ve rehberlik etti. Kilise açıldıktan sonra bunun dünya misyonu olan bir kilise olması için çok dua ettim ve kilisem de Tanrı tarafından çok sevildi.

Dünya misyonunu gerçekleştirmek için her şeyden önce çalışanlara ihtiyacım vardı. Sadece yerel görevlerde değil, yabancı misyonlarda da görevlendirmek üzere Tanrı'nın indinde doğru olan liderler yetiştirmek zorundaydım. Mükemmel papazlar yetiştirmek için dua ettim. İlahiyat fakültesine giderken o zamanki öğrenciler genelde kilisenin tuvaletlerini temizler, haftalık bültenleri hazırlar, papaz ve kilise üyelerinin zor işlerini hallederlerdi. Ama genelde pek övgü almazlardı. Bir hata yaptıklarında papazlar tarafından horlanır, en kötü halde de kiliseden atılırlardı. Bu durumdaki fakülte öğrencilerini görmek beni çok üzerdi. Kiliseyi açtıktan sonra, kilisemize gelen öğrencilere okul harçları ve diğer harcamalar konusunda yardımcı olurdum. Onları desteklerdim ki yürekleri dünyevi işlere kaymasın, güçlü papazlar olarak yetişsinler. Bu şekilde pek çok papaz yetiştirdim. Ama kilisenin maddi durumu çok parlak olmadığından bu kolay bir iş değildi. Kilisenin maddi işleriyle ilgilenen üyeler bazen şikâyet ederdi. Ben de onları yatıştırır, huzur içinde çalışmaları için yüreklendirirdim.

Ayrıca dünya misyonunu yerine getirmek için iyi bir koroya ihtiyacım vardı, bunun için de gördüğüm rüyaya istinaden dua ettim. 40 günlük orucum sırasında ayinlerde ilahi okuyan koroları görmüştüm. Her dua ettiğimde "Tanrım, kiliseyi açtığımda bana şahane bir koro ver." diye dua ettim. Tüm yüreğimle buna inandım. Daha sonraları ise sadece koro için değil, Tanrı'ya övgülerimizi sunmak için bir de orkestra istedim. 1 Tarihler 23:5'te şöyle der, *"Dört bini Davut'un RAB'bi övmek için sağladığı çalgıları çalacaktı."* Tanrı'nın tapınağında enstrüman çalan dört bin kişi olduğunu görebiliyoruz. Mezmurlar 150 boruyla, çenkle ve lirle, tefle, saz ve neyle, zillerle Tanrı'ya övgülerimizi sunmamızı söyler!

Orkestra için dua ede dururken Tanrı'nın bu konudaki rehberliği için yıllarca beklemem gerekti. Tanrı bana değişik enstrümanlar çalan müzisyenler yolladı. Yaşamın sözüyle hayalleri olması için yüreklerine tesir etti ve onları geliştirdi. Genelde müzisyenlerin kendine has yapısı vardır ve onlardan kendilerini bir kenara bırakıp Tanrı'ya övgüler sunmalarını beklemek biraz zordur. Buna rağmen bu profesyonel müzisyenler sadece Tanrıyı övmek istedikleri ve onun lütuflarına şükretmek için bir orkestra kurdular. Bu orkestranın adı Nissi oldu. 1 Mart 1992'de açılış konseri verildi ve ondan beri de kilise etkinliklerinde başarıyla görev yapıyorlar. Yoido Meydanında düzenlenen Jübile Seferinde, diğer kiliseler tarafından düzenlenen konserlerde ve yardım kuruluşları için Kore içinde ve dışında düzenlenen konserlerde çaldılar.

Tanrı bize ayrıca çok iyi bir koro da verdi. Şimdi 20'den fazla grubumuz var ve bunlar sadece Kore'de değil dünyanın her yerinde ilahilerle Tanrı'ya övgüler dizmeye devam ediyorlar.

Tanrı'yı tef ve dansla övgüler sunun

Dünya misyonunu yerine getirme arzusu beraberinde sadece koro ve orkestrayı değil, dansçıları da getirdi. Tanrı'yı ne tür davranışların hoşnut edeceğini öğrenmek için Kutsal Kitap üzerinde tefekküre daldım. Cevabı Davut'un yazılarında buldum. Rab'bin sandığı kendine getirildiğinde Davut neşeyle nasıl dans ettiğini anlatır (2 Samuel 6:12-23). Ama karısı Mikal onu yürekten desteklemedi ve eleştirdi. Sonra Davut şöyle dedi, *"Baban ve bütün soyu yerine beni seçen ve halkı İsrail'e önder atayan RAB'bin önünde oynayacağım."* (2 Samuel 6:21). Kral Davut'u Tanrı'nın önünde dans ettiği için eleştiren Mikal lanetlendi ve ölene kadar çocuğu olmadı. Buradan da anlaşılacağı gibi Tanrı'nın sözüne itaat etmek ve onu hoşnut etmek başkalarının bizim hakkımızda söyleyeceklerinden daha önemlidir.

Büyücü dansı yapıyorlar!

1986'nın Mart ayında ilahilerle dans eden 'Kutsal Dans Topluluğu' kuruldu. Bu dansın amacı, seyredenlerin göksel egemenlik için umut beslemelerini sağlamaktı. 'Kutsal Dans Topluluğu' adı daha sonra 'Sanat Misyonu Topluluğu'na dönüştürüldü.

Günümüzde Hıristiyan kültüründe basının da etkisiyle dansın önemli bir yeri var ama o zamanlar bu pek rastlanmayan bir durumdu. Kilisemiz 'Koro Komitesi' ve 'Sahne Sanatları Komitesi'nin kurulmasına ön ayak oldu. Çeşitli etkinlikler düzenlediler ve profesyonel şarkıcı, dansçı ve oyuncular yetiştirdiler. Ancak kilisemiz çok çabuk büyüdüğünden kimileri bunu kıskanıp yalan yanlış haberler çıkardılar. 'Her ayinde büyücü dansı yapıyorlar!' dedikodusu bu şekilde çıktı. Yılda birkaç kez dini festival ve törenlerde cemaatin önünde özel dans gösterileri sergiliyorlardı. Ama çıkan dedikodularda bizim içimize kötü ruhların girdiği ve her ayinde dans ettiğimiz söyleniyordu.

Bu dedikodulara rağmen 'Kutsal Dans Topluluğu' 1991 yılında Peder Hyeon Gyoon Shin'in Haleluya Sovyetler Birliği seferine davet edildi. Bu onların, danslarıyla Tanrı'yı övdükleri ilk uluslararası gösteriydi. O zamandan itibaren danslarıyla Kore'de ve dışarıda insanlar tarafından çok sevildiler. Bu işlerine hâlâ devam etmektedirler.

Yetenekleriyle tanındılar

Kilisemizde hâlihazırda pek çok sahne sanatları topluluğu var. Tanrı'nın yardımıyla becerilerini ilerlettiler ve kilisede etkin bir rol oynuyorlar. 1 Haziran 1991'de kilisedeki gruplardan biri, Uzak Doğu Yayın Kuruluşu tarafından düzenlenen '10. Ulusal Kilise Müziği Yarışması'na katıldı ve büyük ödülü kazandı. 17 Haziran 1995'teki 14. yarışmada 'Işığın Sesi Korosu' büyük ödülü kazandı. O zamanlar üç kişiden oluşan 'Işığın Sesi Korosu'nun üyelerinden biri benim en küçük kızım Soojin'di. O daha küçük bir çocukken Tanrı onu hizmetkârı olarak atamıştı, o da ilahiyat fakültesini bitirdi ve kilisede peder olarak görev yapıyor.

17 Nisan 1993'te Hwaetbool (Torch) Salonunda ailelerinin lideri olan çocuklar için düzenlenen Hıristiyan müzikleri konserinde bizim Nissi Orkestrası da sahne aldı. Aynı yıl Nissi Orkestrası 'Sanat Misyonu Topluluğu' ve diğer müzikal gruplarla birlikte davet edildi. Yüksek Savcılar Odası'nın konferans

salonunda düzenlenen 'Savcıların Hıristiyanlaştırılması için Özel Ayin Servisi'nde sahne aldılar. 6 Kasım 1993'te kilisemizin 'Kristal Şarkıcıları' adlı grubu Hıristiyan Yayın Kuruluşu tarafından düzenlenen '4. Ulusal Kilise Müziği Yarışması'nda altın madalya kazandı.

Kilise dernekleri arasındaki dayanışma

93-94'e geçiş ve büyüme

Kilisemiz Hıristiyan dünyasında düzenlenen pek çok etkinlikte gönüllü olarak yer aldığından çeşitli organizasyonlardan teklifler alıyordum. Ancak hem benden kıdemli pederler olduğundan, hem de biraz geri planda kalmak istediğimden bu teklifleri kabul etmeyi istemezdim. Teklifleri geri çevirmenin de ayıp olacağını düşünerek daha düşük bir pozisyon teklif edilmesini sağlar, teklifi öyle kabul ederdim. Etkinliklerde üzerinde adım yazılı olan koltuk varsa oraya oturur, yoksa en arka sıraya oturmayı tercih ederim. Benden kıdemli o kadar peder varken göz önünde oturmaktan utanırdım. Arka sıralarda daha rahat ederdim. Şimdi bile bu etkinliklerden ziyade, Tanrı'nın sözü ve dualar üzerine yoğunlaşmaya çalışırım. Bu nedenle pek çok etkinliğe beni temsilen diğer peder arkadaşlar katılır. Çünkü ben insanların arasına karışmayı pek sevmem, toplantıların

1992 Dünya Kutsal Ruh Seferi

Daegu'da Birleşmiş Evangelizasyon (İncil Mesajını Yayma) Seferi

Savcıların Evangelizasyonu Seferi

Mahkûmların ruhi gelişimi ve Evangelizasyon hizmeti için konser

Ulus ve Halk için oruçla dua toplantısında vaaz

Halleluya Seul Birleşmiş Sefer (Manmin Merkez Kilisesinde)

1995 Kuzey ve Kore'nin tekrar birleşmesi için jübile töreni (Yoido'da)

çoğuna katılmam, beni tanımayanlar da bu yüzden burnu büyük bir adam olduğumu düşünebilirler. Ama nerede kiliseyle ilgili bir etkinlik olduğunu duysam bu etkinliğin başarıya ulaşması için elimden gelen her şeyi yaparım.

21 Haziran 1993 tarihinde 'Ülke Bisiklet Kampanyası ve İki ülkenin birleşmesi için Büyük Imjingak Seferi' adlı özel bir ayin hazırladım. Bu ayine Nissi Orkestrası, koromuz ve gönüllüler de katıldı. Aynı yıl, 18-21 Ekim tarihleri arasında, İki Ülkenin Birleşmesi Büyük Jübile Seferi için yapılan Seul bölgesi Hıristiyanlık Seferi bizim kilisemizde yapıldı. Kore'nin çok ünlü dört papazı bu toplantıya konuşmacı olarak katıldı. İki ülkeyi dua ederek birleştirmemiz gerektiğini söylediler. Aynı yıl 24 Kasım'da Haneolsan dua dağında düzenlenen iki ülkenin birleşmesi duasına katılmak için davet edildim. Bu mesajı verdim ve katılanlar için dua ettim, pek çok kişi şifa buldu.

Hapse düşmüş olanlarla hapisten yeni çıkmış olanların ıslahına karşı her zaman özel bir ilgim oldu. 28 Şubat 1994'te Myung Sung Presbiteryen Kilisesi'nde Ulusal Islah Komitesi Hıristiyan Birliği tarafından düzenlenen 'Adalet Bakanlığı 2. Ulusal Islah Komitesi Kore Hıristiyan Seferi' adlı toplantı 'Söz, Sevgi ve Islah' başlığıyla yapıldı. Ben birliğin eş başkanlarından biriydim ve İncil'den bölümler okudum. Kilisemizin müzik ve dans topluluklarıyla Nissi Orkestrası da Tanrı'ya övgülerini sunmak üzere görev aldılar. Aynı yıl 24 Mart'ta Hıristiyan Yayın Kuruluşu (CBS)'in 40. kuruluş yıldönümü kutlamaları çerçevesinde Sejong Merkezinin ana salonunda '11. Misyon Korosu Festivali' düzenlendi. Bu festivalde Nissi Orkestrası ve kilisemizin korosu çaldı. 20 Haziran 1994'te başkanlığını Peder Hyeon Gyoon Shin'in yaptığı Dünya Evangelizm Merkez Komitesi tarafından düzenlenen, 'İki Ülkenin birleşmesi için Imjingak Büyük Seferi' adlı toplantıda açılış duasını okudum.

Başkan Peder Hyeon Gyoon Shin 'İki ülkenin İncil Yoluyla Birleşmesi' adıyla verdiği vaazda mezheplerine bakmadan tüm kiliselerin bu uğurda birleşmesini istedi. Kilisemizden yüzlerce gönüllü, koroda, orkestrada, yer gösterici olarak ve trafik ve park konusunda görev aldılar. 20-22 Haziran tarihlerinde Peder Homun Lee'nin konuşmacı olarak katıldığı Dünya Evangelizm Merkezi Kurulu'nun İki Ülkenin Birleşmesi için Seul Bölgesi Büyük Seferi kilisemizde yapıldı.

14 Temmuz'da Peder Jongjin Pee'nin temsili başkan olduğu '1994 Seul Kutsal Ruh Büyük Seferi' Olimpiyat Spor Salonunda yapıldı. Reinhard Bonnke vaaz verdi, ben de takdis duasını okudum. Aynı yılın 5 Eylül'ünde yine Olimpiyat Spor Salonunda Ulusal Birleşme Seferi Komitesi tarafından düzenlenen 'Hıristiyan Bayan Liderler Seferi'ne katıldım ve organizasyon tarihinin yazılmasında görev aldım.

Başkanlık Sarayı Cheong Wa Dae'ye ziyaret ve Jübile Seferi

29 Temmuz 1995'te Ulusal Birleşme ve Evangelizm Hareketi Birliği daimi başkanı olarak 'Vatan ve Millet için Oruç ve Dua' adlı toplantıda özel bir dua okudum. Ayrıca 12 Ağustos 1995'te 'Barışçıl Birleşme Jübile Seferi'nin 10 papazıyla birlikte Kore Kurtuluş Gününün 50. yıl dönümü kutlamaları için başkanlık sarayı Cheong Wa Dae'ye davet edildim. Başkanla konuşup öneriler sunmak için bir saatimiz olduğu söylendi. Bundan bir gün önce başkanla ne konuşmam gerektiği konusunda Tanrı'ya dua ediyordum. Bu toplantı için dua ettim ama Kutsal Ruh'tan bir cevap alamadım. Kutsal Ruh'un hiçbir şey söylememesi ilginç gelmişti.

Toplantı Cheong Wa Dae'de 12 Ağustos'ta saat sabah 11'deydi. O zaman dualarıma neden cevap verilmediğini anladım. Başkan Youngsam Kim'le buluştuk ancak konuşmamız için hiç süre verilmedi. Tüm toplantı boyunca sadece başkan konuştu. Biz sadece dua edip geri geldik.

O gün saat 2'de Yoido Meydanındaki Barışçıl Birleşme Jübile Seferine gittik. Kiliseden gönüllüler trafikte, park alanında, yer göstermekte görev almışlar, diğerleri de Nissi Orkestrasındaki yerlerini almışlardı.

Kilisenin büyümesinin ardındaki sır nedir?

Peder Hyeon Gyoon Shin'in umut ve görümü

5 Aralık 1994'te Ulusal Evangelizm Hareketi Birliğinin 'Diriliş Toplantısı Eğitim Merkezi'ne davet edildim, 8 Aralık'ta CBS'in 40. yılı kutlamaları çerçevesinde CBS'in 'Yenile Bizi' adlı programının 4500. özel yayını, bizim kilisemizde yapıldı. 'Gerçek Ses' başlıklı bir vaaz verdim ve yayınlanan vaazlar yoluyla adalet ve barışı gerçekleştirmek için yayın istasyonunu tıpkı bir peygamber gibi görevlerini yerine getirmeye davet ettim. Peder Hyeon Gyoon Shin kilisemizi çok sevdi. Kendisi artık aramızdan ayrılmış olan Hyeon Gyoon Shin'in Kore evangelistlerinin atası olduğu söylenir ve 40 yıldan fazla bir süre Kore Hıristiyanlığının bir yıldızı olmuştur. Beni ve kilisemizi çok severdi. Espirilerle donattığı Kutsal Ruh'u ve iki Kore'nin birleşmesini öne çıkaran konuşmalarıyla Kore kiliselerine umut ve vizyon verdi. Mezhebine bağlı olmaksızın pek çok kişi tarafından

çok sevildi. Bir mezhebin yetkilerini yanlış kullanmasının bir kurbanı olduğumu bildiğinden, Ekim 1992'deki yıldönümü kutlamalarımıza gelip takdis duası yaptı. O zamandan sonra da pek çok etkinliğe katılıp verdiği güçlü mesajlarla bizi destekledi.

Kilisenin büyümesinin sırrı nedir?

Kore içinden ve dışından pek çok papaz kilise üyelerimizin yüzlerindeki memnun ve zarif ifadeden çok etkilenirler, bana sıklıkla kilisenin büyümesindeki sırrı sorarlar. "Peder, kilisenizde özel organizasyon ve eğitimler olmadığını görüyorum. Kilisenizin büyümesinin sırrı nedir? Gönüllüler işlerini nasıl böyle zarafetle yapıyorlar?" Ben hakikaten de bir şey öğretmiyordum. Onlar her şeyi Tanrı'nın lütuflarıyla kendileri başardılar.

Kilisenin büyümesi hakkında değişik görüşler olabilir. Bazı papazlar, "Tanrı bize bu kadar mümin yolladı," ya da "Bu miktar benim kilisem için yeterli." derler. Kutsal Kitap, Tanrı'nın, kurtarılan kişilerle sayısının gün be gün arttığı ilk kiliselerin hoşnut olduğunu anlatılır. Tanrı'nın isteği herkesin kurtuluşa sahip olması olduğundan (1 Timoteos 2:4), Tanrı'nın isteğine göre hareket eden ilk kiliselerin üyeleri her yeni günle büyüyordu (Elçilerin İşleri 2:47). Hangi kilisenin büyüdüğünü duysam sevinirdim çünkü her kilise Rab'bin kanıyla kurulmuştur, ben de o kiliseye ve papazına dua ederim.

23 Şubat 1995'te Kore Papazları Dua Birliği 149. Ulusal Papazlar Konferansını kilisemizde düzenledi. Yaklaşık 1000 papaz katıldı. Kilisenin büyümesinin sırrıyla ilgili vaaz verdim. Ayrıca 1996'daki Hawaii papazlar konferansı ve Arjantin papazlar konferanslarında da kilisenin büyümesiyle ilgili ana maddelerden bahsettim.

Öncelikle papaz ve kilise Tanrı'nın sevgisini kazanmalıdır.

Özdeyişler 8:17 der ki, *"Beni sevenleri ben de severim; gayretle arayan beni bulur"*. Tanrı'yı sevmek, 1 Yuhanna 5:3'te denildiği gibi, *"O'nun buyruklarını yerine getirmek demektir."* Ayrıca İsa şöyle demiştir: *"Benim dediklerimi yerine getiren kişi ben seven kişidir. Ve beni seveni Baba da sevecektir. Onu ben de seveceğim ve kendimi ona göstereceğim."* (Yuhanna 14:21).

İkinci olarak dua etmeliyiz.

Başarılı bir papazlık için Tanrı'nın gücünü dualar aracılığıyla yukarından almalıyız. Tanrı'nın isteğini yerine getiren imanın ataları, dua savaşçılarıydı. İlk kurulan kiliselerdeki elçiler "biz kendimizi sürekli olarak dua etmeye ve (Tanrı'nın) sözünü anlatmaya adayacağız." dediler. Kilisenin tüm işlerini diyakozlara bırakıp sadece Tanrı'nın sözüne ve dua etmeye yoğunlaştılar. Dua ederken tüm gücümüzle yakarmalıyız. (Yeremya 33:3). Yaratılış 3:17'de Tanrı, günah işleyen Âdem'e, "Yaşam boyu emek vermeden yiyecek bulamayacaksın." dedi. Aynen insanoğlunun emek vermeden ve çaba göstermeden ürün elde edemeyeceği gibi, biz de anca tüm yüreğimizle ve terimizle dua edersek dualarımızın karşılığını görebiliriz. Bugün, binlerce mümin her gece kilisemize gelip dua etmektedir. Aynı şey yerel tapınaklar, kilisenin şubeleri ve insanların evleri için de geçerlidir.

Üçüncü olarak, ruhani imana sahip olmalıyız.

Burada bahsedilen iman, tamamen yürekten inanabileceğimiz, yukarıdan verilen imandır. Bu iman, yoktan şeyleri yaratan imandır. Böylesi bir imanla imkânsız hiçbir olmaz. Böyle bir imana sadece Kutsal Kitap'ı bilerek ya da uzun süredir Hıristiyan yaşantısı sürdürerek sahip olamayız. Bu iman Tanrı tarafından, Tanrı'nın sözüne uyanlara verilir. İncil, eylemsiz bir imanın ölü bir iman olduğunu söyler. Matta 21:22'de dendiği gibi, ancak ruhani imanla dua edersek dualarımızın karşılığını alırız. *"İman ederek dua ettiğinizde, dilediğiniz her şey alacaksınız."* Böylece biz de kilisenin büyümesi için cevabımızı almış oluruz.

Dördüncü olarak, Kutsal Ruh'un sesini ve rehberliğini almalıyız

Kutsal Ruh, Tanrı'nın kurtarılmış çocuklarının yüreğinde yaşar ve bizi Tanrı'nın isteğine yönlendirir. Kutsal Ruh'un rehberliğini hissedip sesini açıkça duyarsak, kilisenin büyümesine giden yolun açıldığını görürüz. Kutsal Ruh'un sesini duyabilmek için her şeyden önce papazın kendisi kanını dökme pahasına günahlara karşı koymalı ve tüm kötülükleri yüreğinden söküp atmalıdır. Ancak bu şekilde Tanrı'nın karşısında duran benliğin düşüncelerini ve zihinsel çerçeveyi kırabilir. Tanrı'nın sözü bizim inanıp bildiğimiz bir şeye ters gelse bile, O'nun sözüne riayet edebilmeliyiz.

Beşinci olarak, ilk kurulan kiliseleri örnek almalıyız.

Elçilerin İşleri kitabında, ilk kurulan kiliseler çarmıhın mesajına tanıklık etmiştir. Tanrı sözünü uygulayıp pek çok belirti ve harikalara tanık oldular. Elçiler aracılığıyla Tanrı'nın işleri meydana geldiğinden bu harikaları gören birçok insan müjdeye inandı ve kiliseler de çabucak büyüdü.

Tüm boyutlarıyla yerel ve uluslararası misyonlar

Afrika misyonunun başlaması

1994 yılı Ocak ayında Tanzanya Pentecostal Kilisesi rahibi peder Charles Macom kilisemizi ziyaret etti. Kendisi burada verilen mesajdan çok etkilendiğinden ülkesine dönüp benden bahsetmiş. 4-6 Temmuz 1994 tarihlerinde, Tanzanya'nın başkenti Dar Es Salaam'da bulunan Tanzanya Pentecostal Kiliseler Birliği tarafından organize edilen 'Afrika Kilise Liderleri Konferansı'nda konuşmalar yaptım. Orada, yoksulluk ve AIDS dâhil pek çok hastalıkla mücadele eden insanları görmek beni çok üzdü çünkü ben Tanrı'nın sözüne uygun yaşayan bir insanın tüm bunlar dâhil her türlü lanetten azat hem fiziksel hem de ruhani açıdan sağlıklı yaşayabileceğini biliyordum.

Bu konferanslar sırasında Tanrı'nın pek çok mucizesine tanık olduk. Grubumuz Tanzanya'ya vardığında oradaki papazlar, "Peder, bu çok ilginç. Yılın bu zamanlarında aslında pek yağmur yağmaz ama yağışlar siz gelmeden hemen önce başladı ve havayı temizledi. Tanrı'nın hava durumunu bile kontrol ettiğine şahit olduk." dediler. O ülkenin havaalanına ayak bastığımız andan itibaren nereye gitsek bulutlar bizi takip etti, sıcak yaz güneşinden bizi korudu. Akşam yağan yağmurlar da cabasıydı. Kilise papazlarının gerçek bir imana sahip olmaları için 'Çarmıhın Mesajı' adlı vaazımı verdim. Tanrı'nın sözünü anladılar ve içindeki hayatı hissettiler, bize kendilerine özgü melodi ve danslarıyla eşlik ettiler. Çocuk gibi masum davranışlarını görebiliyordum. Pek çoğu imanlarının yenilendiğini itiraf etti, kendilerine güvenleri ve peder olarak imanları tazelendi.

Konferanstan sonra Tanzanya'daki Masai kabilesini ziyaret ettik. Şefleri ve pek çok kabile üyesi bizi karşıladı. Çok özel misafirlerine inek kanı sunarlardı ama Tanrı'nın kan içmeyi yasakladığını ve içmeyeceğimizi bildiklerinden bize kola ikram ettiler.

Onlara iman aşılamak için Tanrı'yla kendi karşılaşmamdan bahsettim. Söylediklerim anında İngilizce, Swahili ve Masai dillerine tercüme ediliyordu. İngilizce tercümeleri Peder Dr.

Masai kabilesinin köyünde

Myongho Cheong yapıyordu. Kendisi kiliseye katılmadan önce Hoseo Üniversitesinde İngiliz dili profesörüydü. Daha sonra kendisinin Afrika misyonu için bir istemi oldu ve Nairobi Kenya'da bir merkez açtı. Bugün, peder Dr. Myongho Cheong Afrikalıların ruhlarını uyandırmak için 54 Afrika ülkesinde "Beş katmanlı Müjdeyi" duyuruyor.

Müjde'nin çorak toprağı Japonya

Bunlarla aynı dönemde Japonya'da evangelizmin kapıları açılmaya başladı. 5-8 Kasım tarihleri arasında Japonya'nın en büyük stadyumu olan Goshien beysbol stadında 'Goshien Diriliş Misyonu' yapıldı. Kilisemizin 'Sanat Misyonu Grubu' yaptıkları zarif gösteriyle Japonya'da yaşayan Korelileri çok etkiledi. Aynı yılın Temmuz ayında 'Sanat Misyonu Grubu' peder Hyeon Gyoon Shin tarafından 'Çin Seferi ve Baekdu Dağ Birleşmesi Dua Toplantısı'nda gösteri yapmak üzere davet edildi.

Temmuz 1994'te peder Seung Gil Ryu misyoner olarak Japonya'ya gönderildi, bu da Japonya'daki misyonumuzun başlangıcıydı. 22-23 Kasım 1994'te Ida, Japonya'daki Ganae Kültür Merkezinde yaklaşık bin kişinin katıldığı, 'Kutsal Ruh'un ateşini dök' adlı bir sefer düzenledik. (Yoshikawa Noboru tarafından idare edilen) bu sefer Ida Kilisesi'nde düzenlendi ve Ida'daki pek çok kilise tarafından desteklendi. 'Yeniden dirilmenin tarihsel kanıtı' adlı bir mesaj ilettim ve katılanları İsa'nın yeniden geleceğine inanmaya ve bu imanla Hıristiyan yaşantısı sürdürmeye davet ettim. İkinci günde, yaşayan Tanrı'yla nasıl tanışılacağına dair bir vaaz verdim. Vaazdan sonra hastalar için dua ettim ve Kutsal Ruh'un ateşi sayesinde pek çok mucize gerçekleşti. Tanrı'ya sadece şükranlarımı sunabilirdim. Bu sefere başkanlık eden peder Yoshikawa Noboru "Peder Dr. Jaerock Lee'nin söyledikleri pek çok Japon'u derinden etkiledi ki bu pek alışılmış bir durum değildir. Japonların çoğu şifa işlerinin sadece İsa zamanında yapıldığını düşünürdü. Peder Dr. Jaerock Lee'nin yüce otoriteyle yüklü mesajını dinleyenler şifa buldu ve Tanrı'ya inanmaya başladılar." dedi.

Bu toplantıda şifa bulan bir hastayı anımsıyorum. Adı Yoshizawa Motohisa'ydı. Baskı mühendisi olarak çalışırken sırtından ameliyat olmuştu. Ancak ameliyatın yan etkileri nedeniyle yürümekte zorluk çekiyordu ve toplantıya katıldığında acılar içindeydi. Birinci gün vaazı dinledikten sonra iman kazandı. Ertesi gün duamı almak için otele geldi. Onun için içtenlikle dua ettim, bu duadan sonra ağrısı dindi ve sırtı da tamamen düzeldi.

Çocuğu olmayan çiftler dualarına cevap buluyor

1991 Şubat ayında yeni tapınağımızı kutlamak için bir diriliş toplantısı düzenledik, bu toplantının başlığı 'Ruhunuz zenginleştikçe' idi. İki haftada 15 mesaj verdim ve hasta olan kişiler için özel toplantılar düzenledim.

İki hafta süren diriliş toplantılarını yapmaya 1993'te başladık. İki hafta süren ilk diriliş toplantısı 'Günah, doğruluk ve gelecek yargı' başlığıyla (Yuhanna 16:8) Mayıs ayında yapıldı. Bu mesajları sabah ve akşam günde iki kere dinleyen cemaat günahın, doğruluğun ve gelecek yargının ne olduğunu öğrendi ve Tanrı'nın huzurunda nasıl günah duvarları örmüş olduklarını anladılar. Dönüp kendilerine bakıp gözyaşları oluk oluk akarak tövbe ettiler. Tanrı'nın huzurunda günah duvarlarını yıkarak, pek çok şifa buldular.

İmanın bile ne olduğunu bilmiyorlardı ama mesajları dinledikçe Kutsal Ruh'u deneyim ettiler, Sözü ve duayı anladılar ve Tanrı'nın sözüne göre yaşamaya çabaladılar. Mezhebine bakmaksızın ülkenin çok çeşitli yerlerinden gelen kişiler bu toplantıya katıldı. Tanrı'nın lütuflarını görüp şifa bulanlar Kutsal Ruh'la dolup kendi kiliselerine coşkuyla döndüler. Rahim ve mide kanseri olan kişiler Kutsal Ruh'un ateşiyle iyileşti. İşitme duyularını yeniden kazanıp işitme cihazlarını atan, gözleri iyileşip gözlüklerini atan, kısır olup hamile kalan pek çok kişi daha sonra deneyimlerini anlattı.

Özellikle beş yıldır evli olup bebek sahibi olamayan çiftler hamile kalma müjdesiyle döndüler. Çocuğu olmayan pek çok çift benden dua etmemi istediğinden 5 Mayıs 1993 akşam toplantısında hastalar için dua ederken "Kısır olanlar hamile kalsın." diye de dua ettim. Diriliş toplantısı sona erdikten sonra, sonraki sene pek çok çiftin çocuk sahibi olduğunu duydum. Aynı zamanlarda doğan bu çocuklar Manmin anaokulundan mezun oldular.

Fiziksel olarak güç bir hayat sürüyordum ama...

"Yapacağım." (Yuhanna 14:13) başlıklı ikinci iki haftalık diriliş toplantımızı 1994 Mayıs'ında yaptık. Bu toplantıda da Kutsal Ruh'un işleri yerini buldu. Toplantıya katılanların çoğu ilahi şifa aldı. Özellikle trafik kazası geçirmiş olan Joanna Park'tan bahsetmek istiyorum.

Joanna Park 27 Mayıs 1993'te dört arabanın karıştığı bir zincirleme trafik kazası geçirmişti. Komaya girdiğinden hastaneye kaldırılmıştı. Çenesi kırılmıştı. Bağırsakları da hasar görmüştü. Neredeyse tüm vücudu yaralarla kaplıydı. Uyluk kemiği yerinden

Joanna Park tüm yaşamı boyunca engelli yaşamak zorundaydı
Joanna Park tamamen iyileşti ve bir şifa toplantısında Rev. Jaerock Lee ile yürürken
Joanna Park artık sağlıklı bir bedenle bir misyoner olarak çalışıyor

çıktığından kalçasında ve kalça eklemlerinde şişlikler vardı. Sağ bacağı uyuşmuştu ve parmaklarını ve bileğini hareket ettiremiyordu. Fibula sinirinin sıkışması nedeniyle bir bacağı diğerinden beş santim daha kısaydı. Doktorlar hayatına bu halde devam etmek zorunda olduğunu söylemişti.

10 Mayıs 1994'te Joanna Park iki haftalık özel diriliş toplantısına katılmak için hastaneden zar zor izin aldı. Toplantıya koltuk değnekleriyle

geldi, ama ben cemaat için kürsüden dua ederken şifa bulmaya başladı. Yamulmuş bacağı düzeldi. Esnemek için bile ağzını açamazken pek çok kez canı acımadan esnedi. Onun için özel olarak dua edince Kutsal Ruh'un ateşini hissettiğini söyledi ve koltuk değnekleri olmadan kendi kendine yürümeye başladı. Bu mucizeye tanık olan kilise üyeleri coşkuyla Tanrı'yı övdüler. İki hafta sonra Hanyang Üniversite Hastanesinde yapılan kontrolde sağ bacağının beş santim uzadığı ve iki bacağının da aynı boyda olduğu görüldü.

Bir keresinde de hayata dönme şansı olmayan bir bebek dirildi. Bayan diyakoz Soonim Kim'in bebeği 1.2 kg ağırlığında ve erken doğdu. Bebek inkübatöre kondu ancak kalbe giden damarlarında çatlaklar, beyninde kanama ve görme kaybı vardı. Doktorlar beyin kanamasına müdahalenin mümkün olmadığını söyledi. Ayrıca ameliyat olmazsa görme duyusunu tamamen kaybedeceğini, ameliyat başarılı bile olsa normal bir insanın görmesinin üçte biri kadar göreceğini söylediler.

7 Mayıs 1994'te yapacakları başka bir şey olmadığından doktorlar bebeğin eve götürülmesini istedi. Tam o sıralarda da diriliş toplantısı vardı. Bayan diyakoz Soonim Kim bebeği kiliseye getirdi. Çocuğun durumu kritikti. O kadar çok ilaç ve tedaviden sonra ağırlığı bir kilonun altına düşmüştü. Hayatta kalma şansı yok gibiydi. Babası ümidini çoktan kesmişti.

8 Mayıs'ta bebek için içtenlikle dua ettikten sonra Tanrı işlerini göstermeye başladı. Daha önce berrak olmayan gözbebekleri siyah renk aldı ve çocuk görmeye başladı. Kendinde biberonu ağzına alacak kuvvet bile buldu. Ondan sonra yemeklerini düzenli yiyerek kuvvetlendi. Bu küçük kızın adı Hanna ve Tanrı'yla birlikte büyüyen bir ilkokul öğrencisi.

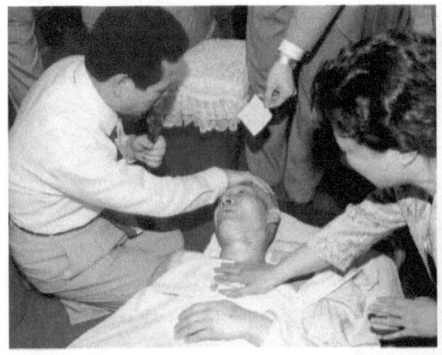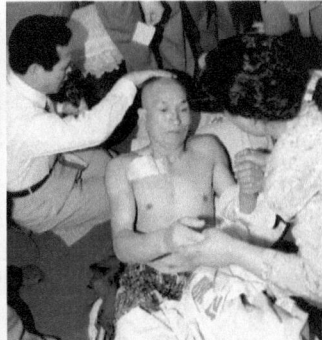

Duadan sonra ayağa kalkan bir serebral apopleksi hastası

Beyin felçli hasta

1995'te 3. iki haftalık diriliş toplantısı 'Doğrular imanla yaşar' başlığıyla yapıldı. Toplantının son gününde hasta olanlar için edilen dua devam ederken kilisenin girişinde bir patırtı oldu, sedyeyle birini getirdiler. Bu kişi ambulansla gelmişti. Durumu kritikti. Daha sonra onun kilisenin ileri gelenlerinden Moonki Kim olduğunu anladım. Kendisi beyin felci olmuştu. Beyninde bir damar yırtılmıştı.

Karısı pederdi. Yeni açılan bir kilisede papazlık yapıyor, bazen Tanrı'nın sözünü dinlemek için kilisemize gelirdi. Adam hastaneye götürüldüğünde doktorlar çok az şansı olduğunu söylemişti. Bayan peder kilisede diriliş toplantısı yapıldığını bildiğinden kocasını ambulansla kiliseye getirmişti.

Bilinci yerinde olmayan bu hasta için dua ettim. Dua biter bitmez adam doğruldu. Sanki bir film setindeydik. Buna tanık

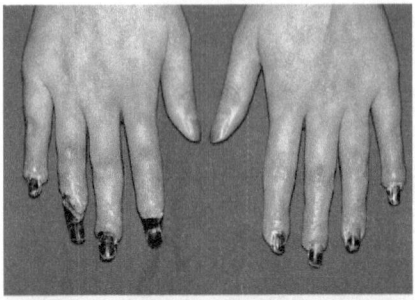

Sang-yi Lee'nin parçalanan parmaklarının iyileşmesi

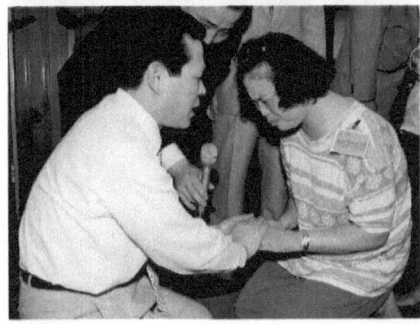

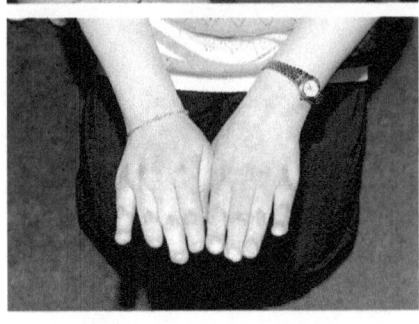

olan herkes alkışlayarak Tanrı'yı övdü.

Eller kesilmeden tam önce şifa bulmak

Bu toplantıya elleri perişan bir durumda olan bayan diyakoz Sang-yi Lee katıldı, dualardan sonra elleri normale döndü. 1985 yılının kışında Sang-yi Lee'nin elleri donmuştu. Akupunktur dâhil gördüğü tedavilerin hiçbiri fayda etmemişti. Ayrıca tüm vücudunda romatizma vardı. 1990 yılında Seul'dayken bir süre kilisemize gelip gitti ama sonra memleketine döndü. Eve döndükten sonra Tanrı'dan uzaklaştı ve imanı tembelleşti.

1993 yılında bedeni küçülmeye başladı, boynu da kaskatı kesildi. Vücudundaki romatizma ilerledikçe etkileri de kendini göstermeye başladı. Kore Üniversitesi Guro Hastanesine yattı ama iki ay sonra başparmakları hariç elinin tüm parmakları çürümeye başladı. Elleri bileğe kadar kapkara olmuştu. Sadece tırnakları değil el kemikleri de çürüyordu. Doktorlar, çürümenin kollara da sıçramaması için ellerin kesilmesi gerektiğini söylediler ve ameliyat günü belirlendi. Çektiği korkunç acılar nedeniyle Sang-ee Lee çok miktarda ağrı kesici alıyordu. Mayıs 1994'te ameliyattan bir gün önce iki haftalık diriliş toplantısına katıldı. Sonunda ben onun için dua ettim, kendisi o anda ellerinin ısındığını ve dayanılmaz ağrıların sona erdiğini söyledi. O zamandan itibaren durumu iyiye gitti, doktorlar da ameliyata gerek kalmadığını ve eve gidebileceğini söylediler.

Çürüme durdu ve çürüyen bölgeler ağaç kabuğu gibi kuruyup döküldü, yeni deriler çıktı. Tırnakları bile düzelmişti. Ertesi yıl Mayıs 1995'te iki haftalık diriliş toplantısına tekrar katıldı. Toplantının ikinci gününde hastalar için yaptığım dualara o da katıldı. Duadan sonra tüm vücudunun hafiflediğini ve romatizmadan kaynaklanan ağrılarının yok olduğunu hissettiğini söyledi. Kendisi tamamen temizlenmişti, sadece çürümekte olan parmakları değil, tüm vücudu hastalık ve ağrılardan arınmıştı.

Sampoong Alışveriş Merkezinin yıkılmasından korunmak

Kilisemizde 'Işık ve Tuz Misyonu' adını verdiğimiz, restoran ve dağıtım işinde çalışanlara yönelik bir organizasyon var. Ekim 1985'te kurulduğundan beri bu grup çeşitli yerlerde düzenlenen ayin ve toplantılara katılarak dağıtım ve restoran sektöründe evangelizm faaliyetlerinde bulunurlar. 'Işık ve Tuz Misyonu' çalışanları Pazar günleri çalıştıklarından Pazar ayinine, işleri

Sampoong alışveriş merkezinin çöküşü

bittikten sonra akşam 9'la 11 arası katılırlar.

29 Haziran 1995'te saat akşam 6 sıralarında büyük bir facia oldu. Sampoong Alışveriş Merkezi çöktü. Kilisemizden 10 kişi orada çalışmaktaydı ve Tanrı onların kaçması için çeşitli yollar sundu. Bu faciadan hepsinin kurtulmasının mucizesine hep birlikte şahit olduk.

Rahibe Jinsook Hong, Sampoong Alışveriş Merkezinde diğer arkadaşlarıyla birlikte binanın üçüncü bodrum katında görev yapmaktayken mucize eseri kurtuldu. Üçüncü bodrum katında, çalışanların yemek yediği kısımda çalışıyordu. Çalışması sona erdikten sonra biraz dinlenmek için dispansere gitmiş. Hemşireyle beraber oradayken bina çökmüş. Bina yıkılırken hemşirenin başı incinmiş ve ayak kemikleri kırılmış. Karanlıkta hiçbir şey göremediklerinden çıkışı bulamamışlar. Uzaktan yardım isteyen insanların çığlıkları duyuluyormuş.

"Jinsook, başım kanıyor. Bana müjdeyi duyurduğunda, hoşuma gitmemişti, senden kaçındım. Özür dilerim. Tanrım! Özür dilerim, bundan sonra sana inanacağım!" Hemşire bu şekilde yakararak bağırıyormuş. Rahibe Jinsook Hong onun ellerini tutarak dua etmiş, onu Tanrı'nın sözleriyle rahatlatmış. Tozlu hava boğazına dolmuş. Rahibe Hong dua etmiş, "Tanrım, bize kurtarıcılar yolla, sadece bana değil, binadaki herkes için. Binanın daha fazla yıkılmasına izin verme, bize temiz hava gönder."

Tanrı bu duaya cevap vermiş. Üç saat boyunca yıkıntının altında kaldıktan sonra saat 9 sularında fener ışığı görmüşler. Birisi "Orada kimse var mı?" diye seslenmiş. Onlar da "Buradayız!" diye bağırmış. Onların sesini duyan iki görevli onları kurtarmaya gelmiş. Dispanser acil çıkışın yakınındaymış ve şükürler olsun ki acil çıkış kapıları ve merdivenler çökmemiş. Kurtarma görevlileri merdivenlerden çıkarken duaları ve ilahi seslerini duymuşlar. Hemşire ambulansla hastaneye kaldırılmış, rahibe hiç yara almamış. Kurtarma görevlilerinin yakararak dua edenleri takip ederek insanları kurtarmasını anlatan bu haber ertesi günkü gazetelerde yer aldı.

O felaket anında kim şarkı söyler? Duaların ve övgülerin sesi kurtarma görevlilerini insanların kaldığı yere yöneltti. Jinsook Hong Pazar ayinlerine katılır, ondalığını düzenli olarak verirdi. Pazar günleri ibadetimizi yapar ve uygun ondalık verirsek, Tanrı bizi kaza ve felaketlerden korur.

Los Angeles 1995

Dağılma arifesindeki kilise

Misyon Kampanyası'ndan önce 27-29 Nisan tarihlerinde çeşitli bölgelerden 40 kilisenin katıldığı birleşik bir sefer düzenlendi. Ben de [H] Presbiteryen kilisesinde peder [O]'nun başkanlığını yaptığı kilise tarafından düzenlenen sefere katıldım. Los Angeles'e gitmeden önce kilise üyelerimiz bu misyon gezisinde kullanmam için bana bir miktar para verdi. Yola çıkmadan önce bazı üyelere "Tanrı bana bu sefer iyi bir miktar para verdi. Ben bu paranın kesinlikle başka bir şey için gerekli olduğuna eminim." dedim. Üç günlük sefer için katıldığım presbiteryen kilisesi küçük bir kiliseydi. Yaşı altmışın üzerindeki peder hiç kimseden yardım görmeden kendi kendine çalışıyordu. Üç gün boyunca yaklaşık yüz kişinin katıldığı toplantılar küçük de olsa, ben vaazlar konusunda elimden geleni yaptım. Daha büyük kiliselerde görev yapmakta olan papazlar onların

Los Angeles Belediye Meclisinde Takdis Duası

Los Angeles'den Fahri vatandaşlık alırken

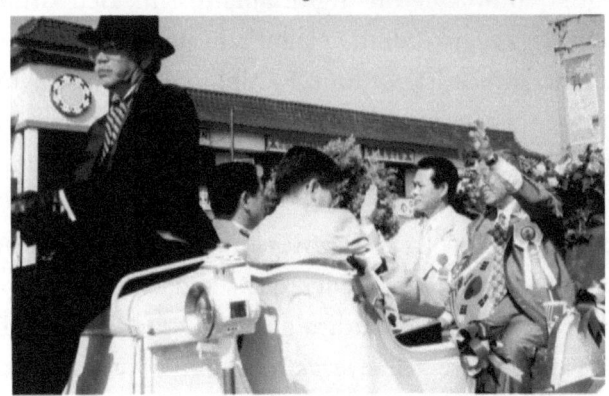

Los Angeles "Kore Günü" yürüyüşünde

kilisesinde de konuşma yapmamı rica ettiler, beni daha önce keşfetmedikleri için pişman oldular. Bence benim o kilisede üç gün konuşma yapmamın Tanrı tarafından belirlenmiş başka bir nedeni vardı. 29 Nisan'da son toplantıda kilisenin rahibi hem ağlıyor, hem de dua ediyordu. "Tanrım, kilisenin bu maddi sorununu çöz, yoksa kiliseyi kapatmak zorunda kalacağım." Konuşmacı olarak katıldığım halde bile bazı sıkıntılar olduğunu hissetmiştim ama bu duayı duyunca endişelerim daha da arttı. Tanrı'dan yüreğime tesir etti.

"Bu kiliseye yardım et. Fazla misyon parası bu iş için çok uygun değil mi? Bu kiliseye yardım et."

Bu sesi duyunca mesajımda şunu söyledim. "Kilisenin borcunun ne kadar olduğunu bilmiyorum ama Tanrı'nın evi insanlar yüzünden kapanmamalı. Ben de biraz yardımda bulunacağım ama hepimizin, tüm üyelerin katılımı gerekli." diyerek 20.000 dolar bağışta bulunma sözü verdim.

Tanrı'nın beni oraya, zorlu hallerle başa çıkabilme yeteneğimden dolayı yolladığını anlamıştım. Ben konuşmacı olarak bir şey istemiyordum ama bu rahibin sorunlarını çözmek ve onu rahatlatmak istiyordum. Rahibin rahatsızlık duymaması ve vaktini boşa çıkarmamak için her şeyi yaptım. Sefer sırasında kilisemin ilahi grubu ilahiler söyledi. Ayrıca üyelere sunmamız için bizi Kutsal Ruh'la doldurdu.

Ertesi gün, 30 Nisan Pazar günü peder asık bir suratla yanıma gelip şöyle dedi: "Peder, düne kadar, sizi tanıyan diğer kilise cemaat üyeleri de buraya geliyordu ama sanırım bugün itibariyle artık kimse gelmeyecek. Durumu görmek için kiliseye gitmenize bile gerek yok." Bunu duyduğuma çok şaşırmıştım, neler olduğunu sordum. O da bana yardımcı pederin sınavı veremediğini ve bundan dolayı kendini suçladığını anlattı. Böyle diyerek kiliseden ayrılmıştı, ayrıca kilisenin ileri gelenlerinin arasında da bu rahibi istemeyenler vardı. Kilise tam bir karmaşaya sürüklenmişti. Dahası, borçları yüzünden kilise maddi sıkıntılar çekiyordu ve cemaatin de yardım edecek inancı kalmamıştı.

Kiliseye gittiğimde cemaatin kiliseyi terk etmediğini tam tersine ağzına kadar dolu olduğunu gördüm. Koro bile yerini almıştı, hepsinin yüzü parlıyordu. Tanrı bu kilisenin içinde bulunduğu durumu bildiğinden beni, kiliseye ve papaza yardım etmem için oraya göndermişti.

'95 Los Angeles Misyon Kampanyası'

30 Nisan 1995'te Dünya Evangelizm Komitesi ve Kore-Amerikan Hıristiyan Hareketi Komitesi tarafından kongre merkezinde düzenlenen '1995 Los Angeles Dünya Misyonu Kampanyası'na baş konuşmacı olarak davet edildim. Tanrı'nın lütuflarıyla 'Dünya Misyonu Kampanyası' başarıyla yapıldı. Birkaç gün sonra Amerikan gazetelerinde şu haber çıktı:

"30 Nisan'da 50 dirilişçi ve 8000'den fazla inananın katılımıyla ırkların birliği için bir toplantı düzenlendi. Baş konuşmacı Peder Jaerock Lee 'Birlik Olalım' başlıklı bir konuşma yaptı ve katılanları şunu söylemeye davet etti: 'Yer, ırk, kültür farkı gözetmeksizin hepimiz imanda kardeşiz. Bu imanla dünya evangelizminin temellerini atalım.' Topluluğun 'dünyanın dört bir yanına müjdeyi duyurun, bu şehri melekler şehri yapın, zafer bizimdir!' diye bağıran sesi tüm salonu inletti."

Ayrıca Los Angeles metropolünden yaklaşık 300 liderin katıldığı dua kahvaltısına da katıldım. Kilisemizin övgü ve dans

Los Angeles Kore Gününe Onursal başkan olarak davet edilişi ve Kültür Merkezine iştiraki

takımlarından etkilenen bazıları gözyaşlarını tutamıyordu.

Kore Günü Festivali

1995 Eylülünde onursal başkan olarak Los Angeles Koretown'da düzenlenen 22. Kore gününe katıldım. Bir anıt için açılış duası yaptım, ayrıca 'Kore Gecesi'nin açılış duasını da yaptım. Bunların yanı sıra bu festivalin en göz alıcı kısmı olan geçit törenine katıldım. Bu törende çiçeklerle süslenmiş at arabaları kullanılıyordu. Çok özel bir konuk için ayrılmış arabaların birinde dört at vardı. Bu kadar kişinin gözü önünde olmak beni rahatsız ediyor olsa da, benim için ayrılmış bu arabaya bindim. Diğer arabalar da bizi takip etti.

Onursal başkan olarak bu toplantıya katılmamı engellemeye yönelik bazı olaylar çıktı. Los Angeles Koreliler Birliği bu konuda bir toplantı yaparak onursal başkan hakkında doğru olmayan dedikodular çıkaracak kişiler hakkında yasal işlem yapılacağını bildiren bir duyuru yayınladı. Tanrı'nın yardımıyla şeytanın işleri daha başlamadan durdurulmuş oldu.

kitabın sonu
devam edecek (kitap 2)

YAZAR
Dr. Jaerock Lee

Dr. Jaerock Lee, 1943 yılında Kore Cumhuriyeti'nin Jeonnam eyaletine bağlı Muan'da doğdu. Yirmili yaşlarında yedi yıl süren ve tedavisi mümkün olmayan birçok hastalıktan dolayı ıstırap çekti ve iyileşme umudu olmadan ölümü bekledi. Fakat 1974 yılının bir bahar gününde, kız kardeşi tarafından bir kiliseye götürüldü ve orada dizlerinin üzerine dua etmek için çöktüğü anda, Yaşayan Tanrı O'nu tüm hastalıklarından bir anda iyileştirdi.

Dr. Lee, bu olağanüstü tecrübenin akabinde karşılaştığı Yaşayan Tanrı'yı o andan itibaren tüm kalbi ve samimiyetiyle sevdi ve 1978 yılında Tanrı'ya hizmet için göreve çağrıldı. Tanrı'nın isteğini tüm berraklığıyla anlayabilmek, bir bütün olarak üstesinden gelmek için kendini adayarak dua etti ve Tanrı'nın Sözüne itaat etti. 1982 senesinde Seul, Kore'de Manmin kilisesini kurdu ve bu kilisede mucizevî şifa ve kerametler gibi Tanrı'nın sayısız eserleri meydana gelmektedir.

Dr. Lee, 1986 yılında Kore İsa'nın Sungkyul kilisesinin senelik toplantısında papazlığa atandı ve 1990 yılında vaazları Avustralya, ABD, Rusya, Filipinler ve daha pek çok yerde Uzakdoğu Radyo Yayın Şirketi, Asya Radyo İstasyonu ve Washington Hristiyan Radyo Sistem yayıncılık şirketleri tarafından yayınlanmaya başlandı.

1993 yılında Manmin Kilisesi Hristiyan Dünya dergisi (ABD) tarafından "Dünyanın birinci sınıf 50 Kilisesi"nde biri seçildi ve Dr. Lee, Florida, ABD'de bulunan Christian Faith Üniversitesi İlahiyat fakültesinden fahri doktora derecesini aldı. 1996 yılında ise Iowa, ABD Kingsway Theological Seminary'de papazlık üzerine doktorasını yaptı.

1993 yılından beri Dr. Lee, Tanzanya, Arjantin, Uganda, Japonya, Pakistan, Kenya, Filipinler, Honduras, Hindistan, Rusya, Almanya, Peru, Kongo Demokratik Cumhuriyeti ve Amerika'nın New York eyaleti olmak üzere pek çok uluslararası misyonerlik faaliyetlerinde bulunmuş ve dünyanın uluslararası misyonerlik çalışmalarında öncüsü durumuna gelmiştir. Bu sebeple 2002 yılında Kore'de bulunan birçok Hristiyan gazetesi kendisini "Dünya Çapında Papaz" ilan etmiştir.

2012 Mart tarihi itibarıyla, Manmin Merkez Kilisesi, 120,000'den fazla üyesi olan, dünya çapında 10000 yerel ve uluslararası şube kiliseleri bulunan ve ABD, Rusya, Almanya, Kanada, Japonya, Çin, Fransa, Hindistan, Kenya gibi 23 ülkeye 129'den fazla rahip atayan bir cemaattir.

Bu güne kadar Dr. Lee en çok satan kitaplar listesine giren *"Ölümden Önce Sonsuz Yaşamı Tatma"*, *"Benim Hayatım, Benim İmanım 1 &2"*, *"Çarmıhın Mesajı"*, *"İmanın Ölçüsü"*, *"Göksel Egemenlik 1&2"*, *"Cehennem"* ve *"Tanrı'nın Gücü"* eserleriyle birlikte 64 kitap yazmış ve bu kitapları 73'den fazla farklı dile çevrilmiştir.

Dini makaleleri *The Hankook Ilbo, The Chosun Daily, The JoongAng Daily, The Dong-A Ilbo, The Munhwa Ilbo, The Seoul Shinmun, The Kyunghyang Shinmun, The Hankyoreh Shinmun, The Korea Economic Daily, The Korea Herald, The Shisa News,* ve *The Christian Pres* dergi ve gazetelerinde yayınlanmaktadır.

Dr. Lee şu anda birçok misyonerlik kuruluşunun ve derneğinin kurucusu ve başkanıdır. Bunlardan bazıları şunlardır: Birleşmiş Kutsallık Kilisesi Yöneticisi (The United Holiness Church of Jesus Christ), Manmin Dünya Misyon Başkanı (Manmin World Mission), Global Hristiyan Network (GCN-Global Christian Network) Kurucusu ve Yönetim Kurulu Başkanı, Dünya Hristiyan Doktorları (WCDN- The World Christan Doctors Network) Kurucusu ve Yönetim Kurulu Başkanı, Manmin Uluslararası Seminer (MIS-Manmin International Seminary) Kurucusu ve Yönetim Kurulu Başkanı.

Göksel Egemenlik I & II

Göksel ahalinin keyfine vardığı muhteşem güzellikte ki yaşama ortamının detaylı bir taslağı ve göksel egemenliğin farklı katlarının güzel bir açıklaması.

Çarmıhın Mesajı

Ruhani uykuda olan tüm insanların uyanmasını sağlayan güçlü bir mesaj! Bu kitapta İsa'nın niçin tek Kurtarıcı olduğunu ve Tanrı'nın gerçek sevgisini keşfedeceksiniz.

Cehennem

Tek bir canın bile cehennemin derinliklerine düşmesini arzu etmeyen Tanrı'dan tüm insanlığa içten bir mesaj! Aşağı ölüler diyarı ve cehennemin daha önce hiç açıklanmamış acımasız gerçeğini keşfedeceksiniz.

Hayatım ve İmanım II

Karanlık dalgalar, evlilik sorunları ve derin çaresizliklerle geçen yaşamı, Tanrı'nın sevgisiyle tekrar doğan ve okuyucularına hoş kokulu ruhani aroma yayan Dr. Jaerock Lee'nin otobiyografisi.

İmanın Ölçüsü

Sizin için gökler nasıl bir yer, ne tip bir taç ve ödül hazırlandı? Bu kitap sizlere imanınızı ölçebilmeniz ve en iyi ve en olgun imana sahip olabilmeniz için bilgi ve rehberlik sağlar.